# 桶狭間合戦の真相

中島砦発にして用意周到・機略に満ちた奇襲戦だった

渡辺文雄

郁朋社

# 桶狭間合戦の真相／目次

# 第一章　奇襲戦か正面衝突戦か・二つの桶狭間合戦論

## 一　近年の桶狭間合戦論・定着化しつつある正面衝突戦論

桶狭間の合戦は、信長による善照寺砦を最終起点とした北方迂回の奇襲戦であったと永く信じられてきた。だが、約三十年程前、軍事専門家である藤本正行氏が新説を打ち出された。それは北方迂回の奇襲戦ではなく、中島砦を最終起点とした正面衝突戦であったとするものである。そして今日、桶狭間合戦に関する歴史論評や紹介文、同合戦を特集とした刊行物等、多少の差こそあれ正面衝突戦を唱えている。

更に近年、著名歴史学者や歴史作家・地元歴史研究家等数名の方々が、義元布陣の地を比定桶狭間山上（比定とは、当時も今も桶狭間山という山はない事から歴史家の間では、豊明市落合地区にある当時標高六十四・九メートルの山を桶狭間山と推定して呼んでいる）又はその山腹とし、討死の地を一方《ひとかた》が同山腹、一方が後の有松宿、二方が現名古屋市緑区桶狭間北三丁目の池上原地であったとして論じられている。しかしこれらは、『信長公記』において著者太田牛一が義元布陣の地を「おけはざま山」と云っている事を主な事由としているのだが、信長出陣の最終起点を中島砦とする正面衝突戦に変わりはないようである。今川前衛軍の位置や義元布陣の地が人によって若干異なり、正面急襲・側面強襲説（奇襲戦説とは異なる）を唱えるものだが、それでもその論拠を糺すと疑問の余地が多大に残る。

何れにせよ今や歴史界において、桶狭間の合戦は今川・織田共に本軍同士の「正面衝突戦」であったという説が極めて有力視され、定着化しつつあるようである。そして近年の桶狭間合戦に関する刊行物のほとんどが、二千に満たない精鋭織田軍が、手薄か惰弱な今川前衛軍を難なく討ち破って義元本陣に迫り、義元などを討ち取った。あるいは、正面ないしは側面から強襲して討ち取ったとしている。
それは信長が、善照寺砦から中島砦へ移ったと『信長公記』に記されておることから、従来語られてきた北方迂回の奇襲戦ではなかったとするものである。しかし、『信長公記』には、奇襲戦をほのめかす字句や表現が多々見られる。

信長が善照寺砦から中島砦に移って、その後東の丘陵帯山際に進んだという説に対しては私も異論はないが、その後が問題で、決して正面衝突戦や側面急襲戦では、第一級の資料と云われている『信長公記』を完全には説明できない、と私には考えられる。

結論から申し上げれば、私の検証の結果この桶狭間の戦いは、信長による用意周到にして機略に満ちた二面奇襲戦＝私の造語を使わせて頂けるなら、直迂《ちょくう》（孫子の迂直《うちょく》の計の応用。詳しくは第十章の二で述べる）奇襲戦であったと言うものである。無論従来語られてきた北方迂回の奇襲戦ではなく、中島砦を最終起点とした奇襲戦としてである。

一見奇をてらったように思われるかも知れないが、合戦の当事者である今川家や織田家の成り立ち、今川家の発給文書、合戦場の地理・地形・その日の天候状況、『信長公記』の中の信長の「御諚」の意味や、信長が中島砦へ移り且つそこから兵を繰り出すことに反対した家老衆の言葉の意味等、あらゆる角度から検討すると、まさしく中島砦発の二面奇襲戦であったと言うものである。

ところで桶狭間の合戦については江戸期から今日まで数多くの著述がある。

織田方から書かれた書としては先の『信長公記』をはじめとして『甫庵信長記』や『総見記』（別称織田軍記）、合戦時今川方として丸根砦を落とした徳川家方として書かれた物は数多くある。『三河物語』

が最も著名であるが、徳川幕府下において書かれた書も数ある。しかしこれら、例えば『武徳大成記』（五代将軍吉宗の命による）や『武徳編年記』（八代将軍綱吉の命）、『改正後三河風土記』（十一代将軍家斉の命）でさえ、義元の行軍過程や布陣の地、討死の地等について、未記載か記載されていても書によって異なり、曖昧な表現となっている。また『家忠日記』や『三河後風土記』等も又同前である。

今日この桶狭間合戦について、正面衝突戦の中でも義元布陣の地や討死の地を見いだすのに江戸期に書かれた特定の書によって異説を唱え、よく検証することなく新説とするものも少なくないようである。

ここで歴史的検証を加える上で最も重要な事は、論拠とする資料が何時誰の手によって如何なる方法で書かれたものか、まずその資料の信憑性を糺さねばならぬと思われる。

後に名を馳せた武将の家譜伝や家伝記等の類は、往々にして時の権力者等によって装飾・美化され、真実から遠のく場合がある。そして又それらはある一定期間を経た後に書記される場合が多い。誤記・誤伝が含まれる場合も少なくない。

私が思うに、歴史資料として最も信頼できるのは、直接その事件に関係した者で時の権力者に左右されずに事実に則して書き示された記録文、又家臣やその他の関係者に宛てた感状や命令書等、いわゆる判物等であろう。次いで事件とは直接関係のない第三者が事件に関与した者から直接聞いて、直後にそのとおりに書記した日誌類。更に時を置いても、あらゆる角度から事実関係を調査した研究書等がより真実に迫るものと考えられる。

そうした観点からこの桶狭間の合戦を見れば、第一の例が太田牛一著『信長公記』である。牛一は信長に命ぜられて書き示したものではなく自ら書き示したものであると考えられるからだ。編纂したのは後年の事となるが、巻一については随時概略をメモしていたと考えられ、比較的その資料価値は高い。

惜しむらくは、全てについて具体的詳細的に書き記されたものではないという点である。第二の例としては、信長始め義元・氏真父子等が発給した判物等である。第三の例としては、『定光寺院日記』や『厳助大僧正記』『足利李世記』などの当時書かれた日記類である。第四の例は、山澄英竜著の桶狭間合戦記と更にそれに検証を加えた田宮篤輝の『新編桶狭間合戦記』であろう。

『三河物語』も今川方として従軍した徳川家の家臣団の言い伝えを書き示した書として、今川方の動向を知る上で参考とはなるが、惜しむらくは今川家の代弁に過ぎない。その上『三河物語』そのものが主家松平家と譜代の臣として活躍した大久保家を中心として書き表されたもので、しかも合戦から数十年後に書き表されたものである。資料として全幅の信頼は置けない、と私には考えられる。

江戸期に限らず、今日この桶狭間の合戦を説く方は多い。中にはある特定の書にこう記載されておるからとして、その部分に重点を置き、新たな合戦論を説く方がいらっしゃる。例えば『甲陽軍鑑』に、合戦直前の今川前衛軍は近隣の村々に散って窃盗をしていたとあるから、前衛軍手薄説や、それ等今川兵に紛れ入って義元本陣に近づき、義元等を討ち取ったと説く方もいらっしゃる。

しかし他の部分の説明に当たっては論拠がなく、全くの推測で論じられているのも少なくないようである。

この桶狭間合戦に限らず、歴史的検証を試みる場合は、その資料の成り立ちや事件からの時間的経過等に十分留意をし、事件の全体的な整合性にも配慮し、一部の変わった説を採用してその部分だけを強調し、あたかも新説として論じてはなるまい。事件の現場や関係者、それを取り巻く当時の社会の状況、地理・地形等あらゆる観点から検証し、事件の流れが首尾一貫して整合性の取れる説明になっていなければならないと考えられる。又、実体的に説明が付くものかという点にも注意して検討せねばならないと考えられる。

　そうした観点から徹底的に調査した結果、直迂奇襲戦という合戦論が浮かび上がってきた。そしてこれらを詳しく説明するに当たっては、戦国史に詳しい方なら良くご存じのことであろうが、まず今川家・織田家の家系と内情やこの二家を取り巻く当時の周辺諸国の動きや畿内の情勢等、余りおもしろみのない話から致さねばならない。

# 第二章　義元西上の目的は単なる砦封鎖解除に過ぎず、上洛の意図は全くなかったのか

桶狭間の合戦は、本当に鳴海・大高二城の砦封鎖解除に過ぎない単なるローカルな合戦であったのか。藤本氏は、桶狭間合戦の起因は、今川義元が鳴海・大高二城の封鎖解除の為に兵を起こしたもので、上洛のためでも清洲城を力攻めするためでもなかった。当時としては群雄割拠の境界争いの結果として起きたローカルな事件であった、とされている。そして今回、氏に限らず、義元上洛説を否定する方々が多い。

この問題を考える上で、今川・織田両家のそれぞれの歴史的経緯や両家の関係、当時の将軍家の実態及び両家を取り囲む政治的情勢などあらゆる面から検討せねばならないと思われる。

## 一　今川・織田両家の家系と内情

まず、今川家は室町将軍家同様、足利流清和源氏・源義家を遠祖としており、義元九世前、足利義氏（源義家四代孫）の子にして三河吉良庄にあった吉良長氏の第二子国氏が、三河国今川庄に住して今川家を興している。本来足利家は義氏の第一子・吉良長氏が継ぐべきであったが、生母（鎌倉北条氏女）の関係で第二子泰氏（長氏異母弟）が継いで、以来足利家本流を名乗っている。足利尊氏の四代祖である。一方義氏の第一子長氏が三河吉良庄に在って吉良家を起こし、その長子・満氏が吉良家を継ぎ、二子・国氏が同じく三河今川庄に住して今川家を興した。後に室町幕府下にあって、吉良・今川家は格別の家とされたのは、そうした由縁によるものである。

更に今川家が「御所（将軍家）が絶えなば吉良家が、吉良家が絶えなば今川家が継ぐべし」と尊氏に言わしめた事由は、単にそれだけの事由ではなかったようである。

今川家三代五郎範国が、足利尊氏旗揚げの時、吉良氏とともに足利方として数々の軍功を挙げ、且つ尊氏に反幕を説いて上洛を勧めたと云われている。即ち今川家は、足利開幕の影の立役者と言って良い。この功により範国は駿河・遠江二国を与えられ、その守護識となった。且つ吉良・今川家は足利幕府下にあって三官・四職家よりも格上とされ、尊氏をして足利家絶えなば吉良家、吉良家絶えなば今川家が継ぐべしとまで言わしめたと云う。

又義元曾祖父範忠は、将軍義教の命による関東公方討伐の折、副将軍に任ぜられた事もあった。そしてこの範忠の軍功により、天下一苗字（今川姓を名乗るのは今川本家唯一家とされた）を足利幕府から許されたと云う。かように今川という家は、足利幕府下にあって由緒ある家柄であった。

けだし安穏と続いてきた訳ではない。応永十二年（一四〇五）三代将軍足利義満は、今川氏の遠江守護職を解き駿河一国のみとし、越前・尾張国主斯波氏を遠江守護とした。事由は、今川氏が大内義弘の乱（応永の乱）に大内方に加担したとの嫌疑であった。

時を経て文明八年（一四七六）、義元の祖父義忠が三河に生じた東西の乱に乗じて、この遠州を武力で奪い返そうとした。だが、斯波氏も同じ東軍であった為、幕府の許すところとはならず、逆に幕府の援軍を得た斯波派国人衆に敗れて横死する。がその子氏親（義元父）がやがて斯波氏を破り、再び駿・遠二ヶ国の国主に返り咲いた。世は戦国乱世に入り、幕府の威厳は低下し武力による切り取り可能な下剋上の時代を迎えていた。

氏親没後、義元の兄氏輝が今川家を継ぐが若くして病没する（一五三六）。今川家継承を巡って当時僧籍に身を置いていた義元と、同様僧籍にあった異母兄花倉主こと玄広恵探《げんこうえたん》が争う事となり、北条氏綱の支援を受けた義元が勝ち、国主となる。その後義元は、僧籍時代の師太原崇孚《たいげんすうふ》という軍師を得て三河に侵攻し、桶狭間合戦当時はほぼ三河国をも領有することとなり、駿・遠・三、三ヶ国の大大名となっていた。

因みに三河国の吉良家はといえば、東西二家に別れて永く三河国の一部を領していたが、共に勢力が衰え、また一家に戻るも再興する事ならず、衰微の一途を辿っていた。この桶狭間合戦の数年前から、当主吉良義昭は義元によって駿河に幽閉同然の身とされていた。力を失ったとはいえ、吉良家が三河の名家であり、織田家と結ばれる事を義元が嫌ったためである、と云われている。

一方信長の織田家は、かつて越前・尾張・遠江三ヶ国の国主であった斯波氏の、尾張領八郡の内下四郡の守護代・信友織田家のその又三奉行の一人に過ぎなかった。父信秀は才覚ある人物で、尾張国内で信望も厚く常にその旗頭となって左右の敵、即ちある月は西の斎藤氏と、翌月は東の今川氏といった具合に戦い、両大国から尾張を守ってきた。

信秀の信望は尾張国内に留まらず、三河国の国人衆からも嘱望され、信秀の代は少なくとも西三河の多くは織田方であった。しかし、信長十九の年（天文二十一年＝一五五二）父信秀は流行病《はやりやまい》で急逝してしまった。すると信秀の良き盟友であった尾張鳴海城主の山口左馬介が、大高・沓掛両城主をも誘って今川方に寝返ってしまった。だが、六年後の弘治四年（一五五八）、義元はこの山口父子を駿河に呼び寄せ、旅中突然切腹を命じて殺してしまった。のち鳴海城には今川古参の武将岡部五郎兵衛を置いている。

義元が山口父子を廃したのは、鳴海周辺の地盤を強化するためとも、その実は信長が左馬介の筆跡を模写した文書を義元側に送り、あたかも信長と左馬介とが内通しているように見せかけ、義元に討たしめたとも云われている。真実は後者の方、即ち、兵法に明るい信長が、反間の計を用いて義元に殺さしめたと私には考えられる。

信秀の跡を継いだ信長に対し、反旗を立てたのは山口父子ばかりではなかった。庶兄信広や上四郡の守護代織田伊勢守信安・信賢父子もまた折あらばと信長を狙っていた。こうした中、義元は配下の将を使って西三河の城々を攻め落とし、この合戦直前三河国にあって織田方の将は、刈谷城主・水野元信（家康の叔父）だけとなっていた。この水野氏の緒川という支城に対し、今川勢が村木という向城（砦）を造って本城との間にくさびを打った時（天文二十三年＝一五五四）、信長は義父斎藤道三の援軍を留守部隊として尾張那古屋周辺に置き、信長自ら兵を率いて救援に駆けつけ、更に自ら鉄砲を連射するなど激しく攻撃して、村木砦を陥落させている。

一方西の美濃斎藤氏とは、父信秀が在世中に和睦し、信長と道三女（濃姫）との婚儀が成立していた。だが、信長にとって良き理解者であった斎藤道三も、弘治二年（一五五六）その子義龍と争う事となり、信長救援前に討死してしまった。この戦いの最中、道三は娘婿信長に対して、「美濃国切り取り次第」という譲り状を書き送ったと云う。

だが、父子闘争の勝者は、子の義龍であった。信長が美濃一国の事実上の主となるには、義龍を倒さねばならなかった。当然義龍も尾張領有に乗り出した。だが幸い義龍は間もなく病床に伏して、単独での尾張侵攻は適わず、尾張国内の反信長派と気脈を通じねばならなかった。然るに信長にとって西の斎藤氏は然程《さほど》の脅威ではなかったようだ。

寧ろ信長にとっては、尾張国内の統一が急務であった。幸い天文二十三年（一五五五年五月）尾張守護家斯波氏に内紛が生じ、斯波義統が守護代織田信友等に討たれる。これに乗じて信長は信友を討ち清洲城主となり、下四郡を支配下に治める事ができた。

だが道三の後ろ楯を失うと、信長織田家内にも反旗を翻す者が出始めた。弟勘十郎信行（近年は信勝という説もある）、おとなの柴田権六（後の勝家）ばかりでなく、信長のおとな林佐渡・美作守兄弟等までもが公然と反旗を翻し、信長を廃しようとした。信長は話し合いで決着を付けるべく敵地（林佐渡守居城）にたった二人（異腹兄安房守秀俊）で乗り込むが話は付かず、数日後これらと戦い美作守を屠って窮地を脱した（弘治二年八月＝一五五六）。又上四郡の守護代織田信賢をも下し（一五五八年七月）、さらに弟信行が再び反旗を立てたためこれを誘殺して（同十一月）、合戦二年前の永禄元年にはほぼ尾張一国を平定していた。

信長がこの尾張平定に明け暮れる間、今川勢は西三河の城々を次々と落として、三河国における信長方は水野氏のみとなっていた訳である。尚かつ義元の勢力は、尾張領鳴海から一時は熱田手前約四キロの笠寺（現南区）まで進出していたのである。然るに信長にとって、東の今川氏は最大の脅威であった。それ故桶狭間の合戦において、一時的に優位に立ったとしても、後々その脅威に変わりはなかった筈である。即ち信長にとってはこの戦いにおいて、今川方に致命的な大打撃を与えて、当分尾張侵攻を諦めて貰う他になかった筈である。

## 二　織田家と今川家の確執

尾張と駿河の戦いは、古くは永正十年（一五一三）に始まる。遠江国は足利幕府開設時には今川家の領国であったが、室町三代将軍足利義満の策により斯波氏のものとなっていた。足利幕府及び斯波氏の権勢が衰えたこの時期、今川氏親（義元父）はこれを奪還すべく遠江に侵攻した。斯波義達も遠江引佐郡深嶽の城に籠もって対抗した。氏親はこれを破り斯波氏を尾張に帰し、遠江に強い影響力を持った。その二年後氏親は甲斐に侵攻した。翌永正十四年、この虚を衝いて斯波氏は遠江を奪還すべく三河国人大河内貞綱と供に再び遠江に進出したが、完膚なきまでに叩かれ降伏した。以後遠江は今川領とし二度と遠江には侵攻しないとの誓約書を書いて斯波氏は尾張帰国を許された。これにより遠江国は完全な今川領として回復したのである。

なおこの戦いの時、尾張国上四郡の守護代織田伊勢守等は反対し従軍を拒んだ。下四郡の守護代織田大和守は清洲城の留守居役として残っていたから、この今川勢との合戦の主役は信長祖父織田信定ではなかったかと考えられる。

遠江を自領とした氏親そしてその子氏輝は、以後数十年間西には侵攻せず、相模の北条家の支援の下に、甲斐武田氏との戦いに明け暮れた。和睦と戦いを幾度か繰り返しつつの一進一退の戦いであった。だが、氏輝亡き後を継いだ義元は、その翌年甲斐国主武田信虎の娘を娶り、北条氏とも敵対関係にあった武田氏と同盟を結んでしまった。所謂北条氏による河東一乱の原因となった甲駿同盟である。

武田氏と同盟関係を結んだ義元は、その後三河攻略に乗り出した。この方針転換は、義元の案ではなく策士太原崇孚の献策によるものと考えられる。当時義元はまだ十八才で、僧籍の身から駿・遠二国の太守になったばかりで、長く続いた北条家との同盟関係を破ってまで危険を冒す程の知謀と胆力を持ち併せてはいなかったであろうから。

太原崇孚の献策は、武田信虎率いる一枚岩の甲斐より、吉良氏が衰微し国人衆が乱立して互いに相争う三河の方が取り易いと考えてのものであったろう。即ち太原崇孚は、北条氏の矛先が基本的に関東に向けられている事を知り、今川家の領土拡張先を甲斐等北から三河等西へと転じたものと考えられる。

具体的な織田家と今川家の確執は、三河国の内紛に今川・織田家が首を突っ込んだ事に端を発しているようである。西三河の領有を巡って、岡崎松平氏と吉良西条氏を頂く西三河国人衆との争いに、同国人衆の要請を受けた織田信秀が支援したことにより、再び今川対織田の争いに発展した。

家康祖父松平清康が尾張に侵攻し、守山城を攻めていた時、家臣の寝返りにより突然弑《しい》されてしまった（いわゆる松平氏の守山崩れ＝一五二六）。後その子広忠は伊勢に逃れて身を隠していた。義元はこの広忠を岡崎に戻すべく策を巡らせ（一五四一）、吉良西条氏に半ば強制的に認めさせた。そして広忠を岡崎へと戻した。これを不服とした吉良氏は織田信秀を頼った。天文十一年八月、義元は吉良氏を討つべく三河正田原に進出。三河安祥城にいた織田信秀も三河小豆坂に兵を進めた。第一次小豆坂の合戦である。

『信長公記』によると織田勢の圧倒的勝利の内に終わり、今川勢は駿・遠に戻った。一方水野十郎左衛門尉に送った義元書状によると、敵数百人を討ち取り、木曽川へ二〜三千人溺れさせたとあるが、三河に木曽川は流れていないので矢作川の誤りで、二〜三千人溺れさせたという話は虚勢を張ったもののようである。その後三河国内に小競り合い程度の合戦があったようであるが、天文十七年（一五四八）に至り、再び小豆坂で相戦う事となった。これはその前年九月、義元から質を求められた松平広忠が子息竹千代（後の家康）を義元の許へ送ろうとしたが、途中三河田原城主戸田五郎に奪われ、信秀の許へと送られた事による。

義元は再び太原崇孚を総大将として駿・遠の兵を三河へと送り込んだ。第二次小豆坂の合戦である。信秀庶子織田信広（信長庶兄）軍と今川方岡部五郎兵衛・朝比奈泰能等の軍が小豆坂で鉢合わせとなり激しい戦いが繰り広げられた。結果は双方多数の犠牲者を出し共に兵を退けた。織田信秀は信広を安祥城に留め置き一旦尾張に帰った。翌十八年、義元は再び太原崇孚を総大将として、駿・遠・東三河の兵を安祥城へと向かわせ、信広居城の安祥城を取り囲んで二の丸、三の丸を落し、信広を捕虜同然とした。そして尾張の信秀に対し、松平竹千代との交換を申し入れた。やむなく信秀は信広と竹千代の交換に応じ、安祥城を失う事となる。

同年岡崎松平家に内紛が起こり、松平広忠が父清康同様家臣に弑殺されてしまう。城主不在の岡崎に本来松平竹千代を戻すべきであったが、義元はそのまま駿府に留め置き、岡崎城には今川譜代の将・朝比奈泰能を送り、その岡崎を拠点として西三河攻略に乗り出してゆく。義元の岡崎支援は名目で、その実は三河国の領有化にあったようだ。

無論信秀も西三河衆からの要請により支援の手を差し伸べ、今川勢と戦う事となる。しかし天文二十年（一五五二）、織田信秀は流行病に罹って急逝する。信長は十九にして家督を継ぐ。すると天文二十二年（一五五三）鳴海城主山口左馬助が大高・沓掛城主を誘って義元に付き信長に反旗を立てた。弘治元年（一五五五）雪斎長老こと太原崇孚が逝くと、義元は駿河譜代の城将を送り、東三河や岡崎衆を使って西三河攻略を本格化させていった。

斯くて永禄元〜二年、刈谷城主水野氏を除いてほぼ西三河をも支配下に置くと、いよいよ義元は自らの出馬を匂わせ、尾張侵攻の準備に取り掛かる。そして永禄三年、桶狭間の合戦に至る。今川家と備後（信秀）織田家の確執は、遠江・三河の支配を巡って約五十年ほど続いていた事になる。

## 三　今川氏を取り巻く武田・北条二家の動向

義元はこの桶狭間合戦の六年前の天文二十三年（一五五四）、信玄の勧めにより、いわゆる甲・相・駿三国同盟を結んだ。この以前、義元は確かに北条家と三度抗争し、一時は河東《かわとう》（富士川以東の地）を北条氏綱に占拠され北条領とされた（一五三七）。

しかし、これらの原因はそもそも義元（太原崇孚）にあったと言って良い。義元は前当主今川氏輝が急死したとき（一五三六）、家督を巡って異母兄玄広恵探と争った。同じく僧籍にいた栴岳承芳《せんがくじょうほう》後の義元は、当時兄氏輝と同盟関係にあった北条氏綱の支援の許に勝利し、今川家を継ぐ事ができた。と言うより、氏綱が玄広恵探派軍を破って義元を当主に据えたと言った方が正しいようである。が、当主に納まるや否や義元（太原崇孚の策と思われる）は、相・駿と敵対関係にあった武田信虎の娘（信玄姉）を娶り、武田氏と同盟を結んでしまった。

これに怒った氏綱は、河東に侵攻し占拠してしまったのである。これは謂わばお灸を据えたようなもので、氏綱には今川氏を潰そうとか、西に領土を広げようという考えはなかった。そもそも北条家はその創始者早雲から、その目は一貫して関東に向けられていたからである。むしろ今川家を助け、同盟関係を結ぶことによって後顧の憂いをなくし、関東管領上杉氏や甲斐の武田氏、北関東の里見氏等と戦ってきた。氏綱は、前今川当主氏輝と共にこの前年（一五三五）、甲斐山中に軍を進めて武田氏と争った事もあった程に、北条・今川二家は緊密な関係を保持してきた。その北条家の支援を受けて当主に就いたにも拘らず、この良好な関係を突然瓦解させてしまったのは義元の方であった。即ち氏綱は河東を欲《よく》して侵攻したものではなく、義元の背信行為に怒って今川領の極一部を占拠したのである。

二度目は天文十四年(一五四五)、関東管領上杉憲政・里見氏等反北条勢力が川越城(北条氏支城)を取り囲んだとき、義元は彼らと結んで河東奪還の兵を挙げた。東西から挟撃されるのを嫌った北条氏康は、あっさりと河東を義元に返して和睦し、川越城の救援に向かった。そして十倍近い反北条勢力を切り崩し、川越城救出に成功した。これが世に言う「川越夜戦」であるが、この和睦によって今川・北条間の抗争が解消したかに見えた。だが、当時織田信秀と親交のあった氏康は、天文十七年(一五四八)に、「抑駿州(今川義元)此方間の儀、御尋預かり候、先年一和を遂げ候といえども、かの国(駿河)より疑心止まり無く候間、迷惑候」と云う返書を送っている(静岡県史)。義元にとって自ら招いたとはいえ、東の北条家が余程に怖かったと見える。

三度目は、義元に嫁していた信玄の姉が、天文十九年(一五五〇)に死去した事に起因する。義元は同二十一年、娘を信玄長男義信に嫁がせ、再度甲斐・駿河の同盟を結ぶ形となった。それが元となり、氏康が再び河東に侵攻した。はからずもこの時、信玄が両者を説得し、三国同盟を結ぶに至ったと云う。同盟の明確な事由は述べられていないが、この甲・相・駿三国同盟は、相互不可侵を約定するとともに、三者何れも後顧の憂いをなくしてそれぞれの敵に当たる利点を目的としたものであったと云われている。

しかし、この同盟はすんなり行った訳ではない。まず、天文二十二年(一五五三)当初、甲・相が誓紙を交わし、氏康の長子氏政に信玄の娘が嫁いで同盟がなった。だが、氏康、義元間が難航した。翌年七月、氏康の娘が義元長子氏真に輿入れする事でようやく合意に至った。

しかし、義元はそれでも不安であったようで、二年後の弘治二年(一五五六)、氏康の子氏規《うじのり》を人質として駿府に送らせ、ようやく安堵の胸をなで下ろしたのである。

こうして見てくると、容易ならざる人物は、むしろ義元の方であったと言えよう。義元の西三河侵攻が本格化したのはこれ以降である。そして義元自ら西上の意志を表した永禄元〜二年当時の両隣国の情勢はどうであったか。

北条氏康は、天文二十一年（一五五二）関東管領上杉憲政を越後に追いやり、代わって関東管領を自任し、領国も伊豆・相模・武蔵三国と上野・下野・上総・下総のそれぞれ一部を領する大大名となっていた。が弘治二年（一五五六）、里見氏の残党が相模三浦に侵入したり、永禄元年（一五五八）頃から、越後に逃げた上杉憲政に頼られた長尾影虎（後の上杉謙信）が北関東への侵攻を狙っていた。加えて同年前後、関東は大飢饉に見舞われていて、民生治安（撰銭問題等）失敗の責を負って氏康は、永禄二年十二月に子の氏政に家督を譲ったとされている。

また桶狭間合戦の四ヶ月前、下野常陸で佐竹氏・小田氏・宇都宮氏等が反北条勢力を結集し、結城城を攻めている。そして合戦後ではあるが、翌永禄四年には実際上杉謙信が関東に侵入し、一時小田原城を包囲している。

然るに北条氏が、義元不在の隙に今川領に侵略するなど、できたものではなかったと言って良い。それ以前に、先に述べたように北条氏にとっては山勝ちな駿・遠などより、広大な関東平野の方がより魅力的であったようで、この時期敢えて駿河に侵攻して今川家を敵に廻すような愚は起こさなかったであろうし、現に義元死去後も起こしてはいない。

甲斐はどうか。天文二十二年（一五五三）から始まった長尾影虎との川中島の合戦は、弘治三年（一五五七）の第三回まで、両者にらみ合いの形で決着が付かずにいた。

この時期信玄は、来る四次合戦には決着を付けるべく、川中島海津城の築城に着手していた。信玄も又、信濃盆地と越後平定が主願で、この時期謙信打倒を最大の目的としていた。今川家とは早くから同盟を結び、北条氏とも同盟がなった。謙信さえ倒せば越後・越中辺りまでも手中にでき得たはずである。信玄も又、義元不在の隙に駿河に侵攻するなど、その余力もその気もなかったと見て良い。因みに両者雌雄を賭した第四次川中島の合戦は、桶狭間の合戦の翌四年七月の事であった。武田方の啄木鳥戦法が見破られ、両者多数の犠牲者を出してこの戦いも痛み分けに終わった。

疑り深い義元もそうした両隣国の諸情勢を見極め、また当主の座を氏真に譲って後顧の憂いをなくし、勇躍西上を図ることができたと言って良い。万端相整った上での軍事行動であった。

因みにこの甲・相・駿三国同盟は、義元死去後も八年近く継続され、永禄三年即ち桶狭間の合戦から数ヶ月後には、謙信の関東侵入に対し、今川・武田両軍も援兵を送って攻守同盟を守っている。三国同盟が瓦解したのは、永禄十一年（一五六八）武田信玄が突如同盟を破棄し、今川領河東へ侵入した事による。一方北条家はその後も今川家を支援し同盟関係を維持している。

藤本氏は、「彼の領国の隣には武田信玄と北条氏康がいた。当時は同盟関係にあったとはいえ、油断できる相手ではない。また、領国内、特に三河は政情不安である。こうした問題を抱えている以上、義元にとって、犠牲をかえりみず信長に決戦を挑むことは（清洲城攻略を指していると思われる）できないし、その必要もないのである」として清洲城攻撃は義元の念頭にはなかったとされている。

が著者には、義元が「彼の領国の隣には油断できない人物がいた」といったような心配を背負っていたとは考えられない。そうした隣国の諸情勢を見極めた上で、勇躍西上を図ったと思われる。

## 四　義元西上の目的・単なる砦封鎖解除にすぎなかったか

北条氏が関東から更に北関東（併せて七〜八ヶ国）へと触手を伸ばし、信玄も又北信濃からあわよくば越後へと侵攻を図る中、気位の高い今川義元が駿・遠・三の三ヶ国と尾張の極一部を領しただけで果たして満足したであろうか。

まして今川家は、足利将軍家亡き後は吉良家、吉良家亡き後は今川家と言われてきた家柄である。その足利将軍家は天文十八年（一五四九）頃から数度三好長慶等に京を追われ、近江に退いていた。が永禄元年十一月、六角承禎の周旋により長慶と和睦し、将軍義輝はようやく京に舞い戻る事ができた。だが、政治の実権は三好長慶・松永久秀等に握られていて、将軍職の実権を失い衰微していた。

こうした折、義元は自らの西上を匂わせ、その一年後の永禄二年三月には駿・遠・三、三ヶ国の宿駅に伝馬の令を下し、七ヶ条の軍法を発布している。この七ヶ条の軍法とは次のようなものである。

「一、兵糧併馬飼料着陳《ひょうろうあわせばしりようちゃくじん》（陣）之日《のひ》ヨリ守為下行事《かぎょうまもること》」

「一、出勢之日次無相違令出立《しゅつせいのひなみそういなくいでたちせしめ》、奉行次第可守其旨事《ぶぎょうしだいそのむねまもるべきこと》」

「一、喧嘩口論仕立候者《けんかこうろんしたつたるそうろうもの》、双方其罪遁間鋪事《そうほうそのつみのがるまじきこと》」

「一、追立使押買《おったてつかいおしかい》狼藉有間敷事《ろうぜきあるまじきこと》」

「一、奉行人先主江暇《ぶぎょうにんせんしゅへいとま》を不乞主取仕候者《こわずしゅとりつかまつりそうろうもの》、見付次第当主人江相届《みつけしだいとうしゅじんにあいとどけ》、其上を《そのうえをもって》急度可申付《きゅうどもうしつくべし》、又届有之而《またとどけこれありて》奉公人《ほうこうにん》を逃候者《のがれそうろうもの》、当主人可為越度事《とうしゅじんのおちどたるべきこと》」

「一、城囲時《じょういじ》、兼而《かねて》相定《あいさだむ》攻手《せめて》之外《のほか》一切《いっさい》停止《ていし》之《の》事《こと》」
「一、合戦《かっせん》出立《しゅったつ》先陳《せんじん》（陣）後陣《こうじん》之《の》儀《ぎ》、奉行之《ぶぎょうの》可専《もっぱら》下知事《げちすべきこと》」

以上

永禄二年三月廿日　治部大輔　（花押）

右の内、四番目と五・六番目に注目頂きたい。

これは遠征の長期化を意味し、小さな砦如きの取り合いの為に発布したものではなかったと考えられる。六番目の条文から言って、城攻めにあっては少なくとも清洲城や美濃稲葉山城等の大きな城攻めを想定していたと考えられる。また戦時中以外に占領下においても、土地の人民を無賃で使ったり、無理に安値で買い叩くなどの狼藉を働いてはいけないと厳に戒めていた事は、入京の後横暴を尽くして京を追われた木曽義仲の轍は踏まぬという思惑が、義元の念頭にあったとも受け取れる。

又先に述べた今川家の家柄から言って、上洛をも視野に入れていたとも受け取れる。仮に上洛の意志がなかったとしても、少なくとも豊穣な濃尾平野の併呑を目論んでいたと考えて良いだろう。

義元の上洛説には否定的な意見が多い。「二万五千の兵では少なすぎる。また、尾張、美濃の以西には京極氏や浅井・朝倉氏など、伊勢には北畠氏など有力大名がいた。これらに何の根回しもせず上洛を果たすことなど無理である」といった事由からのようである。

だがその頃、先述のように京は阿波細川家の被官に過ぎなかった三好党に蹂躙されて、足利将軍家は衰微の一途を辿《たど》っていたのである。これに対し、有力大名といわれた彼らは何の手も打つことができずにいたのである。足利一門にして管領職にあった摂津・山城守護の細川氏などは、同族阿波細川氏の被官であった三好党の入京を為す術もなく許してしまう程に脆弱《ぜいじゃく》に成り下がっていた。天文十八～永禄元年頃は、将軍足利義輝とともに京を追われ、近江に逃げていた程である。

三管領職の斯波義統も先年（一五五三）清洲城でその被官坂井大善に討たれ、その子義銀は信長を頼ってその加護の下にいたが同家は最早存在しないと言って良い。同河内守護の畠山氏も天文後期に衰亡し、摂津細川氏同様三好党に守護の座を追われている。

永禄初年時分京付近にあって、足利家ゆかりの守護大名の中で比較的勢力を保持していたのは南近江守護六角義賢（承貞）であったが、義賢が永禄元年将軍義輝を庇護し三好党と和睦させ、帰京に至らしめたものの、三好勢に立ち向かう程の勢力はなかったと見てよい。こうした情況を考えると、今川二万五千の兵力は強大である、と義元が考えても不思議でない。また、漸く尾張一国を平定して、大名に成り上がって間もない信長などは物の数ではない、と考えていたとしても何ら不思議ではない。

美濃斎藤氏も城は堅固であるが、この時期当主義龍が病に伏していて、然程の威力はない。尾張・美濃を崩して更に勢力を拡大し、その後将軍家の救出に上洛したという大義名分をかざせば、抵抗するものはいないと義元が考えてもこれまた不思議でない。敗者の尾張、美濃の残存兵力を加えれば、四万程の勢力にも膨れ上がったとも考えられる。

又、織田家さえ潰せば、何も無理をして美濃を攻めずとも良い。尾張から伊勢長島に下って、北伊勢八風峠又は千草峠を越えて入京する道筋もあった。

当時伊勢国主は北畠氏であったが、実質領有していたのは南伊勢五郡のみ（『勢州軍記』より以下同）であり、北伊勢十一郡は近縁とはいえ神戸氏や長野氏が領有していた。その北方は千草家等土豪衆四十八家が分領していた。北畠氏初め伊勢国内の彼らは、天文・永禄の戦国乱世のこの時期、他国同様互いに相争っていた。又彼等は同時にそれぞれの隣国、例えば近江の六角氏や伊賀の国人衆、美濃斉藤氏、尾張織田氏、紀伊熊野氏等と小競り合いを繰り返していた。即ち義元が大軍を率いて通過しても太刀打ちはできなかったであろう。増して道筋の千草家等土豪衆は、『勢州軍記』によると足利家直属（将軍家）の武士団であったというから、将軍家救出との大義名分を持ち出せば味方に付く可能性は大であった。

また甲賀郡を通るが、義元・信康・岡部五郎兵衛等は既に多くの伊賀・甲賀者を用いていたことから、話は容易に付き、支障なく通過することができたであろうと考えられる。南近江の六角義賢は将軍家を庇護し帰京せしめている事から、義元の大義名分に反対はしなかったであろう。更に畿内周辺の反三好勢は、義元の支援を得て失地回復すべく義元と共に戦ったであろうと考えられる。義元の上洛に過分な野心がなかったとすれば、足利幕府にとって彼以上の救世主はいなかったであろう。

けだし足利将軍家からは、越後守護代長尾景虎、後の上杉謙信に対して救援の秋波が送られていたものの、今川家に対しては何の要請もなかった。何故か？　善元への上洛要請は、取りようによっては政権譲与を意味する事となり兼ねなかった。「足利家亡き後は」と云われた今川家故に義元に上洛を求める事は、足利政権を放り出す事ともなる。仮に将軍の座を維持できたとしても、その実権を義元に委ねる事にもなり、傀儡とされる可能性も孕んでいたと考えられる。何せ義元は、公家との結びつきが深く、衰微していたとは言え将軍家第二候補の吉良氏を幽閉同然の身としていたのであるから。それ故に将軍義輝としても安易には今川家を頼る事はできなかったと考えられる。故に又、義の人、越後の長尾影虎を頼らねばならなかった。

一方義元としても逆にそうした事由から、将軍義輝からの要請なく自ら足利幕府救援と云う大義名分を掲げる事は、政権剥奪の印象をも与え兼ねない事となり、できなかったと考えられる。衰微していたとはいえ、将軍家も吉良家も未だ存在していたのであるから。

義元が伝馬の令を下し、七ヶ条の軍令を発布し、何時でも出陣でき得る体制を整えていたにも拘らず、一年数ヶ月をも要した事は、それに代わる大義名分を画策していた為とも考えられる。この代替案は天皇家からのお墨付きを頂く事であるが、このことに付いては後に又詳しく取り上げる事としたい。

義元は本来足利将軍家からの直々の上洛要請を必要としていた。が一向に将軍家からその要請がないため、尾張の信長を倒し、その武威を天下に知らしめ、一向に自分に助勢を求めてこぬ将軍義輝に、その武威を見せつける事でその気にさせる。そして将軍家の要請を受けて足利幕府擁立という大義名分の下に上洛する。その為にも又確執の深い尾張の信長を、子供扱いに打ち倒さねばならなかった。

中には、義元に上洛の意志があれば何故単独で尾張境に侵攻したのかとして、上洛説を否定される歴史家もいらっしゃるが、三国の太守にして由緒ある今川家が、成り上がり者の織田信長を討つのに、他国の助勢を受けたとすれば世の笑いとなり、義元の株は下がったであろう。少なくとも義元は当時将軍家の最大の敵である三好長慶と対峙するまでは、王道を歩まねばならなかったと考えられる。即ち、新興勢力にして高々自国の二分の一にも満たない尾張一国など、自力で倒さねばならなかったのである。

最大の問題はその三好長慶等であろうが、永禄元年政権を足利幕府に返し洛中を離れていたものの、近隣の山城・河内・摂津等九ヶ国を支配していた。が、それらの国々は然程大きくはなく、当時総石高はほぼ百万石前後といった処で、一方尾張を領し近江等の味方を得れば員数では義元の方が優ったであろう。何せ義元は足利将軍家に関係し、天皇の宣旨《せんじ》を大義名分に掲げれば、全国から心ある将士が義元の元にはせ参ずる可能性も考えられた。将軍を近江に追い落とした過去を持ち、且つ当時も四方に敵を作っていた三好長慶よりは世間への分が良かったと言える。

ともあれ上洛して三好勢を押さえ込み、将軍義輝を助ければ、幕府要職の地位は間違いなく転がり込んできたであろう。将軍職に付かずとも副将軍格となり、義輝に代わってその政治的実権を握る事ができたであろう。

伝馬の令や七ヶ条の軍法発布から見て、義元西上の目的が単に鳴海・大高二城の解放のみにあったのではなく、少なくとも尾張・美濃二国の併呑化を狙ったもので、上洛の一過程であった可能性も完全には否定はできない。

義元西上の鍵を説く事績が外にもある。この合戦の一年程前に、義元の上洛を誘うような出来事が二つ程起きているのである。

一つは永禄二年二月二日、信長が突然上洛し、将軍義輝に謁見している事である。その折信長は、大《おお》熨斗《のし》付きの車で京の町を練り歩いている。『信長公記』によれば、「さる程に、上総介殿御上洛の儀、俄《にわか》に仰せ出され、御伴衆八十人の御立書にて御上京なされ、城都、奈良、堺御見物にて、公方光源院義輝へ御礼仰せられ、御在京候ひき。爰《これ》を晴れなりと拵《こしら》へ、大のし付に車を懸けて、御伴衆、皆のし付にて候なり」と。

信長が尾張国をほぼ平定したばかりの時期である。それにしても高々尾張一国の成り上がりの新参大名にしては、尚かつ戦国乱世のこの期にあって熨斗付き車で京洛を練り歩く等、はしゃぎ過ぎではあるまいか。その話を公家衆から伝え聞いた義元をして、「何を隣の小せがれが、今に見ておれ」という思いを抱かせたのではあるまいか。

もう一つは、近江坂本に進出していた長尾影虎（後の上杉謙信）に対し、事実的に将軍足利義輝が参洛を催促し、同年四月二十一日影虎が是に応じて二度目の上洛を果たし、義輝に謁見している。影虎はその足で更に参内もしている。

これらの事は、当時海道一の弓取りと云われ、また「将軍家が絶えなば吉良家云々」と云われていた今川家。しかも数少ない足利家縁《ゆかり》の間でも最大の大大名である義元の自尊心を大いに傷つけ、これらの事が義元の上洛の意を触発したとも考えられる。

義元が伝馬の令を敷き七ヶ条の軍法を発布したのは、まさにこの信長上洛の約二ヶ月後、三月十八～二十日の事であった。

贔屓《ひいき》の公家衆から信長のはしゃぎようを伝え聞き、触発されて上洛の意志を固め、直ぐに伝馬制や七ヶ条の軍法草案に入り、三月二十日の発布になったと考えられる。それとも、時期的に符合したのは単なる偶然に過ぎなかったのであろうか。

符合した事例が更にもう一つあった。偶然と言えば偶然とも、意図的と言えば意図的とも取れる内容である。それは義元に対しては将軍家から何の上洛要請もなかった代わりに、朝廷から参河守の称号を与えられた事である。この宣旨《せんじ》こそが、先に述べた義元上洛の大義名分の代替案であったと考えられる。

（義元が贔屓の公家に依頼して要請したと考えて良い）

宣旨が発せられたのは永禄三年五月八日の事である。永禄三年五月八日とは、義元が西上の軍を発したまさに二日前の事であった。僅かに二日の差であるが、義元はこの宣旨を待ちに待っていたかのようにも受け取れる（その内報は贔屓の公家衆から数日前に義元に届けられていたと考えられる）。その宣旨とは次のようなものであった。

「　永禄三年五月八日
宣旨
治部大輔《じぶだいふ》源義元《みなもとのよしもと》　宣任参河守《よろしくみかわのかみにんずべし》
蔵人頭《くらんどのとう》（柳原淳光）
永禄三年五月八日　宣旨
従五位下源氏真《みなもとのうじざね》　宣任治部大輔　蔵人頭
口宣二枚《くぜんにまい》　五月八日　右大弁　進上広橋大納言殿《ひろはしだいなごんどのにしんじょうす》　」

宣旨とは、天皇の言葉を述べ伝えることや書きしるした文書であるが、詔勅《しょうちょく》が公式なものであるのに対して、内輪に発せられるものである。

内輪のものであっても、仮初めにも時の最大権威者・天皇から与えられたものに相違はない。上洛の為の大義名分として、世に十分通用するものと考えて良いであろう。

「参河守」だから、ほぼ領有化した三河国の守という官位が与えられたのだろうとの説もあるが、単にそれだけの事だろうか。天皇からの宣旨に何らかの意味があったと見るべきである。何故なら、先にも述べたとおり、伝馬の駅を布設し七ヶ条の軍令を発布して、義元は何時でも出陣する体勢ができていた。にも拘らず実際出陣したのは一年二ヶ月後の事であった。まして陰暦五月十日は陽暦六月十日前後であり、まさに梅雨入りの時期である。

仮りに兵粮の問題があったとしても、先秋収穫後の十月以降には解消されていたと見て良い。その時期を越えて更に半年先を待たねばならなかったのは、この宣旨を待ちに待っていたかのようである。また、単に三河国の領有化を認知して貰うだけなら、もっと早い時期でも良かった筈である。何故なら、義元は永禄元年四月には三河寺部城（現豊田市寺部）の鱸《すずき》日向守を降し、刈谷の水野元信を除いてほぼ西三河の領有化に成功していたからである。

単に三河国の守護職として参河守の称号を求めたものなら、奏請・宣旨の時期は二年も待たずに永禄元年でも良かったのではないか。また、参河守より本拠地を称し駿河守でも良かったのではないか。その方がよりしっくりしたものではなかったかとも言える。にも拘らずこの時期に得たこの参河守という称号には、何らかの特別の意味があったと見るべきである。

一説に義元の昇進過程、上総介―治部大輔―参河守は、室町幕府開設者足利尊氏の昇進過程と同じであったという説もある。即ち、尊氏と同様の昇進過程を得て、上洛の意図に大義名分を付すものであったと。しかし、国史大事典その他の歴史資料によると、尊氏のそれは、上総介―治部大輔―武蔵守で、『その領国は三ヶ国であったが「武蔵・上総・常陸ともいわれているが確証はない」』とされている。

三河国は今川家並びに足利家等の遠祖足利源義氏《あしかがみなもとのよしうじ》が、頼朝旗揚げの時その軍功により賜ったとされ、以来鎌倉幕府下において足利家が暫く領有していたとされていることから、あるいは尊氏家の領国の一部があったのかも知れない。角川日本史事典の資料編に、尊氏がまだ鎌倉幕府に仕えていた元徳三年（一三三一）以降、参河守護職は足利某とある。そして尊氏が足利幕府を開いた建武四年時（一三三七）、三河国主は高師兼であった。師兼は、足利幕府開設に軍功第一と云われた高師直の一族である。高家は代々足利家の執事職を勤めていた家柄であった。そうして見ると、足利尊氏が三河の地をも支配していた可能性が高く、参河守を称した時期もあったのかも知れない。しかし尊氏の本領は上総・武蔵辺りで、先述の如くその官称は武蔵守となっており、今ひとつ明確ではない。

ところでこの官位であるが、室町期以降この時期、守の称号は自称が多く、義元配下の将朝比奈泰能などは備中守を、葛山信貞等は播磨守を称していた。信長父信秀は備後守を、その大人の林秀貞兄弟なども佐渡守・美作守と名乗っていた。何れも正式な官位ではなかったろうが呼称として通用していた。義元が家臣に宛てた感状の中にも、敵将織田信秀を「織備懇望子細候之間《おびこんぼうしさいそうろうのあいだ》」と略記して書かれている。太田牛一なども「備後守殿」とか、「鷲津には織田玄蕃・飯尾近江守父子入れおかせられ候キ」と『信長公記』の中に記している。因みに信長は、当時上総介を自称していた。

室町幕府下において正式な官位を受けた者は、六十七ヶ国の歴代守護職大名一千数百名のうち、守の称号を得たのは十分の一程に過ぎなかった（角川日本史事典）。そしてその多くは武蔵守や伊予守・相模守等で、領国とは全く関係のない称号であった。例えば日向・大隅国守島津氏は代々陸奥守であったし、甲斐武田氏は駿河守・陸奥守・安芸守・伊豆守等々、代毎にまちまちであった。

そうした中でこの時期、義元の得た参河守という官位にはやはり特別の意味があったと思われる。何故なら、自称でも良かった戦国乱世のこの時期、敢えて宣旨という形でもそれを求めたのは、それなりの事由があったと思われるからである。やはり、上洛の為の大義名分としての称号ではなかったかと考えられる。

しかし義元が受けたそれは、足利尊氏と同様の武蔵守というものではなかった。参河守という官位であった。この参河守という官位が宣旨された経緯として、ここに二つの事由が考えられる。

一つは参河守という官位にも足利幕府に連なる意義があり、義元自身がそれを求めたという考え方と、二つには義元が尊氏同様の武蔵守という官位を求めたが、結果的に参河守という称号を与えられたという考え方である。

第一の考え方として、実は足利幕府開設に多大な貢献をした人物で参河守という称号を与えられた人物が存在したのである。それは、高師直である。高家は先にも述べたとおり代々足利家の執事職にあったが、尊氏開幕にあたっての所々の合戦において、師直はその父師重・弟師泰等と共にめざましい活躍をし、度々尊氏の危急の難を救ってきた。

幕府成立後は幕府の執事職に任ぜられ、又南朝方との戦いにおいても活躍し、足利幕府の維持発展に多大な尽力を尽くした人物である。可成り衰弱していたとは云え、今なお足利幕府が存在していた永禄三年のこの時期、尊氏と同じ官位即ち武蔵守では、足利家に代わる今川幕府開設の野望が秘められているとも取られ兼ねない。それでは反って上洛の大義名分どころか、世の反感を招き兼ねない。そう考えた義元は、足利幕府開設・維持存続に絶大な貢献をした師直に似せて、敢えて参河守の称号を求めたとも考えられる。

さて今川義元が敢えて参河守という官位を求めたとしたら、師直のように身命を賭して存亡の淵にある足利幕府を助け、再度盛り立てますよ。いや天皇家からそうした声が懸かったから上洛の軍を発した、という大義名分は十分に成り立ち得たと考えられる。

もう一つの考えとしては、義元が尊氏同様武蔵守という官位を上奏した。且つ詔勅として求めたとしたら、官位称名の如何に関わらず、何れにせよ朝廷としては可成り難儀をしたのではないか。

第一に、本来官位は武家の統梁たる足利幕府の奏請に基づき詔勅されるべきであった。少なくとも足利幕府創立期、家人の統帥権と守護職の任免権は足利将軍家にあった。戦国乱世のこの時期、幕府はその実権を失っていたものの、そうした時期とはいえ、朝廷はなお足利将軍家に気兼ねをした。将軍義輝は、幾度か京を追われ都落ちをしてはいたが、この時期は京に舞い戻って復権していた。権威が低下していたとはいえ、朝廷としても蔑ろにはできなかったと思われる。

また、尊氏同様の昇進過程で武蔵守であったならば、先にも述べたとおり義元に野心があり、単に足利幕府が今川幕府に代わるだけで、天皇家や公家の地位・身分が変わるものでもない。また、事と次第によってはより一層世上を惑わし、乱世を増幅させ兼ねないと考えて、三河国を平定した事でもあり、体よく参河守という称号を与える事にした、と考えられる。

第二に、参河守であれ武蔵守であれ、義元が宣旨ではなく詔勅に固執したとするなら、事は長引く。何故なら、詔勅であれば義元としては上洛の為のより強固な大義名分となるが、朝廷としては足利幕府を経ぬ詔勅は戦国乱世故に出し得なかったと考えられる。実権を失っていたとはいえ足利将軍家は存在し、何時又強大な権力を呼び戻し、後日咎めを受けぬとも限らない。

事実この一年前、義輝は越後の雄長尾影虎（上杉謙信）に上洛を要請しており、影虎は応じて上洛した折、天皇にも謁見していたのだから、その辺の事情を朝廷は知っていた筈である。将軍家がそうした動きを見せていた時分、朝廷としても軽々しく詔勅は出し得ない。かといって京洛をも脅かす戦乱の世を見過ごす訳にもいかない。そこで当たり障りのない宣旨という形式で義元の奏請に答える事にした。

さて、長々と義元の官位について仮説を述べてきたが、少なくとも義元の西上の時期が半年以上遅れた事由は、義元と朝廷との間で駆け引きが行われ、これに可成りの時間を要したためという推測もされる。

先に述べたとおり、永禄二年二月に伝馬の令と七ヶ条の軍令を発布し、義元は何時でも命令一下出陣できうる体勢を整えていた。にも拘らず一年三ヶ月も待って、尚かつ季節的にも良くない六月（西暦）

に出陣した事由は、外に何があったのだろうか。今川家資料を見る限り、旱魃等による兵粮・馬飼料問題を抱えていた形跡も見当たらない。

長期的な遠征と本格的で大きな城攻めを想定した七ヶ条の軍律と、政都入洛の大義名分とも取れる官位の宣旨を待って軍を発したこと、そして義元自ら二万五千の大軍を率いての西上は、その目的が単なる大高・鳴海二城の砦群の除去や濃尾平野の領有化に留まらず、上洛して足利将軍家を補佐する為か、或いは足利家に取って代わってその実権を握らんとする意図があったとも考えられ、上洛説も完全には否定できない。

また、義元はこの以前、今川家の家督を子の氏真に譲り渡していた。仮に隣国武田・北条勢が気にかかったものなら、そして狙いが単に大高・鳴海城の砦封鎖解除だけであったなら、子の氏真を総大将として差し遣わす事もでき得た筈である。過去義元は西三河攻略にあたっては雪斎長老を総大将として、長老亡き後は遠江・三河の将を送って調略・武力両面から攻略してきた。西三河の寺部・梅ヶ坪・広瀬城等はさして大きな城ではなかったであろうが、鷲津・丸根、善照寺砦等よりは堅固であった。この城々を弘治四年（一五五八）前後に匂坂長能や松平元康等に命じて攻め落としている。

大高・鳴海を取り巻く砦などは、信長が出張ってきても、正面から戦えば遠江・三河の兵七〜八千で落とし得たのではないかとも考えられる。一方また織田方の砦は、大高・鳴海の城を封鎖するには効を奏したが、外からの攻撃に対しては脆弱であった筈である。各個順次攻め立てられたら、容易に落ちていったであろう。現に鷲津・丸根砦は、桶狭間合戦の朝に、松平・朝比奈軍三〜四千の兵に数時間の内に落されたのだから。まして内に敵を抱えつつ倍数の敵に当たる織田軍にとっては容易なものではなかったと考えられる。

然るに単に砦封鎖解除だけであったなら、義元自身が出張らずとも良かった筈である。にも拘らず敢えて義元自ら大軍を率いて西上したところに、義元の大いなる意図があったと観るべきである。従者の顔ぶれも錚々《そうそう》たるものであった。主に遠江・三河の兵が多かったが、遠江は既に自領であり今川系譜の城主や古参の者も少なくはない。まず膝元駿河からは、朝比奈城主朝比奈丹波守元長初め瀬名城主瀬名伊予守氏敏、花澤城主長谷川伊賀守元員、他義元が叔父蒲原宮内少輔氏政、妹婿浅井小四朗政敏、葛山播磨守信貞等々一族並びに直参旗本勢が加わっている。

遠江からは井伊谷城主井伊信濃守直盛、二俣城主松井左衛門佐宗信、掛川城主朝比奈備中守泰能（大高守将として先遣）他城持十名。三河からは岡崎城主松平元信（後の家康）他約二十八名の大小城主が加わっていた（旧陸軍参謀本部桶狭間の役資料・両軍将士姓名表より）。こうした錚々たる陣容から観ても、単なる鳴海・大高二城の砦封鎖解除のみに止まったとは思えない。少なくとも豊穣の地尾張・美濃の領有化、延いては上洛の狙いが義元にあったと観て良い。

因みに、長享元年（一四八七）の九代将軍足利義尚の近江出陣から元亀二年（一五七一）までの畿内及びその周辺の合戦を記録した『足利李世記』（豊明市史より）というものがある。誰の作かは不明との事だが、ほぼ同時代的に記録された物と思われる。その『足利李世記』は桶狭間合戦について次のように記している。

「永禄三年五月　駿河国今川治部大輔義元　分国ヲ治メ尾張国ヲ追罰シテ上洛シ、京公方エ出仕可申《もうすべし》トテ尾州マテ攻上ケルニ　織田弾正信長合戦ニ及　悉《ことごと》ク打チ負ケレハ義元即上洛トミエン処ニ　同月十九日尾州オケハサマト云処ニテ伏兵起テ義元ハ信長ノ為ニ討タレケル云々」

当時京の人々の間でも、義元西上の目的は上洛して足利将軍家を補佐する事と認識されていたようである。強ち小瀬甫庵の創作とばかりは言えないのである。又、当初織田軍が負けていて、今川軍の一方的な勝利の内にそのまま上洛するかに見えたが、伏兵を以て義元を討ち取ったと記されていることも興味深い。

又同じく豊明市史には、京都府にある真言宗理性院の厳助という僧（一四九八〜一五六三）が書き表した『厳助大僧正記』という日記がある。厳助大僧正はこの合戦三年後に亡くなっているからまさしく同時代に書かれた物だが、次のように書いている。

「永禄庚申（一五六〇）予六十七。中略　四月（五月の誤りか）。駿河今川。尾州入国。織田弾正忠回武略《ぶりやくをめぐらし》打取之事《これをうちとるのこと》有之」

「伏兵起こって」「武略をめぐらし」と、何れも当時のしかも京洛において、この合戦を正面衝突戦ではなく奇襲戦として認識されていたようである。

## 五　義元西上の意思表示と信長の砦構築の時期、いずれが先か！

ところで、鶏が先か卵が先かという視点でも検討せねばならない。即ち信長が砦を構築した時期と、義元が西上を意図した時期と、いずれが早かったかという問題である。

今川義元の西上目的が、単なる砦封鎖解除ではなかった事を、今川・織田両家の関係、周囲を取り巻く近隣各国との関係、足利将軍家と当時の京における政治的状況等から縷々述べてきた。ところで、先にも述べたとおり、義元西上の目的は、上洛でも清洲城攻めでもなく、単に鳴海・大高二城を囲む砦封鎖の解除にあったと言う説が定着化しつつあるが、義元が西上を企てた時期と、信長が砦群を構築した時期の何れが早かったのか、一応検証する必要がある。

義元が西上を公然と現したのは、先にも述べたとおり永禄二年三月十八日の伝馬の令と、同二十日の七ヶ条の軍法発布であった。従って信長がそれ以前に砦を構築していたとすれば、砦の封鎖解除説は一応成り立つこととなる。

では信長が何時の時点に砦群を構築したものか。『信長公記』においても桶狭間合戦については、「鳴海の城、南は黒末の川とて入り海、塩の差引き城下迄之有り。云々。城より二町隔て、たんげという古屋しきこれ有り。是を御取出に構へられ、云々」といった風に、順次砦の方角とその守将の名を連ねているだけで、構築の時期については全く述べてはいない。『山澄英竜桶狭間合戦記』でもその時期までは触れてはいない。

明確には言えないが、信長が砦群を構築した時期は、合戦一～二年前の今川・織田両家の動きや諸事情から推察して、私は義元の伝馬の令や七ヶ条の軍法発布以後の事ではなかったかと思われる。義元の軍令発布等に呼応する形で、信長はある意図を持って砦群を構築したものと思われる。砦構築の意図についてては第九章で詳細に述べる事とするが、まずは両者の動きから砦構築の時期について検証してみたい。

信長がほぼ尾張国を掌握したのは永禄元年（一五五八）七月、上四郡の守護代織田信賢を浮野（岩倉城北部）にて撃破降伏せしめ、同十一月二日謀反した弟信行を誘殺した後である。しかし織田信賢は翌二年春（明確には時期を断定できないが、一般的には春時分・三月～五月と云われている）に再び謀反して岩倉城に籠城し、二～三ヶ月間抵抗したという。

この直前の永禄二年二月二日から十数日間、信長は将士八十名士卒併せて約五百名程を連れて上洛していた訳であるから、砦構築に着手したのは、帰国後それも織田信賢を完全に無力化（岩倉城の破却と尾張放逐）した後の永禄二年六月以降ではなかったかと考えられる。何故なら、宣戦布告（敵城封鎖）をしておいて、国を留守（上洛）にする事はほぼ考えられず、まずは帰国後の事と考えられる。そして帰国後間もなくして一時屈服したかに見えた上四郡守護代織田信賢が再度反信長の旗を揚げた。信長が砦構築に取り掛かったのは、これを完全に屈服せしめ、岩倉城を破却し、ほぼ尾張統一の成った永禄二年六月以降の事と考えられる。

更にもう一つの情況として、これら砦の構築に入る前に信長は、丹下砦の南西約一・六キロ程の今川方笠寺城を落とさねばならなかった筈である。何故なら、二キロと離れない此所から丹下砦を攻め立てられたら、土塁と掘を穿った程度の丹下砦は苦もなく落とされ、その機能を果たさなかったと考えられるからである。丹下を失えば次は善照寺・中島砦と将棋倒しに落とされていったであろうから。

さてその笠寺城には永禄元年二月には、今川方の浅井小四朗や三浦左馬介・飯尾豊前守・葛山播磨守等四将が守備していて、織田方の攻撃を追い払った事が義元からの感状（去晦之状令披見候《さるつごもりのじょうひけんせしめそうろう》、廿八日之夜、織弾人数、令夜込《よごめせしめ》候処ニ早々被追払、首少々討取候由、神妙候、猶々堅固ニ可被相守《あいまもるべき》也、謹厳　永

禄元年三月三日　浅井小四朗他三者連名宛にて笠寺城中とある）で知られる。だが、これら四将の名が『天沢寺記』（今川方の桶狭間合戦殉死者名簿）に載っておる事から、桶狭間の合戦時には、田楽狭間付近で義元ともども討死した事になる。義元がわざわざ笠寺城守備を解いて呼び戻したとは考えられず、何時の時期か定かではないが、永禄二年五～六月の間頃に織田方の攻撃によって追い払われたものと考えられる。

信長は織田信賢を完全に屈服せしめ岩倉城を破却した後、或いは岩倉城包囲攻撃の間に、この笠寺城（砦とも云われている）攻撃にも力を注ぎ、今川兵を追い払い、しかる後に砦群の構築に着手したものと考えられる。少なくとも清洲城から八キロと離れぬ岩倉城に、上四郡の守護代織田信賢がおる内は、鳴海・大高二城の砦封鎖に兵を割くことはできなかったであろうし、又笠寺城の今川兵は、鳴海城包囲砦群への大きな障害であったから、同様その放逐なくしては無意味であった筈である。

一方、義元はまた永禄二年八月に、朝比奈筑前守（泰能か）に大高在城（支援）を命じている。これは、織田方が鷲津・丸根砦を構築して大高城への圧力が高まったためと考えられる。即ち義元は何時でも西上できる準備は整ってはいたが、何らかの事情により（上洛の大義名分の可能性が高い）直ぐには西上できず、取りあえずの対抗策として大高城守備兵の増強を図ったものと考えられる。そしてこの秋大高・鳴海二城では、その領内の田畑を織田方に押さえられて兵粮が欠乏し、ために永禄二年十月中旬義元は、奥三河の奥平監物（定勝）・菅沼久助の二将に命じて大高城に兵粮を送り込んでいる。

この兵粮搬入を終えていったん帰途に付いた二将は、その後透かさず織田勢が大高城に攻撃を仕掛けたため、再び大高に戻って織田方と激戦し、「自身相返敵追籠《じしんあいかえしてきおいこめ》、無比類働《ひるいなきはたらき》、殊同心・被官被疵《ひかんきずこうむり》、神妙之至《しんみょうのいたり》甚以感悦也《はなはだかんえつなり》云々」という感状を義元から受けている。

「自身相返敵追籠《じしんあいかえしてきおいこめ》」というこの感状から、少なくとも既にこの十月中旬には織田方の兵が鷲津・丸根砦に籠もっており、又今川方が兵粮を搬入した直後すかさず大高城を攻撃した事が解る。攻撃を仕掛けたものの織田兵は、取って返した奥平達に再び砦に押し込められている。織田方の攻撃は、ちょっかい程度に手を出したものと思われる。その事由は、単に取り囲んでいるだけでなく、何時でも攻めるぞという気構えを義元に伝える為と、敢えて今川方の本格的攻撃を、即ち義元自身の来尾を促しているようにも取れる。

こうした両者の一連の動向から考えても、信長が砦群を構築した時期は、永禄二年六〜七月の間頃であったと考えられる。即ち義元が西上を公にしたのが先で、義元の西上目的が単なる砦封鎖解除ではなかったと言えるだろう。伝馬の令や、七ヶ条の軍令内容・軍編成情況から言っても、義元西上の目的は少なくとも尾張・美濃二国の併呑化、延いては京都上洛の上、足利幕府の再興、或いは足利幕府に取って代わらんとする意図を隠し持っていたとも考えられる。

# 第三章　合戦当日の今川・織田両軍の布陣の状況

## 一　合戦周辺地域の地理的状況と今川本軍の進軍経路

実際合戦当日の両者の布陣はどのようなものであったか。また、桶狭間周辺の地理・地形はどのようなものであったのか。

両者の布陣を検討する前に、いわゆる「おけはざま山」と云われた合戦地域周辺の地理的情況について知る必要がある。

現名古屋市緑区鳴海町字城に、今川古参の守将・岡部五郎兵衛眞幸が籠もる鳴海城があった。北から流れる天白川と北東から流れ来る扇川の合流点にあり、当時はこの二川が合流した下流は黒末の海と呼ばれていた。満潮時には潮が鳴海城近くまで迫ったという。無論平城である。この城を凡そ五〜六百メートルの距離で三方から、西に丹下、北東に善照寺、扇川を挟んだ南東の中島砦と織田勢が取り囲んでいた。

この中島砦東方には約五百メートル先を山際として、東西約四キロ、南北も又約四キロの丘陵帯が横たわっていた。この丘陵帯は最高約六十五メートルから三〜四十メートル級の大小数多の峰々・谷々によって形成されていた。ただ中島砦から東南の所謂田楽狭間（屋形狭間）方面に向かって、この丘陵帯を二分するように、幅員三〜四百メートルの緩やかなU字型の傾斜地が、せり上がるように延びていた。〔巻末掲載　桶狭間合戦場地形図（旧陸軍参謀本部作成図）〕

後に詳しく述べるが中島砦から見て、この中央帯の右手丘陵帯が知多郡有松村・同大高村・同桶狭間村・同大脇村（何れも江戸初期以後の名称）に属していた。

左手は愛知郡鳴海町・同間米村・同五軒茶屋新田・同沓掛村（前同）に属していた。この中央帯左手山裾に沿って愛知郡と知多郡の郡界が北西から南東に延びていた事になる。この郡界が奇しくも後に桶狭間合戦と呼ばれたこの合戦の主戦場地、いわゆる義元布陣の地・討死の地（数説ある中で氏真の云う『鳴海原一戦』）を特定する手掛かりとなる。が詳しくは次の第四章において説明する事とする。

さて、このU字型傾斜地帯を以後中央帯と呼称することとする。この中央帯を登り上がった先約三百メートル、中島砦から約三・三キロの地点に、田楽狭間或いは後に屋形狭間と呼ばれた東西に長く延びた平地がある。と言うより、この中央帯の延長線であった。当時この中央帯は松の疎林や灌木・茅等の草木に覆われた原野状であったと考えられる。

無論今日のように国道一号線も旧東海道も走ってはいなかった。当時はこの丘陵帯の北方を迂回するように、旧鎌倉街道が古鳴海から相原村を経て沓掛城下に至っていた。この付近に東海道が新設されたのは江戸期に入ってからで、『山澄桶狭間合戦記』によると、この合戦地付近は慶長十三年（一六〇九）時分の事とされている。

同じく『山澄合戦記』によると、「大脇村の古老の咄には其頃は此辺り（有松村や落合村）、皆野山、田畑にして今の往還（東海道）もなし」と云う状況であったようだ。従ってこの中央帯には作場道ないしは狭い山道くらいはあったであろうが道らしい道はなかったようである。当然当時は有松宿も五軒茶屋新田の集落もなかったと云われている。

当時何々道と呼ばれていた道と言えば、先の鎌倉街道の他に鳴海城下から大高城下町を経て丸根砦眼下を通り、桶狭間村落を左折し、即ちこの丘陵帯の東手を縫うようにして沓掛に至る、所謂沓掛・大高街道があった。桶狭間村を左折せずに真っ直ぐ東に向かって進むと、近崎村に至って知多東岸道とT字する近崎道という道もあったようである。

さて沓掛・大高道に戻って延享二年（一七四五）大脇村絵図や桶狭間合戦名残絵図（年次不明）、『豊明市史資料編三』の間米・五軒茶屋新田・落合各村天保十二年（一八四一）絵図等に基づいて大高・沓掛道について検証すると、桶狭間村から比定桶狭間山の西手と現桶狭間北三丁目の大池との間を通って落合村西境（当時は大脇郷）に入る道が当時あったと考えられる。道は落合村現南館（豊明市古戦場跡地）の右手を経て現京楽会館付近に至る。この付近は中央帯の延長上にあり、又江戸初期の愛知郡間米村（合戦当時は愛知郡鳴海庄間米郷と呼ばれていた＝豊明市史資料編三より）との村界であった。

この現京楽会館下から三ッ谷・大狭間（共に現存地名）を経て小高い山を越え間米村に至る。間米村から再び山を越えて沓掛城下を東西に走る鎌倉街道に至る（沓掛城はこの鎌倉街道から北へ約六百メートル程登った処にある）。この経路が当時の沓掛・大高街道であったと考えられる。

当時は沓掛城下本郷から東に折れて上高根へ出、上高根から下高根と現国道五七号線に沿った形で南下し、阿野村・大脇村・近崎村・大府村等々知多半島東岸の村々に通ずる知多郡道があった。この郡道を下って大脇村で西に折れ、山を越えて現南館付近で先の大高間米村経由・沓掛街道に至る大脇・大高道もあったようである。蓬左文庫所蔵の一古地図には、現前後町交差点付近を通り比定桶狭間山の東手を南下して桶狭間村に至る道が描かれているが、これは江戸期に入って造られたもののことである。

（豊明市史資料編）

又先の天保絵図では、間米村から千人塚東手の谷筋を南に下り現前後町交差点付近で東海道に結ばれる道（沓掛村道）が描かれているが、五軒茶屋新田絵図によると東海道に行き当たって消えている。この道が合戦当時もあったとすれば、前後町交差点付近から西の京楽会館付近まで東西に走る道も存在した可能性がある。が、東海道開設によりその一部は敷地下となって消失してしまったとも考えられる。何故かと言うと、東海道南手の落合村絵図によると、道で区切られていないのにも拘らず、道上本田・道下本田の名が見えるからである。この道上本田・道下本田を区切るものは絵図上水路となっているが、この辺りに道があった可能性が考えられる。

従って義元一行が合戦当日の五月十九日、沓掛城から大高城へ向かった経路は、三路考えられるが、最も最短経路である沓掛・間米村経由・桶狭間村・大高城（何れも江戸期の村名）への道を取ったと考えられる。もし、沓掛から千人塚東手を下って現前後町へ抜ける道があったとすればこの道を通った可能性も否定はできない。前道に比べて坂が少なく平坦な道程となっている。大高根・阿野・大脇村経由も比較的平坦であるが、遠回りとなる事からこの選択はなかったと考えられる。

その事由は又、義元討死後の今川敗走兵の逃走経路とも関係する。それは今川逃走兵の多くが千人塚付近で討ち取られ、大脇・阿野村集落付近で討ち取られたという言い伝えはないからである。その間米村千人塚付近、特に間米・五軒茶屋新田・落合村経由の沓掛・大高道には、三ッ谷（小狭間地）・大狭間と現在でも地名として残る狭間地が多くあったこと、そして敗走兵の多くが、この元来た道をまず逃げて沓掛城に向かったと考えられるからである。

因みに南館付近から東に山を越え大脇村に至る道筋には、『信長公記』で云われている「狭間組みて深田足入れ」といった地形は見当たらない。またこの大脇への道筋には天保十二年落合村絵図によると、後に新田開発された田地が描かれているが、合戦当時は原野若しくは疎らな松林であったと考えられ、田地はなかったと考えられる。

道については又後に詳しく検証する事として、中島砦から見てこの中央帯右手丘陵帯の最西端には、標高三十有余の峰々があり、そこに鷲津砦があった。その先七百メートル東南のほぼ同標高嶺には丸根砦があった。この二つの砦のほぼ中間点から南西方角の七百メートルの高台には今川方の大高城があった。

この近辺の地理についてもう少し触れると、先に上げた蓬左文庫の古地図に描かれている桶狭間村・有松宿間の道筋（いわゆる三河街道の一部）。即ち大池・地蔵池両西岸を通って有松宿に至る道が当時存在したとして、義元本隊は近崎道又は後の三河街道からこの道に入って有松に進出したと説く方もおられるが、当時この道はなかったと考えられる。当時は池鯉鮒から境川を渡って知多半島に至る道、即ち三河街道はなかったし、旧東海道も有松宿もなかったからである。

さて、五月十九日の今川本軍の経路は、沓掛城を午前八時時分に出立して、間米村を通り、大狭間・三ツ谷を経て午前十時頃現豊明市古戦場跡地付近に差し掛かったと考えられる。義元並びに主立つ将士等は、落合村に差し掛かって百〜二百メートル程進んだところで街道から逸れて右折し、更に約二百〜三百メートル程西進して所謂田楽狭間へと分け入った。

義元一行が何故本道をそのまま下らず、横に逸れて田楽狭間に入ったか。それは休息を余儀なくされたためである。何せその日は朝から極めて暑い日であったようだ。（信長の馬丁を勤めた老人の談話によると、「合戦の日、暑気甚だしき事此の年に成りしまで終に覚へず。誠に猛火の側に居るが如し」と云っている＝山澄桶狭間合戦記より）

義元一行がここで休息を取った事が、結局信長の奇襲戦をより容易にしたといえる。そもそも義元等が疎らな松林地帯とはいえ田楽狭間で長い休息を取ること自体、孫子の兵法に大きく反するものであったと言えよう。孫子曰く。「斥沢《せきたく》を絶《こ》ゆれば、ただ亟《すみや》かに去りて留まることなかれ」と。止むを得ず谷筋や湿地帯を通過するときは速やかに通り抜け、決して留まってはいけない、と云っている。

## 二　五月十九日における今川方の総陣容

今川方の布陣は、旧陸軍参謀本部『桶狭間役』によると、総勢二万五千余人。その内訳は次のとおりとなっている。

刈屋城監視兵及び沓掛・岡崎等城守兵　併せて約五千。
丸根（松平元康）・鷲津（朝比奈泰能）攻撃兵　四千五百余人。
義元本隊約五千余人・援隊（三浦備後守等）三千余人　併せて八千余人
清洲方面兵（葛山信貞）　約五千余人。
鳴海城守兵（岡部元信）　未定約七〜八百人。

義元本隊五千余人の内、瀬名氏俊が二千を率いて先行し、桶狭間村の北上《きたうえ》、大池付近で休息していたとしている。また三浦備後守等の援隊は、中央帯布陣の防衛兵か、または古地図でいう旧鎌倉街道前進兵を指しているのか、説明がなく不明である。

ただし、清洲方面前進兵五千は、同参謀本部図によると、鳴海城の南西対岸の半島、笠寺・星崎辺りに布陣していたかのように描かれているが、私には理解しがたい。何故なら先に記したように、葛山播磨守信貞等四将は、田楽狭間で討死しているのである。内一人浅井小四朗政敏を沓掛城守将としているが、彼も又『天沢寺記』（駿河資料・天沢寺＝今川義元法名）の戦死者に名を連ねているのである。

沓掛城守将が事実であれば、合戦の後桶狭間に至り義元に殉ずるように追い腹を切ったものと思われるが、浅井小四郎が追い腹を切ったという記述もない。又、笠寺付近で当日（五月十九日）合戦が行われたという記述はなく、浅井・葛山が戦死した場所は田楽狭間付近という事になる。

又仮に合戦当日或いは前日に、笠寺付近に約五千の兵を進出させたと云うのなら、その説にも納得を得ない。何故なら、五千の陣容であれば、わざわざ海とも河口ともつかぬ川を渡って対岸（鳴海城より）に行くより、中島砦を直に攻め落として鳴海城へ入るなり、その余勢をかって善照寺砦・丹下砦をも落とし得たであろうから。これら三砦は平地にあるだけに鷲津などより余程容易に落とし得たと考えられる。こう考えてくると、鳴海城の対岸・笠寺や星崎付近には今川勢は布陣していなかったと見て良い。

五月十九日の今川軍の布陣、と言っても今川本軍は単に沓掛城から大高城への移動日に過ぎなかったが、その本軍は約一万で、瀬名氏敏が三～四千の兵を連れて先発し、義元自らは六～七千を率いて沓掛城を発った。合戦の時刻には、義元本隊四～五千は田楽狭間とその手前間道付近の広原で休息し、防衛部隊二～三千人は後の有松付近に布陣していた。又瀬名氏俊等先発隊は現桶狭間三丁目の大池付近（もう一つの古戦場跡地と云われている）に休息していたと考えられる。

何故なら桶狭間合戦での今川軍の戦死者は、『天沢寺記』によると、騎士五百八十三人・雑兵二千五百余人とある。この桶狭間合戦での戦場は、鷲津・丸根砦と、最初に中央帯に打って出た約三百の織田兵との小競り合いのあった中央帯中腹、そしてこの田楽狭間付近だけで、その他で戦闘が行われたという記述はないようである。そして今川方の死者だけで三千人を越えているのである。が、義元本隊の兵全てが討ち取られた訳ではなく、手傷・深傷を負って辛うじて逃げ帰った兵も少なくはなかったはずである。従って有松の防衛兵を含めて、田楽狭間付近には少なくとも六〜七千の兵はおったと考えられる。

旧陸軍参謀本部にならって整理すれば次のような配置であったと考えられる。

刈屋城監視兵及び沓掛・岡崎等城守兵・荷駄隊員　併せて約五千。
丸根（松平元康）・鷲津（朝比奈泰能）攻撃兵　四千五百余人。
義元本隊約四千余人・中央帯防衛兵二千五百人　併せて六〜七千余人。
先発部隊（瀬名氏敏等）　三千〜四千余人
旧鎌倉街道前進兵（不明）　約三千余人。
鳴海城守兵（岡部元信）　未定約七〜八百人。

刈屋城監視兵欄に、荷駄隊員を加えたのは、それなくして五千は多過ぎる事、又鳴海城解放後、旧鎌倉街道を経て輸送した方が効率的であると考えられるからである。

今川勢の一部隊が旧鎌倉街道を進んだと云う記録は、先の蓬左文庫所蔵の古地図のみでどの書にも見当たらないが、合戦の常道としてあり得るものと考えて右のとおりとした。だが、善照寺等砦攻撃の日は翌二十日としていたと思われる事から、彼ら旧鎌倉街道前進兵が沓掛城を出立つしたのは、義元本隊進発後、それも昼過ぎの事と考えられる。

ちなみに『信長公記』に、うぐいうらの服部左京助等が武者船で黒末の河口に乗り入れたが、別の働きなく乗り帰り、もどりざまに熱田の湊に襲い掛かったが町民によって押し返されたとある。これは、総攻撃は同じく翌二十日と聞いていて、黒末の河口に乗り入れたのは、丁度義元が討死した数十分後の事であったと考えられる。上陸したものの、義元討死・今川方の大敗と聞いて舟に乗り返し、腹癒せ紛れに熱田の湊を襲わんとした。が、既に織田軍大勝利と云う早馬の報を受けていた町人共が駆けつけて押し返した、と考えられる。この服部左京助等が義元討死後即ち午後二時以降に到着した事も又、今川勢の砦総攻撃が翌二十日とされていた事を物語っていると考えられる。

## 三　五月十九日における織田軍の総陣容

さて、今川軍の陣容・部隊の配置、そして義元本陣・先陣等について見てきたが、では信長がこの合戦に投入した織田軍の総員数は如何程であったのか。このことは、桶狭間周辺で、織田軍が如何程の員数でどのようにして信長が戦ったのかを知る上で極めて重要なものである。これまた古今諸説は様々である。

正面衝突戦論者の説に従えば、織田軍は二千に足らざる員数で義元本軍及び今川前軍占めて七〜八千を蹴散らし、義元他三千余人を討ち取った事になる。が、果たしてそうだろうか。

『信長公記』では、信長が清洲城を出たときは主従六騎、源太夫宮殿（熱田神宮東隣）にて雑兵二百が加わり、善照寺砦で勢衆揃えさせられ、中島砦へ移った時が二千に足らざる御人数の由、と云っている。それ故昨今の正面衝突戦論者ばかりでなく、『山澄桶狭間合戦記』（更に考察を加えた田宮篤輝・新編桶狭間合戦記を含む）を除く多くの合戦記は、あたかも信長が二千に足らざる兵数で、今川の大軍に打ち勝ったかのように書かれている。

しかし、鳴海付近に集結した織田軍が二千弱であった訳ではないだろう。この時期信長は、知多・愛知郡の一部を除いてほぼ尾張を統一したばかりであったが、その石高・豊かな経済的基盤から云って、五千強の兵数は投入でき得たと考えられる。

陸軍参謀本部の『桶狭間の役』では、合戦時の信長の総動員能力を、おおよそ四千内外としている。これは当時信長領する石高が、十六～十七万石であったとして、一万石に付二百五十人として計算している。その計算式は、貞亨年間（貞亨元年＝一六八四）の調査で尾張国の石高は四十八万石であったが、遡ること百二十四年前の永禄三年頃は、新田開発分を一割として差し引いて四十三・四万石だった。当時織田の領有は全州の五分の二とすれば十六～七万石、という計算式により割り出したとしている。

そして当日桶狭間の合戦に参戦した員数とその守備員数について、次のとおりとしている。


合戦当日以前から守備に就いていた各砦の守将及び兵数について

| | | |
|---|---|---|
| 鷲津砦 | 織田信平等（玄蕃か） | 兵数未詳　一二云フ四百余人。 |
| 丸根砦 | 佐久間信重 | 同　上　同七百余人叉云フ四百ト。 |
| 丹下砦 | 水野忠光等（帯刀） | 同　上 |
| 善照寺砦 | 佐久間信辰（信盛弟左京亮） | 同　上 |
| 中島砦 | 梶川一秀等 | 同　上 |

としている。

そして五月十九日（陽暦六月二十二日）、午前二時、急に法螺を吹かしめ進軍を令し云々、熱田に至る。「比ほいに二百人に達せり。この熱田神宮に必勝祈願している間に兵一千に上る。やがて信長諸城の兵を併せ進み、善照寺砦の東に至りその兵を点検するに凡そ三千許《さんぜんばかり》人を得たり。即ち号して五千と称す」としている。（先述の四千内外とは何故か不一致）

各砦四百名程にしても二千人程の織田兵が以前から布陣していて、当日清洲城他織田方支城から馳せ参じた兵二千を加えて、四千内外としたものと考えられる。

『山澄桶狭間合戦記』では、父信秀が天文四～五年頃三州井田合戦に八千の兵を率して出張したと書記にあるとし、その頃と領地的に然程変わらぬため、また、松平元康の家臣で戦巧者の石川六左衛門が、棒山（鷲津・丸根砦一帯の丘陵地）から善照寺砦の織田軍を見て、そこへ参集した兵は五千程はあろうと言った事に誤りはあるまいとして、五千を実とすべしとしている。それに丹下、中島・鷲津・丸根の兵を加えれば約八千程と云っている。父信秀の場合、尾張国衆の他に西三河の兵も多く含まれていたと考えられ、山澄説には素直に準ずる事はできないが、陸軍参謀本部の割り出しにも疑問が残る。

まず尾張国の総石高だが、慶長十五年（一六一〇）尾張初代藩主徳川義直が清洲から名古屋城に移転し、尾張全州に加封された時、その石高は四十七万三千三百四十四石であったという。新地開田分一割を差し引いて、永禄三年当時の尾張国総石高は約四十四万石だったと考えて、ほぼ陸軍参謀本部のそれとは一致する。だが、永禄三年当時信長が尾張全州を掌握していなかったにせよ、旧陸軍参謀本部の云う信長領有分が五分の二とは余りに少な過ぎはしないか。

永禄二年六～七月、上四郡の織田信賢を降伏せしめその城を破却した時点で、上四郡と下四郡の内知多郡と愛知郡の一部（沓掛・鳴海・大高）、海部郡の極一部（現弥富町・飛島村十四山村辺り）、東春日井郡の一部（今川方品野城支配下）を除いて信長の支配する領域であった。陸軍参謀本部は、信賢を降したものの上四郡は未だ二心を抱く者少なからずとしているが、確かに上四郡の内丹羽郡の北端犬山城には織田信清がおって丹羽郡を領していた。が、信清はこの二年前の浮野合戦に信長と合して信賢を攻撃している。

加えて信清は、信長と従兄弟関係にあり、且つ信長の姉がこの信清に嫁しており、この時期（二年後反信長となるが）は信長方と見て良く、ほぼ尾張方として数に加えて差し支えないと考えられる。

信長自身、尾張国の内所謂濃尾平野といわれた木曽川流域をはじめとする豊穣な領域、及び商業・港湾都市として栄えた守山や津島を抱えていた。そして父信秀の代から尾張濃尾平野は、全国に先駆けて谷田農業から平場農業に切り替わっていたと云うから、その収量も多かったはずである。即ち父信秀が二度にわたって多額な皇居修築の費用を献上したように、その財力は潤沢であったはずである。尾張国の内でもそうした最も豊穣な部分を信長は握っていたのだから、石高で云えば四十四万石の七割方、約三十一万石に相当する国力はあったと思われる。とすると少なく見積もって六千二百人（一万石に付二百人）、多く見積もって九千三百人（同式三百人）、中を取って七千七〜八百人（同式二百五十人）程の総動員力を持っていたと考えられる。

中を取って七千七百人として、では桶狭間周辺に動員できた員数はというと、少なくとも五千人はあったであろう。当時西の斎藤氏は道三を討ってその座を奪った子の義龍が当主となっていた。が彼はこの時期病床に伏していた。一年前信長が京に登ったとき、暗殺団を送ったくらいであるから、堂々織田氏と正面切って闘う気力には欠けていたと見て良い。

信長は、清洲城外各支城の守りに多く残しても二千程で十分であったと思われる。又、尾張北部今川方品濃城への牽制として四～五百を割いたとしても、鳴海城周辺には約五千程の兵員を投入でき得たと考えられる。

先に述べたように、『信長公記』では源大夫殿宮（熱田神宮）で馬上六騎、雑兵二百計り、丹下に出で序で善照寺で勢衆揃えたとし、中島砦に移った兵数は二千に未足ざる兵数として、義元本陣を襲撃した員数を述べてはいない。

後に織田軍の宿老となる丹羽長秀は多くを語ってはいないがその記に、熱田から信長に先行して善照寺砦に向かうよう命ぜられたと云っている。思うにこれも信長の戦略で、善照寺砦に三々五々敵に目立たぬよう集結させたのではないかと思われる。こう考えてくると、少なくとも織田軍の総兵員は五千から六千ほどはあったであろうと考えられる。

そして『山澄合戦記』では、善照寺砦で軍を二手に分け、一隊を残し置き、一隊は信長自身引率して義元の本陣に討ち入ったとしている。『松平記』でも「善照寺の城より二手になり、一手は御先衆（有松布陣の防衛軍を指すと考えられる）へ押来、一手は本陣のしかも油断したる所へ押来り」と云っている。『信長公記』では、信長が二千に足らざる兵を率いて中島砦へと移り、そこを最終起点として攻撃に打って出たかのように記しており、軍を二手に分けたとする前二記とは異なるが、決して矛盾するものでないことは後に述べる事とし、一とき善照寺砦に集結した織田軍は四千は下らなかったであろう。

では、何故中島砦に移った兵数が二千に満たなかったのか。それは先に記した徳川方二記にあるように、信長が戦略上善照寺砦で軍を二手に分けた為である。善照寺砦に約二千強の兵を残したと考えられる。残したと言うと語弊を招くが、善照寺砦に実際残った兵は二百程で、他は信長が中島砦に移ると共に、あるいは一部は先行して、善照寺砦から秘かに東手の丘陵帯へと三々五々と移動していったと思われる。『三河物語』に記されている、「三々五々東の山に登っていった」あの織田兵である。

これらの兵は善照寺砦から東の相原村に向かってそこから、或いは鎌倉街道をもっと北に進んで鴻仏目一丁目辺りから、はたまた善照寺砦北裏山に一度入って平手南一丁目付近に出て、三々五々扇川を越えて東手山中に入り、現細根天満宮辺りに集結していった。即ち中央帯傾斜地の今川防衛軍や棒山の今川軍に気取られぬように、三々五々とそれも時間を掛けて入っていったと思われる。そして信長を待っていた。

最終的に善照寺・丹下・中島三砦に残った守兵は、それぞれ二百人程ずつで、鳴海城周辺砦に残った総数は約五～六百人と考えられる。

要するにこれら砦の守兵は、鳴海城の今川兵が中央帯の織田軍を追撃せぬよう、また裏から織田軍の動きを目にしていた同守兵が、義元本陣に通報できぬよう、しっかりと封じ籠めておけば良かったのである。然るに、最終的に信長が配置した桶狭間周辺の織田軍は次のとおりであったと考えられる。


鷲津・丸根砦守備兵併せて約八百～一千人。

丹下・善照寺・中島砦各二百併せて六百人。

中島砦経由中央帯前進兵千七～八百人。

善照寺砦から東手山中潜行軍二千人前後。

総じて五千人から五千五百人。


太田牛一が、『信長公記』で清洲城を出陣した時主従六騎、中島砦に移った時二千に足らざる兵とのみしか記さなかったのは、『信長公記』の記録自体が常に信長の行動を主体として描かれたものと言われているように、ここにおいても他の兵数については記していない為である。そして何故か、信長率いる中島砦発の中央帯進撃軍が山際まで進んだところで中断し、いきなり義元本陣に奇襲を懸ける描写に飛んでしまっているのである。雨が降り出した山際から、空晴れて後の義元本陣急襲までの間が、スッポリと抜けているのである。正しくは沓掛の松の下の楠の話に置き換えられているのである。その為、『信長公記』のみを単に追ってゆけば、信長が二千に満たない兵数で中央帯を突破し、義元本隊約三千人を討ち取ったと誤解され易いのである。が、決して織田軍が二千弱の員数で今川本隊五千・前衛軍二千前後併せて七〜八千の今川軍を正面から瓦解させ、義元の首を挙げた訳ではないのである。

その抜けた部分については、次章において説明したい。

# 第四章　義元本陣と防衛部隊の位置及び

## 所謂「はざまくみて」と云う節所の地とは

## 一　書によって異なる義元本陣地と戦後氏真が示した合戦場地「鳴海原一戦」とは！

桶狭間の合戦については、戦後今日に至るまで幾つもの合戦記や伝記物が書かれている。その内容は大きくは大別できるが微細に至ってはまちまちである。今川軍の行軍経路をはじめとして、義元本陣位置・義元討死の地もまたその内容・表現等は様々である。義元本陣位置について見ると、織田方より書かれた『信長公記』（一五九三）では、単に「おけはざま山」としている。『甫庵信長記』（一六〇三）では「彼（今川義元）が陣取りし上の山より」と、更に不明確となる。『総見記』＝『織田軍記』（一六八五頃）では、「桶狭間山の下芝原」、『織田真記』では単に「桶狭間山」と、「山」とするもの「山下」とするものとに分かれている。

今川軍に属していた徳川方として記された最も早い『三河物語』（一六二六）は、五月十九日義元が池鯉鮒から段々に押し出で棒山の丸根砦等を巡検したとあるが、その後の義元布陣の地を一切挙げてはいない。江戸期を通じて幕府の命によって描れた徳川家の家康に関する伝記物も幾つかあるが、義元布陣の地については一定ではない。『徳川盛衰記』（一六八五頃か）では全く触れていないが、『武徳大成記』（一六八六頃五代将軍綱吉の命により編纂）では「十八日桶狭間の山間に陣す」となっている。『武徳編年記』（一八一九・八代将軍綱吉の命による編纂）では「愛知郡桶狭間を本陣として知多郡桶狭間田楽が窪にて酒宴す」と。一八三二年に時の将軍家斉の命により再編された『改正三河後風土記』では、「義元は桶狭間田楽が坪という処に」と、江戸幕府下でも一定ではない。豊臣秀吉の命によって記された元佐々木承禎の家臣で、後に秀吉の右筆となった中山長俊作の『中古日本治乱記』（一六〇二年頃か）では「桶狭間の内田楽坪と云う所にて」と特筆されたものもある。又窪ではなく坪と記されている。他に個人的に考察著述された物としても幾つかあるが、それらも様々である。三浦浄心の『慶長見聞録』（一六一四）では「義元は松原にて酒盛りをして」と何処の松原かは明らかにしていない。深溝松平藩当主松平家忠及びその曾孫忠冬が増補した『家忠日記増補追加』（一六〇〇年代後期）では「鳴海・桶狭間」とこれも些か曖昧な表現となっている。

尾張藩初代重臣山澄英竜の『桶狭間合戦記』（一六八〇年代頃）では、「桶狭間山の北の松原」とし、その出典は明らかにしてはいないが、松平元康・後の家康が大高城引き退きの際に三名の斥候を出して義元陣営を見るに、「桶狭間山の北の松原に至って、今川の陣跡を見るに壱人も生きて出会う者なし、夜中なれば、死骸を探り見るに、残らず東へ倒れ首はなく骸《むくろ》多し、三人の者、馳せ帰りてこの様子を申す」とある。山澄英竜は、三河物語や信長記を基にその他合戦に従軍した生存者や旧家に伝わる記録・地元に伝わる伝承等に検討を加えて著述したものと云われる。（以上豊明市史資料編補二及びその解説より）

又誰の記述かは不明だが、『山田雑伝』（旧陸軍参謀本部桶狭間の役補伝）という記によると、「元益聞テ（義元の討死）岡崎ヲ出テ廿一日桶峡ニ至、義元戦死ノ所ニテ殉死ス。義元戦死ノ地ハ有松村の東、官路（後の旧東海道）の南ニ在り、云々」と云っている。現在の南館付近のいわゆる田楽狭間を指しているようである。

さて織田方・今川方徳川家・その他個人的に著述された合戦記等を見てきたが、御覧のように一定ではない。「桶狭間山の北の松原」や「桶狭間田楽窪」とは、今日桶狭間合戦の伝承地と言われている豊明市合戦跡地付近を指していると考えられる。単に「桶狭間山」としているものは「比定桶狭間山＝現豊明市新栄町九八秋田工業付近にあった当時標高六十四・九メートルの山」を指していると思われるが、それも「山」と云ったり「山合」と云ったりその山合いも、比定桶狭間山頂から見てその東西南北何れを指しているのか特定はできない。

それ故今日に至っても二つの合戦場地（豊明市桶狭間古戦場伝説地と名古屋市緑区桶狭間北三丁目の古戦場公園）があり、前者は古くから桶狭間或いは田楽窪・屋形狭間なる伝承地名を持ち、義元や松井宗信等武将達の墓石があり、近くには今川方戦没者を祭った千人塚と云われる地もある。

一方後者の緑区合戦場公園付近にも、今川先発部隊瀬名氏俊が布陣していた「センノ藪」とか、氏俊等が評議した「戦評の松」、幕奉行瀬名氏俊が布陣した「幕山」、井伊谷城主井伊直盛等が織田軍に巻かれて戦死したと云われる「巻山」とかの伝承地名などがあり、近年耕地整備で大池上の田面付近から「駿《すん》公墓碣《こうぼけつ》」と刻まれた義元の墓碑が出てきており、一層混迷を深めている。

特に昨今、『信長公記』で「おけはざま山」と言っているからとして義元本陣地を比定桶狭間山山頂又は中腹などとし、義元討死の地を「中古日本治乱記」で『桶狭間の内田楽坪』と云っていることから、桶狭間北三丁目の「大池」上の広野原内、田楽坪であったとする説が出てきている。

これらについては後章で詳しく触れる事とするが、まずは今川本陣跡地は何処なのか、又義元討死の地・そして今川前衛軍布陣の地は何処であったのか検証を加えたい。

先に見てきたように、江戸期を通じて書かれたこれら桶狭間に関する殆どの記述は、『信長公記』又はそれを脚色した『甫庵信長記』か『三河物語』を基とし、或いはその双方を基として記述されていると思われる。それ故、多少の検証を加えたものもあるようではあるが、大筋として『信長公記』が語る内容とは首尾一貫してはいない。そして今日でもそれらの書々の一部分を採択して後は推測により新説として唱えるものも多い。

だが、合戦参戦者であろうと思われる太田牛一も『信長公記』巻首部分についてはメモ的に書き留めておいた物を約三十年後に整理して書き表したもののようであり、加えて牛一は、義元布陣の地を「おけはざま山に休めこれあり」と表現するだけで、具体的な表現にはなっていない。『三河物語』を顕した大久保彦左衛門もこの合戦の五年後の生まれで、参戦した兄忠世を始め近親者・知人からの口伝をつづったものと思われるが戦後約六十五年後の作である。これら二記は資料的には比較的その価値は高いものの双方共に完全とは言い難い。（特に今川方から見た最も代表的記録文とされる『三河物語』は、一部今川本隊を率いた義元にも触れているが、その多くは後の神君家康に関する物で、今川本隊に付いては代弁したに過ぎない。又合戦の五十数年後に描かれたもので、信憑性については疑問の点が多い）

ところでこれら二記以外に、もう一方の当事者であった今川家から見た合戦記はないものか、或いは合戦当時記録された日記などがないものかに留意して静岡県史や豊明市史等を良く見たが、残念ながら今川家から見た桶狭間合戦に関する一連の合戦記録はない。

今川家歴代当主の戦績等を記した『今川家記』でも、義元に関してのみ全く記されていないといった有様である。思うに義元が余りに不甲斐ない戦いで戦死してしまったため、意図的に外されたものと考察される。

ただ、当時書かれた日記として三つ程あった。二つは先に記した『足利李世記』と『大巌僧正記』である。もう一つは『定光寺年代記』というもので、これは現在も愛知県瀬戸市にある寺院で、豊明市史によれば弘安十年（一二八七）頃から延宝五年（一六七七）頃まで主に寺院以外の出来事が日々記録されたものであると言う。

もっともこの合戦に付いては織田軍として参戦した将士等から聞いて数日内に記されたものであろうが、その記には「(永禄)三年五月十九日、駿州義元尾州鳴海庄にて駿州軍一万人被打」とある。「一万人被打」はオーバーな話であるが、右に示したようにこの定光寺年代記は、後に多くの書が「桶狭間山」や「桶狭間山の北上の松原」「田楽狭間」等と「桶狭間」の内で行われていたように書き示しているのに対し、唯一この書が「鳴海庄」と記していることが注視に価する。

同じ尾張国内で、しかも数日の内に書かれたと思われるこの「鳴海庄」という文字に、多くの方々が目を瞑ってきた。いや、この合戦を論じてきた殆どの方が気づいていないと見た方が良い。気づいたとしても、その意味する処を恐らく理解できていなかったと考えられる。今日誰しもが合戦は鳴海庄内で行われたと言うと、「そんな馬鹿な」と無視されるだろう。だが、この鳴海庄という表現にはそれなりの意味があったと考えられる。

さて一方、今川家に桶狭間合戦に関する一連の記述は見当たらないと先に述べたが、実は合戦場地を指し示した一文があったのである。しかもそれは、この合戦の戦後処理をした、いわば当事者と言っても良い今川氏真によってである。

その一文とは、一族郎党二百人共々義元に追随するように討死し、『信長公記』でも忠節の士として賞賛された遠州二俣城主・松井左衛門佐宗信の戦功に対して、その子宗恒に宛てた氏真からの判物の中にである。感状と所領安堵状を兼ねたその判物の一文とは次のような物である。

「一 去五月十九日、天沢寺殿(今川義元法名)尾州於鳴海原一戦、味方失勝利処《みかたしょうりうしなうところ》、父宗信敵《てき》及度々《たびたび》追払《おいはらい》云々、宗信一所に討死、誠後代之亀鏡《まことこれこうだいのききょう》、無比類之事」

この判物は永禄三年十二月二日付で発布されたものである。この六ヶ月間、氏真は松井宗信が如何なる討死をしたか、即ちどの部署におって義元討死後（味方失勝利処《みかたしょうりうしなうところ》）何処でどのように戦って討死したかを深く検証した上で発布された物と考えて良い。何故なら、今川勢大敗の中における松井宗信に対する比類なき働きに対して、その子宗恒に加増までして恩賞を与えたのだから、曖昧な物ではない。又それ以前に氏真は、父義元が何処でどのようにして横死したか、今川軍の敗因が何処にあったか等、命からがら逃げ戻った多くの将士等から聞き取りをしてこの合戦の実態を掌握していたと考えられる。

そうした上で示した合戦場の地「鳴海原一戦」の鳴海原とは一体何処を指していたのだろうか。又後世の人々が「おけはざま山」とか、「桶狭間の北の松原」とか云われているが、氏真の示した「鳴海原」とは奇異なものなのだろうか。

決して奇異なものではなかったと私は考える。寧ろ、正確な証言ではなかったが可成り当を得た貴重な証言であると私は考える。即ち、原と言っている事から、比定桶狭間山の山頂・山腹等で戦いが行われたものではなかった事を示している。しかし、当時の鳴海庄は可成り広く、その何処の原地を指しているか明確ではない。が、太田牛一が示した「おけはざま山」とは固有の山を指したものではなく、善照寺砦や中島砦からみて東南の丘陵帯一帯を指した言葉と思われるがこの広義の意味での「おけはざま山」と関連して考えると、氏真の示した「鳴海原」は、この広義の意味での「おけはざま山」＝中島砦東南の丘陵帯の一地点を指していたと考えられる。そうすると氏真の示した「鳴海原」の原地について、より限定して推考できうる。

推考するに当たっては、合戦当時のこの周辺地域の地名を知って頂かねばならない。即ちこの地域が当時どのような呼称で呼ばれていたかである。

徳川幕府成立以前、鎌倉期からこの戦国期は、『定光寺年代記』に鳴海庄とあるように、村落は何々庄何々郷何々村と呼ばれていた。豊明市史資料編補三によると、当時の鳴海庄の範囲は広く後の沓掛村・間米村・五軒茶屋新田（江戸初期間米村から分離開村）も当時は鳴海庄に属しており、愛知郡鳴海庄駅家郷や間米郷と呼ばれていた。後の大脇村や落合村（同大脇村から分離開村）は知多郡英比《あぐい》之庄横根郷大脇村と呼ばれていた。また知多郡誌によると、後の桶狭間村・有松村（同桶狭間村から分離開村）は花房荘（庄と同様か）桶狭間村、大高村・阿野村は知多郡大高之庄大高村・同阿野村と呼ばれていた。

義元本陣跡地や討死の地と云われている所謂田楽狭間は、正確には当時の知多郡英比之庄大脇郷の西外れにあった。だがこの付近は、鳴海庄・英比之庄・花房荘の三境界点付近にもなっていた。鳴海庄と花房荘・更にその東手の英比之庄との境界線は、丘陵帯を二分するU字型の緩傾斜地帯北手に沿って伸びていた。即ち中央帯を含めて南手丘陵帯が花房荘・英比之庄で、北手一帯が鳴海庄であった。

ここで豊明市史資料編三の天保十二年（一八四一）五軒茶屋新田村絵図を見ると、その西手の山はこの当時も鳴海山（現在鳴海町）と記されている。

即ち信長が「空晴るるを」待ったと一説に云われている山・太子ヶ根山は、当時鳴海山と呼ばれており、これまた後に桶狭間或いは田楽狭間と呼ばれた地はその直下にあった。そしてU字帯緩傾斜地の延長線上にあり、巻末掲載の旧陸軍参謀本部図のとおりそのU字帯は東南の阿野郷辺りまで伸びていたと考えられる。そして後に大脇村の古老が「この辺り皆野山・山畑なり」と云っているように、このU字帯は疎らな松林や低灌木・草地からなる原地であったと考えられる。

さて五月十九日、義元本隊は鳴海庄駅家郷にあった沓掛城を発ち、鳴海庄内・後の間米村から五軒茶屋新田西外れの大高道を通り、知多郡英比之庄・後の落合村に足を入れた。踏み入れて間もなく、大高道から外れてU字帯に沿って西手にやや進んだ。そこで陣幕を張り休息に入った。そしてこの原地で太子ヶ根から急襲した織田軍によって討ち取られた。命からがら逃げ戻った将士等は、正確な庄境を知る由もなく、あるいは庄界は中央帯左手（中島砦から見て）山裾沿いに走っていたのだが右手山裾沿いと誤認して、氏真には鳴海庄の原地で休息中に織田軍の奇襲を受け、義元等が討死した。そして又義元討死の後本隊兵卒の多くが鳴海庄・後の五軒茶屋新田の三ッ谷や大狭間（共に五軒屋新田西方地内）を始め後に千人塚と呼ばれる山の周辺で討ち取られたと告げた。よって氏真は義元布陣の地・討死の地即ち合戦の地を、「鳴海原一戦」という言葉で書き示したと考えられる。

定光寺へ伝えた織田軍将士等も同様詳しい庄界までは知らず、鳴海山直下で義元等三百騎を討ち取り、三ッ谷・大狭間等鳴海庄間米郷で今川敗走兵の追撃戦が行われた為、「鳴海庄」で合戦は行われたと住職に伝えた。住職も聞いた儘に記した為、合戦場地は「鳴海庄」と書き残したと考えられる。

このように考えてくると、所謂桶狭間合戦の主戦場即ち義元布陣の地や討死の地は、山澄英竜等が云う比定桶狭間山の北上の松原や、屋形狭間と云われる伝承地付近であったとほぼ断定して良いと考えられる。言い換えれば、義元布陣の地が比定桶狭間山や、鳴海庄界から一キロも離れた名古屋市緑区の池上田面ではなかったと言える。そう言える事由は他にもあるが、それに付いては後の第十二章の三、比定桶狭間山を義元布陣の地とする合戦論の検証の中で述べたい。

ともあれ、義元本陣地及び討死の地として、所謂豊明市桶狭間古戦場伝承の地と名古屋市緑区の桶狭間古戦場公園付近、或いは比定桶狭間山とこの三地が永く論争されてきたが、何より合戦当事者でしかも同時代的に今川氏真が示した「鳴海原」＝豊明市古戦場伝承地付近を以て義元本陣跡地及び討死の地と断定して差し支えないと考えられる。よってこの地を義元本陣地及び討死の地として、今後この合戦が如何なる合戦であったかを検証してゆきたい。

## 二　更なる具体的な義元布陣の地及び討死の地について

ところで「正面衝突戦」説では、太田牛一が「おけはざま山」と云っているから低地とは限らないとして、U字型中央帯を登り上がった最上地点、比定桶狭間山の北西に連なる峰二つの山（巻末掲載　桶狭間合戦場地形図参照＝標高二峰共に約五十五メートル）を背にして義元本隊が布陣していたとされている。ここもまた鳴海庄境線から僅かに百〜百五十メートル南に寄ったところである。故に「鳴海原」と誤認されても良い地ではある。太子ヶ根山＝鳴海山からそう離れない位置にあるからである。

が、私はもっと東寄りで、比定桶狭間山の西北峰二つ山と所謂太子ヶ根山に挟まれた幅員約二百メートルの細長い平地に布陣していたと考える。巻末掲載の現代地図で言えば日商岩井か現ザ・ダイソー店付近辺りであろうか。その東手（現京楽会館南手）に可成り広い平地があるが、一連の合戦状景を考えるとそこより百〜二百メートル西手の細長い原地に布陣していたと考える。

正面衝突戦を唱える方々にとっては、義元本陣地は鳴海城やそれを取り巻く織田方三砦の見える位置でなければならない。要するに今川本隊は敵の見える所に布陣し、織田方の攻撃を正面から受けとめたという構図にならなければならない。然るに敵陣営や敵の動きは当初から把握していたとして、義元本陣をU字帯傾斜地の最上段に据えねばならなかったと考えられる。それでいて寡勢の織田軍に負けた事由を、今川先軍が崩されて逃げ戻り本陣を混乱に陥れた、また義元は「金持ち喧嘩せずで組織的退却を図ったが、その対応の遅れから討ち取られた」といった奇妙な論理を展開されている。

しかし、正面衝突戦論者が言われるような、仮に急傾斜地帯や中島砦が良く見渡せる高台に義元が布陣していたとすると、いろんな疑問が生ずるのである。第一に、裾元の今川前軍が崩されて逃げ帰り、義元本陣を掻き乱した事が今川軍敗北の要因を成したとされている事である。しかしその高所からなら、今川前軍と織田中央軍の戦闘状況は良く見えた事であり、その優劣は早くから周知し得た事になる。又中央帯の今川前軍が二キロ先の西手山裾に布陣していたものであったなら、崩されてこの傾斜地を登り上がってくるまで少なくとも二～三十分は掛かったであろうと考えられる。なのに義元が逃げたのは、僅かに四百～五百メートルに過ぎない（義元討死の場所を現豊明市古戦場公園跡地を前提として、正面衝突論者の説く位置から）計算となる。（布陣の位置がより東手の私の場所であれば、僅かに十～二十メートル前後程の計算になる）

又正面衝突論者の位置からなら、眼下に中央帯先端での戦闘状況ばかりでなく、逃げ登ってくる敗兵の姿も、更にそれを追って登り上がってくる織田軍も早くから良く見えた事になる。当日雨は降っていたが、信長が「空晴るるをご覧じ」てから攻撃した第一戦を二キロ先の今川前軍への攻撃であったとされているから、そうした仮定の話の場合激しい風雨はとうに止んでおり、状況判断を遅らせた事由とはならない。然るに仮に中央帯最上段の位置に布陣していたとすれば、そして先軍・本陣間約二キロの距離があったものなら、その優劣は早くから良く確認でき、義元にはもっと早くに打つ手は幾らもあったであろうと考えられる。

例えば、先軍が不利な戦いをしていたとするなら、本隊の兵を送り込んで形勢逆転を図る事もできたであろう。或いは又、先発していた約一キロ先の瀬名氏俊軍を呼び戻し、本陣を補強する事もでき得たと考えられる。それも不可能ならもっと早くから本陣を後方に移すか、間道付近の兵士等を呼び寄せ、防御態勢を固くする事もできたと考えられる。

また、仮に味方の兵が逃げ帰ってきたとするなら、一度にどっと数百揃って本陣に殺到するものではなく、足の速い者、体力の続く者がまず先に数名逃げ帰り、事の次第を告げたであろうから、本陣の混乱を避ける手はあったと考えられる。また、前軍にも軍目付のような者がおって、その者たちから前方の戦闘状況は逐次告げられたであろうから、仮に戦況不利と見たなら、その旨をもっと早くから義元は把握でき得たと考えられる。間道上の兵士等を呼び寄せるなり、それでも後退やむなしと判断された場合、もっと早くにもっと遠くに逃げ得たと考えられる。

しかし、義元は「金持ち喧嘩せず」で組織的退却を図ったとしている。ここで第二の問題点となるが、果たして当時の武将達がそんな悠長な考えで戦に臨んだものであろうか。そもそも当時の戦国武将に「金持ち喧嘩せず」などと云う観念があったのだろうか。しかも、四千~五千の兵の内、僅かに三百の旗本衆に囲まれて逃げる様《さま》を、果たして組織的な退却と言えるだろうか。約二万五千の兵を引率し、はるばる遠く駿河からやってきた戦国武将が、僅かに三百の旗本衆に囲まれて無様に逃げる様を、果たして「金持ち喧嘩せず」とか「組織的な退却を計った」などと言えるだろうか。

ともあれ、義元布陣の位置は、善照寺砦や中島砦、中央帯傾斜地を見渡せる中央帯最上段の高所ではなかった。

ではどこであったのか。やはりそこから北東へ約四~五百メートル先の太子ヶ根山直下の平地であったのである。『山澄桶狭間合戦記』によると義元布陣の地は、桶狭間山の北上松原とし、「善照寺の砦より、義元の本陣所へ廿七町（約三キロ）太子ヶ根より三町（三百三十メートル）余り也」としている。この信長が最終的に布陣した太子ヶ根の麓を現太子小学校付近とすると、そこから義元陣所までが約三百メートルの距離で山澄説と符合する（現太子小付近としたのは、緩やかな傾斜地を成し、義元本陣が見える攻撃のし易い場所まで進出していたと考えられるからである）。先の中央帯最高位地は約六百～七百メートルで、一町～一・五町程遠くなる。

善照寺砦より廿七町としたのはどのような経路を想定したかは不明だが、善照寺砦から中島砦を経ずして真っ直中央帯登り口へと進み、中央帯に沿って登り上がったとすれば、中央帯の最高位の地が約三千メートルでほぼ一致はする。私の言う位置であれば約二百五十メートル程足りない（以上旧陸軍参謀本部図より計算）。しかし、当時は確かな測量技術を持っておらず、近距離ならほぼ目安で近い数字となるだろうが、二～三キロともなれば多少誤差が生じても仕方はないだろう。

義元一団の逃走距離や無様な逃げ様（第七章三奇襲戦を示す物的証拠において詳細記述）からして、義元布陣の地は中央帯の見えない位置、即ち中央帯を登り上がって約三百メートル程先の、太子ヶ根山直下の細長い松原（松林ではなく疎らに松の生えた原地）であったと考えられる。そこで約五百～六百名の主立つ武将や側近達と共に義元は休息していたのである。決して比定桶狭間山上や緑区桶狭間古戦場公園でも、中央帯最上段の高所でもなかったのである。鳴海庄界をほんの僅か踏み越えた位置に休息していたのである。即ち窪地ではなかったが、中島砦や善照寺砦・前軍布陣の地も全く見えない原地に布陣していたのである。

# 三　今川防衛軍布陣の地は中央帯中腹・現有松町有松駅付近であった

では、松井宗信や井伊谷城主井伊直盛等が布陣していた今川防衛軍の位置は何処であったのか。参謀本部図では、中央帯には今川軍の配置は全くないようになっている。『山澄合戦記』以外で江戸期に書かれた多くの合戦記ではこの前軍について全く触れていないので参謀本部も記載しなかったと思われる。

　正面衝突論者の多くは、中央帯西端の山裾、中島砦東方約六～七百メートル先の左手丘陵帯山裾（現坊主山公園南西方面への傾斜地＝現鳴海町曽根二～三丁目境付近）かその付近等、かなり中島砦に近い位置に今川先軍が布陣していたとしている。

　まずこの中央帯に今川の部隊はいたのかどうか。『信長公記』や『山澄桶狭間合戦記』によると、中央帯に二千～二千五百の今川防衛軍が布陣していた事は確かである。信長が中島砦で指した「あの武者」がそれであり、敵軍を労兵と表現して「小軍にして大敵を怖るることなかれ」と叱咤激励した事から、中島砦に集結した織田軍よりは多勢であったと考えられる。中島砦から義元本陣所は見えなかったと考えられ、信長が労兵と言って指した「あの武者」とは、中央帯中腹の防衛部隊のみであったと考えられる。

　さてこの防衛部隊に付いて『山澄合戦記』では、松井に限った事ではないがとし、遠州二俣城主松井左衛門佐宗信が、手勢二百他雑兵七百を卒して本陣より十町（約一・一キロ）程出張していた、と云っている。そして松井家の伝記を見た上で、「このことは松井家の言伝《いいつたえ》にも慥《たし》かなり」としている。

この今川防衛軍に松井宗信一族郎党等七百がいた事は、戦後今川氏真から宗信が子に宛てた感状からも、又太田牛一が忠節の人として『信長公記』で称賛している事からも読み取る事ができ、いたことは九分九厘間違いのないことであろう。（松井宗信が忠節の人と称賛された事由は、防衛の任は任として果たし、義元討死と聞いて急遽本陣に駆け戻り、奮戦して討死した事によるが、詳細は第八章二で説明する）

ともあれ中央帯に今川軍の一部隊が布陣はしていたが、正面衝突論者が言われるような位置、即ち義元本陣から二キロも離れた中央帯西端の山裾、中島砦東方約六〜七百メートルの位置ではなかったのである。

今川前軍（防衛軍）が、中央帯山裾では断じてなかった事については、『信長公記』の合戦状景からも説明できうる。太田牛一は、信長達が山際まで行った時俄《にわか》に急雨《むらさめ》が降ってきたと云っている。もし、今川前軍が中央帯山裾に布陣していたとすると、山際に進出した織田軍の目と鼻の先になる。まあ百〜二百の間隔はあったであろうが、ここで信長が兵を休める必要はないのである。

『信長公記』が描く合戦状景からすると、今川先軍であれ本隊であれ、信長が最初に攻撃に打って出る前、「空晴るるをご覧じて、信長槍をおっ取って、すわかかれ、かかれ」と言っている事から、山際に着いて直ちに攻撃を仕掛けていない事が解る。牛一は、織田軍が山際まで行った時に雨が降り出したと云っており、一方信長が攻撃に打って出たのは、雨が止み空が晴れてから攻撃命令を下したと云っているからである。

何せその雨は、敵には面《つら》に身方には後方から降りかかる織田軍にとっては有利な雨であった。仮にその山際に今川先軍が布陣していたとすると、敵は織田軍より高位置にあって、しかも織田軍より多勢であった。下から攻撃する織田軍には不利な戦いであった。だが幸い織田軍にとっては有利な、敵の面にあたる雨が降ってきた。仮に今川先軍が山裾にいたとするなら、信長はこの雨を利してこそ即攻撃に討って出るべきであったからである。

さて、この雨は俄に積乱雲が発達し降ってきた雨で、数分で降り止むものではないと考えられる。十分程で雨は止んだとする方もおられるが、少なくとも三十～四十分以上は降っていた筈である。しかもこの雨は、織田方にとっては背後から、今川方には顔面を打ちつける、織田方にとって有利な雨であった。織田軍はこの降雨を利用して、低位置からの不利な攻撃を十二分に有利に換えることができたのだ。しかも敵前面二百メートル以内にして、僅か十分と雖も攻撃を止めて待つなど、信長の気性（村木砦攻めの折、暴風雨の中無理無理熱田から船を出さしめた）からしても考えられない事である。またここで足を溜めたら織田軍の士気にも係わった事であろう。

では何故信長は空晴るるまで待たねばならなかったのか。それにはまた別の場所で別の事由があったもので、信長がこの山際で雨が上がるまで待っていたのではなく、そもそも山際には今川前軍が布陣していなかったのである。

では、今川防衛軍は何処に布陣していたのか。先に述べたとおり、『山澄合戦記』によると、松井宗信等は義元本陣所から十町（一町＝百十メートル）ばかり出張していたと云う。が、出張していたとするだけで、詳しい位置についてまでは述べてはいない。筆者が察するには、後の有松宿付近・現有松町有松、名鉄有松駅付近であったと考えられる。

ここで旧陸軍参謀本部図を見ると、この有松駅からその南方有松中学校辺りにかけて、当時この付近は中央帯でも比較的緩やかな傾斜地となっており、更に南北に膨らみを持った楕円状の地形を成していた。中央帯でも最も横幅の広い地であった。二千～二千五百の陣形は張れたであろう広がりを見せている。私が指し示した義元本陣所から、直線にして凡そ一キロ強、即ち『山澄合戦記』でいう十町の距離にあたる。中島砦からは約二・二キロの位置にある。織田軍が雨にあった山際からは約一・二～一・三キロ程先の位置にある。先にも述べたとおり山澄合戦記では、単に松井宗信等が義元本陣から十町ばかり出張していたとしてその位置までは明らかにしていないが、今川防衛軍が布陣していた位置は、この有松駅付近にほぼ相違はないと考察される。この位置からなら、善照寺砦や中島砦も良く見渡せ、義元本隊からも約一キロと離れず、横にも広く布陣の地に最も適した場所であったと考えられる。

この膨らみを持った有松付近の緩傾斜地帯に、松井隊・井伊隊・笠原隊（新編桶狭間合戦記にこの三隊の名あり）等約二千～二千五百の今川防衛部隊が、数段に並んで布陣していたと考えられる。

こうした地理的状況や諸々の研究書等からも、今川防衛部隊の位置は現有松駅付近に相違なかったと推断しうる。

## 四　義元討死後の今川敗走兵追撃戦場地、所謂「はざまくみて」と云う節所の地とは！

義元の本陣地及び今川防衛部隊の位置について述べてきた。次いで義元討死後、一般敗走兵が討ち取られた所謂「はざまくみて節所ということ限りなし」という地について検証したい。

今川義元討死の地及び一般敗走兵が討ち取られたのは、もう一つの合戦場地、名古屋市緑区北三丁目の大池上原地であったとする説もあるが、そこではない。（その事由については、最終章において述べる

事とする）

では義元討死後に敗走した今川本陣諸将並びに一般兵卒等が討ち取られた地、即ち『信長公記』が語る「はざまくみて深田足入れ云々、節所と云うこと限りなし」という地はどこであったのか。それは義元討死の地より東手の千人塚山付近と見られる。

まず、義元討死の地から北東へ約五～六百メートル行った処（現中京競馬場の南手第二コーナーから二百五十メートル程南）に、三ツ谷という地名が今もある。そして更にそこから東手約二～三百メートル先には、同じく大狭間という地名が現存する。陸軍参謀本部図からもこの二つの地名所は明治中期まで狭間地を成していたことが解る。この二つの狭間地は、当時の沓掛・大高街道沿いにあった。そして、天保十二年（一八四一）の五軒茶屋新田村絵図によると、この三ツ谷及び大狭間には、所謂慶長十三年（一六〇八）以前からの本田地（江戸期に入って開発された新田に対し、従来から存在した田地）が幾つか見受けられる。

又、三ツ谷から東南方向・後の東海道沿いの左右、落合村にも大小幾つかの狭間地が見受けられ、同落合村天保村絵図によると、同じく狭間地の中に幾つかの本田地が見受けられる。中央帯の延長線上にあるこの平地は、五軒茶屋から東に向かって緩やかな降り傾斜を成して、現坂部で一旦小坂を登り降りするものの東阿野村まで続いている。

この平地の左右にも同様幾つかの大小狭間地が見受けられる。又、千人塚山の裏手にある間米村自体が、幅員二百メートル前後で、東南から北西に向かって一・五～六キロ程の長さに渡って谷地の中にあった。その谷地の殆どが水田であった。深田であったかどうかは知らないが、間米村水田地帯も又大きな狭間地であったと言える。

要するに、千人塚山の裾元一帯が凹凸を成し、大小幾つもの狭間地が見受けられるのである。そしてその狭間地には、当時僅かながらも田地が点在していた。『信長公記』が云う「はざまくみて」とは、こうした幾つもの「狭間地」が織りなす地形を指していると考えられる。そして又「深田足入れ」とは、そうした狭間地に田地の先が食い込むように伸びている事を擬人化して表現したものであろうが、「高みひきみ茂り」と云うから、田地ばかりではなく柳や灌木・葦などの生い茂った湿地帯をも「深田」と表現したと考えられる。

義元一団は現中京競馬場前駅からやや西手の松原で討ち取られていた。先に述べたように義元一団は約六百名程で、残る兵士等は三百～四百メートル東手の沓掛間米村経由大高道沿いの原地周辺で休息を取っていた。当初は西手の義元本陣で何が起こっているのか知らなかった。義元討死という報が伝わる頃には既に織田軍が迫っていた。彼らも又刀のみ手にしてやっとの思いで逃げ出した。逃げた方向は、元来た沓掛城を目指して沓掛間米村経由大高道に沿って北東へ走った。先の三ツ谷・大狭間の方角である。だが、四千人一度に狭い街道を走る事はできない。一部は阿野村方面へと中央帯に沿って平地を走り降った者もあったであろう。

織田軍が間近に迫ると、最早先が支えて田地であろうと湿地であろうと山上であろうと、左右に必死に逃げ込んだ。田地や湿地に逃げた者は哀れである。透かさず織田軍に追い込まれ、討ち取られ、首のない亡骸となっていった。

義元を討ち取った信長は、今川軍追撃戦は若者達に委せ、現京楽会館付近の街道上にあって督戦していたものと考えられる。そこへ戻ってきた織田兵達は皆、二つ三つと今川兵の首を信長の前に差し出した。

合戦後大脇村や間米村等近隣の村々の者達が、千人塚山周囲の深田・畑地・狭間地・山林に転がる首のない遺体を山上に集めて、懇ろに葬った。

こう推定してくると、今川本隊の敗走兵は義元討死の地から然程遠くないこの千人塚山周辺で討ち取られた事となり、地理・地形・時間的にも『信長公記』の記述と無理なく合致する。

従って、『信長公記』が物語る桶狭間合戦の追撃戦場地いわゆる「はざまくみて節所と云うこと限りなし」と云う地は、やはり後の五軒茶屋の三ツ谷・大狭間付近がメインとなり、千人塚山周辺の落合村・間米村（当時の鳴海庄）付近であらねばならないのである。

# 第五章　五月十九日の義元本隊の動き

## 一　沓掛城下を経ずしての大高入りは不可能であった

五月十九日の今川義元が取った行程について今日二説がある。従来は十八日池鯉鮒から沓掛城に入り、翌十九日朝沓掛城を発って大高城を目指して、沓掛・大高道を南下していたと云われている。が今日、沓掛城から大高城に向かったものではなく、池鯉鮒から直に大高に向かったとする説を唱える方々がいらっしゃる。

これは『三河物語』で大久保彦左衛門が「永禄三年庚申五月十九日に、義元は池鯉鮒から段々に大高え行き、棒山之取出をつくづく巡検して、諸大名寄せてやや久しく評定をして、『さらば責取れ、其儀ならば元康責給え』」と記している事から、この説を信ずる方も少なくない。

しかしこれは彦左衛門の聞き誤りか何かの誤りであろう。まず、彦左衛門は駿河から池鯉鮒までの義元本隊及び先発隊の動向について、詳しくは述べてはいるが日付けが入っていない。例えば「駿河・遠江・三河三ヶ国の人数を催して駿府を打立て、その日本陣は藤枝に着く。云々あければ本陣懸河に着く。云々あければ本陣引間《ひくま》に着く」と云ったように池鯉鮒まで記載している。その続きが先のようになっているのだが、あたかも池鯉鮒から真横に大高城に向かったように記されている。従って三河道又は近崎道を通って大高城に向かったと説く方もおられる。然し、地理的状況や『信長公記』が語る内容から見て、三河物語のその件りには、諸々疑問が生ずるのである。

まず第一に義元が何日駿府を発って何日池鯉鮒に着いたのかであるが、書によって詳しい行程を記すもの記さぬものとまちまちである。最も良質の資料といわれる『信長公記』は、発駕日や詳しい行程には触れていないが、「十八日沓掛着陣、十九日おけはざま山に休めこれあり」としている。

徳川家資料『徳川盛衰記』では「十七日池鯉鮒着陣、先陣は既に沓掛へ〜、十五日義元池鯉鮒より丸根を攻めるべき評議あり」とし、『武徳大成記』では「五月十日義元駿府を発つ。十七日義元池鯉鮒に着陣す。十八日神君阿古屋へ向かう。この日義元大高に至って丸根・鷲津両城を抜きて尾州に討ち入らんとして議して自ら桶狭間の山間に陣し、酒宴を催す」としている。『武徳編年記』は、「五月十日義元駿府を発つ。義元十七日池鯉鮒に至る。十八日神君阿古屋へ向かう」としてその後の義元については記載がない。東照軍鑑では義元発駕日を五月十二日として十六日岡崎着、一日逗留し十八日沓掛着陣としている。

右のように徳川家に伝わる諸記でも、沓掛着陣の日又その後の義元の行程については未記載か記されていてもまちまちなのである。

『三河物語』のように、義元駿河発駕日から所謂おけはざままでの行程を日付入りで詳しく記している物もある。一つは『山澄英竜著桶狭間合戦記』であり、もう一つは『総見記』別名『織田軍記』である。この二つは義元五月十日駿河発から十四日の吉田着まではほぼ同様となっている。「五月十日駿河発、十一日掛川着、十三日浜松着、十四日吉田着」と。その後は『山澄合戦記』が「十七日池鯉鮒着、十八日沓掛にて軍議す。長評定により晩景になれば、鷲津・丸根砦攻めを十九日と議定す」とあり、『総見記』では「十五日岡崎着、此処で陣々城々手配。十七日池鯉鮒へ押し出で鳴海表桶狭間に陣す。知多郡一辺に放火。十八日沓掛へ発向、松平元康を以て大高兵粮搬入。合戦の評定。十九日丸根・鷲津砦攻撃を議定す」となっている。

さて右に見てきたように、最も信頼性が置けるとされている『信長公記』『三河物語』の二記が不明確な上に、合戦のもう一方の当事者である今川家に、この合戦に関する一連を記載した書がないためその真実は確かめようもない。が、多くの書が義元発駕日を五月十日とし、池鯉鮒着が十七日としている事、又種々の家伝等を調査研究して記している『山澄桶狭間合戦記』が、日付入りで義元本隊の行程を詳しく記している事から、義元発駕日を五月十日、池鯉鮒着陣の日を五月十七日として相違はないと思われる。

問題はこの後の行程で、これまた書によってまちまちなのである。翌十八日沓掛に行ったとするものが『信長公記』『織田真記』『山澄桶狭間合戦記』『東照軍鑑』(成立年次不明)『武家事記』(山鹿素行作)『知多郡桶狭間申伝之記』『収攬桶狭間記』(作者・成立年次不明)等主に織田側から見た軍記及び個人的に記載された申伝之記等に多い。

一方、徳川幕府の命によって書かれた合戦記、『徳川盛衰記』『武徳大成記』『武徳編年記』『徳川実記』等は、全く記載していないか、十八日の家康は再嫁していた生母於大の方に合うため、知多郡阿古屋に行ったと記すのみで義元の行程には触れていない。

このように、義元率いる今川本隊が五月十八日沓掛城に行き、翌十九日に沓掛城から大高城に向かおうとしていたのか、或いは池鯉鮒から直に大高城に向かったものか諸説紛々としている。が私の調査によれば、当時の地理的要因で沓掛城下を通らねば知多郡へ、即ち池鯉鮒から直に大高城へは行けなかったと考えられる。いや行けなかったと断言して良い。その事由は、当時の尾三国境を成す境川にあった。

愛知県史添付の三河国正保国絵図(一六四四)・同三河国元禄国絵図(一六九八)並びに尾張国元禄絵図共に、尾三国境線でもあった境川を渡る道は、慶長十三年に造られた東海道以下下流部には描かれていないのである。更に江戸後期に作成されたと云われる知多郡絵図面にも載っていないのである。尾三国絵図三図とも幕府から提出を求められて作成されたもので、現存するものは藩備えのものであるとの事であるが、当然幕府の検閲を受けたものであったという。然るに幕藩体制確立強化のこの時期、主要街道であれ小道であれ、国境・藩境を跨ぐ道路については書き漏らしは許されなかったであろうから、東海道以下下流部には尾参を結ぶ道はなかったと断言して良いだろう。

ところで先にも述べたように、知多郡東阿野村付近に東海道が開設されたのは、慶長十三年（一六〇九）の事とされている（＝山澄桶狭間合戦記より）から、合戦当時旧鎌倉街道以下には境川を渡って尾三を結ぶ道は全くなかった事となる。

さてこの鎌倉街道は、先の合戦地域の地理的状況で述べたとおり、熱田から古鳴海を経て丘陵帯の北手を通り二村山を経て沓掛城下へと続いていた。その先については、何時しか不明となったようで、文政年間の（一八一八〜一八二九）刈屋藩家老浜田与四朗の調査記録によると、「旧鎌倉街道は後の東海道境橋より北へ半里十三塚（豊明市大久伝町辺りか）東五丁ばかりにあり最古の渡瀬なり」としている。

しかし東海道が開設されて約三十五年後に描かれた先の三河国正保国絵図によると、十三塚東五町辺りから三河国側に結ばれる道は描かれていないのである。この図に描かれている街道は、最下流部で東海道、その上にあるのが、三河国福田村から尾張国部田村（現東郷町）に抜ける道であり、この間、即ち浜田与四朗が示した十三塚付近に結ばれる街道は見当たらないのである。

バイパスとも言うべき東海道が開設された事により、旧鎌倉街道は旅行く人の数は大幅に減少したであろうが、仮にも京・関東を結ぶ主要街道であった。その道筋には宿場町の他にも一般村々・集落も多かった筈であり、道としては必要であったと考えられる。

ところが約三十五年後に書かれた正保国絵図にはその記載がない。徳川幕府の政策により削減廃道化されたものだろうか。

そうした疑問が残り、旧鎌倉街道は沓掛城下から更に北に上った三河福田村から尾張部田村に抜けていたのではないかとも思われるが、何れにせよ東海道が開設される以前即ち合戦当時は、旧鎌倉街道は沓掛城下付近にあって（十三塚は沓掛城から南に約一キロ下った処）、尾三国境を結ぶ唯一最下流の道であったのである。では何故旧鎌倉街道以下には道はなかったのか。その事由は、豊明市史資料編三・各村絵図等や同解説書等によると、「江戸期に入って田地整備が行われる以前は、衣ヶ浦が大脇・東阿野村辺りまで迫って入江となっていた様である」とされている。

江戸初期になって境川両岸に堤防が設けられ、新田が開発され現在の境川幅に近い川幅となったようである。鎌倉街道の下流は、川幅が広くあるいは急流、更には大脇・北崎村等下方に至っては入り江となっており、渡河することが難しかったと考えられる。多少の危険を冒してやや浅瀬を馬で越えるか、舟で渡る事のできる部分が全くなかったとは断言できまいが、荷駄隊等も含めて約一万数千の軍勢を渡すには、この旧鎌倉街道以下にはなかったと言って良い。かくて義元本隊は、沓掛城下を経ずして大高に向かう事はできず、『三河物語』でいう「段々に」の中には、十八日沓掛城着・十九日沓掛城発が省略されていたと考えられる。因みに義元駿河発駕日を五月十日とすると、『三河物語』で云う池鯉鮒着日は五月十五日となってしまい、その後四日間義元は何をしていたのかという疑問も生ずる事となる。

又義元が十九日に池鯉鮒から大高に行き、「棒山之取出ヲツクヅクト巡検シテ、諸大名ヲ寄テ、良久敷評定ヲシテ『サラバ責取。其儀ナラバ、元康責給エ』と云ったとされるが、日程的にも現実的に可成りの無理がある。まず第一に、『信長公記』によれば、前日夕刻概に丸根砦守将佐久間大学・鷲津砦守将織田玄蕃から、「十九日朝、塩の満干きを勘がへ、取出を払うべきの旨必定と相聞こえ候由、十八日、夕刻に及んで、佐久間大学・織田玄蕃方より御注進申し上げ候ところ」と、丸根・鷲津砦攻めは十八日夕刻以前に決定していたのである。そして更に『信長公記』では、「夜明けがたに、佐久間大学・織田玄蕃がたよりはや鷲津山丸根山へ人数取りかけ候由、追々御注進これあり」と、十九日夜明けとともに松平・鵜殿勢が攻めているのである。義元が十九日池鯉鮒を発って大高へ行き、「つくづくと巡検して」しかも「長評定」をしている時間はないのであった。

仮に義元の大高入りが十八日の誤りで、同十八日に棒山の砦を巡検した後、大高城で長評定をして攻撃命令を下し、翌十九日洛去を確認してから比定桶狭間山であれ桶狭間山北の松原へ向かったとしても、これにも疑問が付きまとう。大高城から鳴海城までは約二キロの距離である。そして大高・鳴海道があったにも拘らず、何故坂道を上ったり下ったりして三キロ〜四・五キロの桶狭間山上や北の松原まで後退せねばならなかったのか。そしてそれらの地から鳴海城までは三・五キロ程と大高城よりも遠退くのである。

旧陸軍参謀本部図によると、大高城から鳴海城は良く見えた。ただ中島・善照寺砦は棒山の陰になって見えなかったようである。しかし、鳴海・大高道を一キロも出張れば、中島砦や善照寺砦等も良く見渡せる事となる。義元が十八日に大高城に入ったとすれば、翌十九日鷲津・丸根砦を落とした後ならば、常識的に考えれば鳴海城包囲の三砦攻めはこの大高方面から攻撃するのが最も良策と思われる。中島砦を落とせば鳴海城に入る事も可能で、善照寺砦・丹下砦も攻め易くなる。敢えて義元本軍が比定桶狭間山方面へ行って、道らしい道もない中央帯から攻め入る必要はなかった筈である。

第二に、池鯉鮒から大久伝までが約十キロ、大久伝から大高城までが約八キロ強で計十八キロ強となる。当時徒歩の一般的行軍距離は約二十キロと云われておるから、十八日沓掛城に寄らず大高城に入る事は可能な距離ではあった。が、十八日義元一行が沓掛城に立ち寄らずしてそのまま大高まで下ったとすれば、長評定の末の翌十九日の丸根・鷲津砦攻め決定は夜に入っていたと考えられ、十八日佐久間守重が受けた夕刻と相違する事となる。そして未だ落とさぬ丸根砦眼下を通過した事となる。

当時既に織田軍今川軍共に鉄砲を持っており、丸根砦から狙撃される恐れが多々あった。丸根砦を落とす前にこの道を歩む事は危険であった。丸根砦を避けて手前から大高城搦め手（裏門）から入城する手もあったであろうが、織田軍を怖れて搦め手から秘かに入城したとするなら、義元の威厳に関わる。何れ落とすなら十九日義元進軍途上に義元自らの采配で落塁した後、堂々と正門から入る算段であったのだろう。

だが、丸根眼下ばかりでなく沓掛・大高道は丘陵帯の狭隘な山間を縫うように走っていたから、鉄砲狙撃部隊を潜ませる峰々が幾つもあった。慎重派の松平元康や一部の将から、せめて丸根・鷲津二塁を落としてから入城を図るべきとの意見が出たのではないか。そしてそれ程言うのならばまぁ良いとして、「さらば責取、其儀ならば元康責給え」となったのではないかと考えられる。

こうした諸々の事からも、義元が討死以前に大高城へ入ったとは考えられず、大久保彦左衛門の聞き誤りか、伝えた者の思い違いであったと考えられる。そして又、松平元康が十八日、幼くして別れた母於大の方を知多郡阿古屋に尋ねた事が事実とすれば、その従者達は十八日の義元の行程については知らなかったとも考えられる。徳川幕府下において書かれた桶狭間合戦記の多くが、十八日の元康は知多郡阿古屋へ、生母於大の方を尋ねたとのみ記し、義元の行程について触れていないのはその為と考えられる。

然るに『信長公記』や『山澄桶狭間合戦記』その他多くの書が云うように、今川義元は五月十八日に池鯉鮒から沓掛城に入り、ここで長評定をして、翌十九日沓掛城から大高城に向かう途上にあったと断定してほぼ相違はないだろう。

## 二　五月十九日の義元は、単に沓掛城から大高城への移動日に過ぎなかった

瀬名氏俊等三～四千を先発させ、自らは六～七千の兵を打ち連れた義元は、先に述べた間米郷大狭間経由の大高道を南下して田楽狭間付近に差し掛かった。ここで義元は松井宗信や井伊直盛等二千～二千五百を進出させて中央帯中段に布陣させ、義元並びに主立つ諸将と義元の旗本衆総勢五～六百程が、街道から外れて西へ約四百メートル先の田楽狭間（屋形狭間）へと進んだ。残る将士・一般兵士等は、現京楽会館南手の街道沿いにやや広い平坦地が広がっており、四千四百～四千五百の彼らは、この街道沿いや広野原周囲の山裾付近で休息を取っていたと思われる。何故将士・一般兵士等四千数百を手前広野原に残し置いたと考えられるかと言うと、『信長公記』の描く義元討死の状景、三百騎の旗本衆に囲まれて四～五度と攻め立てられ、その間周囲からの救援兵は殆どなかったように描かれているからである。

もし、義元周囲に本隊五千の兵がひしめいていたとすれば、織田軍が真ん丸になって東に逃げる今川三百騎を余裕を以て取り囲み、四～五度も攻め立て切り崩す事はできなかったであろう。然るに義元は、主立つ将士等五～六百のみを引き連れ田楽狭間へと進み、他の兵士等は街道上及びその付近の広野原内樹下や周辺の山際に分散して休息を取っていたと考えられる。なお、先発した瀬名氏俊軍は、この先約一・四キロ程の大池付近（現緑区桶狭間北三丁目）で同じように休息していたものと考えられる。

義元外主立つ武将・旗本衆五～六百名が、街道を外れて道なき田楽狭間へと進んだのは何故か。先にも述べたとおり、それはその日は朝から極めて暑い日で、休息を余儀なくされた為である。

正面衝突論者の多くは、五月十九日の今川軍は、正面から対決の姿勢を取っており、義元本陣は桶狭間北山（比定桶狭間山の西北に位置する二つの峰からなる山。以後桶狭間北山と比定する）を背にして、あるいはその手前の高根山に布陣していた、と言われる。しかし合戦情況からしても、『信長公記』や山澄桶狭間合戦記、当時今川軍に属していた徳川家家臣口伝の三河物語から言っても、義元本隊は休息を取っていたに過ぎないのである。決して対決の姿勢を取ってはいなかったのである。

『信長公記』ではまず最初に、「御敵今川義元は、四万五千（二万五千）引率し、おけはざま山に、人馬の休めこれあり」とし、次いで「「天文廿一壬子（永禄三年の誤り）五月十九日　午《うま》の剋《こく》（正午頃）、戌亥（北西）に向かって人数を備へ、鷲津・丸根攻め落とし、満足これに過ぐべからず、の由候て、謡を三番うたわせられたる由候」とある。

太田牛一がまず初めに云っている「人馬の休めこれあり」が十九日における今川軍の本態であり、「戌亥に向かって人数を備え」とは、一応前面の有松付近に北西の方角（中島砦方面）に防衛部隊を配置し、鷲津等砦の陥落に満足して、義元は「緩々《ゆるゆる》として謡を」舞い唄っていたのである。即ち義元本陣は攻撃態勢を取っていた訳ではなかったのである。

『三河物語』でも、丸根砦攻撃の兵士達（松平元康＝後の徳川家康の家臣達）が砦陥落後にその高台から善照寺砦方角を見ていて、織田方の兵士が三々五々山に登り上がってゆくのを見ていたとし、著者大久保彦左衛門は「義元ハ、其ヲバ知り給ズシテ、弁当ヲツカワセ給ひて、ユクユクトシテ御給いシ処ニ、車軸ノ雨が降り云々」と、義元本隊に攻撃の意図など全くなかった事を物語っている。

これら二記が語り伝えているように、十九日の今川本隊は単に大高城に移動する事が目的で、合戦の意図は全く持っていなかったと言って良い。従って中央帯に布陣した今川前軍もまた、攻撃の意図を持った部隊ではなく、一応不測の事態に備えて、休息中の義元本陣を防衛する事を任務とした防衛部隊であったと見るべきである。（依って私は以後、その目的が違う事から今川防衛部隊又は今川防衛軍と記す事とする）

仮に戦闘の意図を持っていたとするなら、舞いや謡いをしつつ田楽狭間などに長く留まることなく、義元本隊自体がもっと中央帯を前進して、中島砦に接近した位置での布陣でなければならないだろう。即ち今川全軍に攻撃の意図があれば、本陣から二キロも離れた先に僅か二〜三千の一部隊のみを布陣させ、その遙か後方の高台に四〜五千の本隊が布陣したであろうか。仮に義元に攻撃の意図があったとすれば、彼自身がもっと中央帯西手に前進して布陣すべきであったろう。

更に瀬名氏俊率いる先進部隊三〜四千は桶狭間山南方、義元本隊から約一・四キロ先の池上田面付近（名古屋市緑区古戦場跡地）に布陣していたとされてる。五月十九日の今川全軍に攻撃の意図があったとすれば、この瀬名氏俊部隊のこの位置での布陣は全く意味のない布陣となる。何故ならこの位置の西北には（中島砦等方向）、幾つかの峰々からなる丘陵帯が横たわり、敵陣営は全く見えず、そこから敵陣営に至る経路もまたなかったからである。つまり敵の動向が見えず、攻撃の仕様がないのである。こうした事からも瀬名氏俊部隊は、大高城移動の先発部隊に過ぎなかったのである。

従ってこれらの事から、今川義元は戌亥（北西＝中島・善照寺砦方向）に向かって一部隊を送り、約一キロ先の後の有松宿付近に一応防御態勢を敷きつつも、彼自身と他の今川全軍の人馬に休息を取らせていた、と解すべきである。何より最初に太田牛一は、「人馬の休めこれあり」と云っているのである。

然るにこの日の今川軍は、単に沓掛城から大高城に移動する事が目的で、攻撃態勢を取っていた訳では決してない。又、仮にもしそうした意図を持っていたとするなら、午前十時頃、千秋四朗等織田方三百の攻撃隊を撃退した今川前軍が、その後即追撃しつつ中島砦をも攻め寄っていたら、守兵三〜四百の中島砦など難なく落ちていたかも知れない。鷲津・丸根陥落の報を受け、又中央帯で更に五十騎の首を取り、「義元が戈先には、天魔鬼神も忍《たま》るべからず。心地は良しと悦び」と大いに満足して義元は謡を三度うたった。そして雨が降った事も影響してか、午後二時過ぎまで休息を取り続けていたのである。

そうした諸々の事から、五月十九日の義元本隊の目的は、単に沓掛城から大高城への移動日に過ぎず、翌二十日に大高城で、又は多少出張ったところで義元自ら陣頭指揮を取り、総攻撃を仕掛けて織田方砦を一気に取り払う腹づもりであったであろう。標高三十メートル前後の峰上にあった鷲津・丸根砦も難なく落ちたし、平場の中島砦など、苦もなく落とし得ると踏んでいた嫌いがある。もっとも義元ならずとも、兵数でも遥かに勝っており、その上本格的な城郭でない砦を落とす事など、朝飯前の事と誰しも思ったであろう。

# 第六章　信長の人間性と武将としての資質

桶狭間合戦の真相・信長の遠大な戦略・戦術、はたまた信長の勝利の基因を探る上で、まず第一に信長の人間性と武将としての資質について良く理解せねばならない。

幸い太田牛一は『信長公記』の巻一で、信長の人間性や武将としての資質の高さについて多くの事例を挙げて詳しく述べている。

当然読者の皆さんも信長の性格や武将としての資質については良くご存じの事と思われるが、私なりの理解度を示した上で、桶狭間の合戦が実際どのようなものであったのか、また劣勢の織田軍がどのような戦略・戦術で優勢な今川軍に勝利したのか、詳しく検証していきたい。

## 一　信長の人間性＝けして「大うつけ」ではなかった

信長の人間性や武将としての資質については、特に少年期の信長が、「大うつけ」と呼ばれていた事は余りに有名である。歴史に然程興味のない方でも御存知と思われる。が、改めて私なりの信長観を明確にする為ここに取り上げたい。

「其の比《ころ》の御行儀、明衣《ゆかたかたびら》の袖をはつし、半袴ひうち袋色々餘多《あまた》付けさせられ、御髪はちゃせんにくれない糸もゑぎ糸にて巻立ゆわせられ太刀朱ざやをささせられ。云々。爰に見悪《みにく》き事有り。町を御通の時、人目をも御憚《おんはばか》り無くくり柿申すに及ばず、瓜をかぶりぐいなされ町中にて立ながら餅を口へ頬張か）り人により懸かり人の肩につらさがりてより外は御ありきなく候。其の比は世間公道なる折節にて候間、大うつ気とより外に申さず候」

信長十六・七・八才頃の有名な姿形《すがたかたち》である。当時京で流行った婆娑羅《ばさら》というスタイルだそうだが、『信長公記』にはそうした姿がこの外にも二度出てくる。父信秀の葬儀の際と、義父道三との正徳寺での会見の折である。だが著者太田牛一は、信長が「大うつけ」どころかその非凡さと政治性の高さを、その都度描き伝えている。

このその一は、信長青少年期のことである。「信長十六・七・八までは、別の御遊は御座なし。馬を朝夕御稽古、又三月より九月までは川に入り、水練の御達者なり。その折節、竹鑓にて叩き合いをご覧じ、兎角、鑓はみじかく候ては悪しく候らわん。云々。市川大介召しよせられ、御弓稽古。橋本一巴を師匠として鉄砲御稽古。平田三位不断召し寄せられ、兵法御稽古。鷹野等なり」として先の「爰に見悪き事あり。云々」と続くのである。町中で悪童振りを発揮すると共に、一方ではこれらの悪童達に長槍を持たせて模擬合戦をさせ、その長短が実戦に大きく影響を及ぼすことを確証して三間半の長槍を実戦化している。また、信長は絶えず武道や兵法を学び、心身の鍛練にも勤《いそ》しんでいたのである。

特に注目すべきは、尾張斯波家の家老のその又三奉行のうちの一奉行に過ぎない子弟が、絶えず傍らに兵法家平田三位を召し寄せて兵法を学んでいた事である。

その兵法とは、孫子の兵法を基本としたものであろうが、村木攻めの折義経が渡辺（大阪）から渡海した事を挙げておる事から、義経流戦法にも深く造詣していたと見て良い。特に緒川攻めやその後に見られる行軍の迅速さは義経の屋島攻めに、桶狭間合戦の二面戦（詳細は第十章・緻密にして機略に富んだ戦術で説明）などは同鵯越えの奇襲戦（主力部隊を側面から攻撃させ、義経は少数の精兵を率いて鵯越えを行い、平家の中枢を突いたと云われている）をも基本としたようである。

大うつけの姿形や行動は、他人《ひと》がどう評しようが世を憚る事なく、自分の将来をしっかりと見据えた上で行っていたようである。信長が悪童振りを発揮したのは、彼ら若者達や家臣達の人間性や気質、又領民達の思いを、隠すことなくその真実の姿を我が目我が耳で見極める為ではなかったかと思われる。

人は兎角権力者や上司に対しへつらいや迎合することによって、自己を良く見せようとするものである。自分は大うつけだと、或いはお前たちと何ら変わりはないと演出することによって、他人《ひと》はおもねる事なく極自然の姿や心を信長の前にさらけ出す。信長はありのままの人間性や社会を見、こやつは飾る事なく本当の自分の姿を俺にさらけ出している。一見悪ガキのようだがなかなか気骨のある奴だ。考え方もしっかりしているなどと、個々の悪ガキの本当の姿を捉え、のち部下としてそれぞれの部署に用いていったと考えられる。信長の大うつけ振りはそうした狙いを持った演出であったと考えられる。

又信長が天下取りを意識したのは、この合戦の七〜八年後の美濃平定後の事とされているが、積極的に兵法を学んだり、心身の鍛練を行い続けていた事から、既にこの少年期に大志として心の内に芽生えていたのではないかとさえ思われる。明治期、「末は博士か大臣か」と多くの青少年達が夢を抱いたように、青雲の志としての大志ではあるが、天下統一の大志を抱きつつ兵学や心身の鍛練に勤しんでいたと思われる。

その二は、父信秀の葬儀に際し、例の婆娑羅《ばさら》姿で現れ、抹香を投げつける話である。これも多くの方が御存知の話だが、殆どの参列者が大うつけと評する中、「筑紫の客僧一人、あれこそ国は持つ人よと、申したる由なり」と牛一はフォローしている。この時信長は、言うまでもなく一奉行の子にすぎなかった。筑紫の僧はその信長をやがては国持ち大名になるだろうと予見したのである。大うつけどころか国を束ねる十二分な資質の持ち主である、と喝破したのである。その少年は、やがて一国に留まらず天下をも取らんとしたのである。

父信秀は、人望厚く常に尾張国人衆をまとめて、ある月は東の今川家と、次の月は西の斎藤氏と争い、他国の侵攻から尾張を守り続けてきた。だが信長は、戦国乱世の時勢下にあって、そんな方法では何時までも続かぬだろうと見越していたのかも知れない。「親父《おやじ》よ、尾張を末長く尾張国人の国として保つためには、人望だけでは守り切れない。なぜ、尾張一国を実質的に統一してくれなんだ」、という歯がゆい思いを抱いていたのではないか。そうした思いが抹香を投げつけるという行動になって現れたのではなかろうか。

又現実主義者の信長には、葬儀という形式的な宗教行為を、素直に受け入れる事もできなかったのかも知れない。「死んでしまってから幾ら仰々しく飾り立てても仕方のない事である。それより尾張は今、東に今川という大敵を抱えている。華美豪奢な葬儀など行っている場合か」といった反発心が招いた行為ではなかったかと思われる。

全国を行脚し、酸いも甘いも噛み分けた筑紫の僧は、そうした信長の心境を察したか、戦国乱世のこの世にあって、国を保つ為には非常な決断力と行動力が必要であると見切った上での発言であったと思われる。この筑紫の僧もまた、華美豪奢な葬儀という形式的行為に疑問を抱いていた一人と考えられる。

その三は、義父道三との正徳寺での会見であるが、良く知られている事は、例の婆娑羅スタイルで乗り込み、その後衣替えをして道三を驚かせた事である。

だが牛一は、会見後に道三をして、「されば無念なる事候。山城が子供たわけが門外に馬を繋ぐ事案の内なり」と言わしめた事由は、他にもあったことを物語っている。そう言わしめたのは、意表を突く衣替えもさることながら、会見において終始信長が主導権を握ったことによると思われる。

「信長公記」を要約すると、信長の臣堀田道空等が「早く御出なされ候らえ」と言うのを信長は知らぬ顔で聞き流し、会見の間《ま》に直ぐには入らず、手前の縁柱にもたれて暫くおり、さすがの道三も何やらんと屏風を除けて出てきた。道空が「山城殿にて御座候」、と道三を紹介した。すると信長は、「であるか」とのみ答えてようやく顔を会わせて会見の間に入る。即ち信長は、義父・娘婿の関係ではあるが、一国の主として対等の立場でこの会見に臨んだのであり、会見提唱者である道三をして信長を招き入れるように仕向け全く対等の立場での会見に作りあげてしまったのである。ある意味会見の主導権を信長が握ってしまったと言って良い。

この信長の政治的駆け引きの巧みさに、流石に蝮と恐れられた道三も、当初の主導権を握られ、信長の内に、うつけどころか非凡な人間性と武将としての高い資質を見たのである。その後の会見は極平然と行われたようであり、信長を見送った後道三はようやく事の次第に気づいた。太田牛一は、「美濃の鎗はみじかく、こなたの鎗は長く、扣《ひか》へ立ち候て参らるるを、道三見申し候て、興をさましたる有様にて」と表現しているが、私はまだ若き信長が、用意周到なお膳立てをして会見に臨み、見事な演出力を以って道三を煙に巻き、会見の主導権を奪ってしまった事に、より驚愕したものと考える。そして美濃への帰路、家臣の猪子兵介が「なんと見申し候ても、上総介はたわけにて候」と言ったのに対し道三は、「されば無念なる事に候。山城が子供、たわけが門外に馬を繋べき事、案の内にて候」と自虐混じりで言ったと考えられる。道三の予見どおり、後に美濃は信長によって平定された。

『信長公記』は、信長の非凡さや武将としての高い資質を外にも幾つか紹介している。

その一つは、火起請という事件である。信長はある狩りの帰り、たまたま神社の前で家臣達が火起請という裁判を行っている場に出会った。事は、信長と乳飲み兄弟・池田勝三郎（恒興）の家臣で一色村の佐介という者が、織田造酒丞《みきのじょう》が家臣の家に押し込み強盗に入り、訴えられた。一色村の佐介は自分ではないと詐り、その無実を証明するため赤く焼けた鉄斧を手に持って神前に捧げ、神掛けて誓う事となった。だが、この佐介は途中で鉄斧を落としてしまった。池田が家臣であることを良いことに、たまたま取り落としてしまったと弁明し、それで事を済まそうとした。

その経緯の一部始終を聞いた信長は、「どれほどに鉄《かね》を赤めたるか。去るほどに赤め候らえ」と奉行人に命じて、その赤く焼けた斧を手に取って三歩あゆみ、「火起請とはかくなるものよ」と言って神殿に祭った。そして火起請を逃れようとした池田が家臣・一色村の左介の首をその場で刎ねてしまった。信長の手のひらは赤く焼けただれた事であろう。

左介は、家臣のそのまた家臣であるから、信長には殺傷与奪の権があった。だが信長は、やろうと思えばできぬものでは決してない事を身を以て示した上で、その家臣の首を刎ねた。信長は人にも己にも峻烈であったのである。

これでは池田勝三郎も決して文句は言えない。当時は往々にして家臣同士の争いが主従を交えた争いに発展する事があったが、信長は自ら行動することによってその芽を未然に摘むんだと言って良い。信長という人は、他人《ひと》の言行の不一致や虚言を事の外嫌った。そして義侠心と言おうか、正義感の強い青年期であったが、この場合同時に禍根を後に残さぬという政治的判断も加わっていたと言って良いだろう。

こんな話もある。弟勘十郎信行を擁立して柴田権六（勝家＝信行大人）ばかりか、信長大人の林佐渡守・その弟美作守等が信長に反旗を翻した時である。『信長公記』によれば、「信長公、何とおぼしめしたる事やらん。五月廿六日に、信長と安房殿（信長庶兄か）と唯二人、清洲より那古屋の城林佐渡所へ御出で候」と。すると美作守が、「能き仕合わせにて候間、御腹召させ候らわん」と信長に切腹を迫った。兄佐渡守が、「三代相恩の主君を手にかけては天道恐ろしい」、と切腹させてはならぬと帰してくれて、事なきを得た。

何か仁侠映画のワンシーンを見ているようではあるまいか。ならば話し合いで決着を付けるべく、不敵にも唯二人して敵陣に乗り込んでいった。信長も腕には自信があったようで、ある程度の覚悟はしていたが、彼らが自分に刃を向ける事はあるまいとの計算も働いていたのではと思われる。しかし、美作守が命を奪おうとしたように、一歩過てば命はない程に事は切迫していた。そうした中に只二人して乗り込んでいった信長達の度胸の良さというか、その胆略は並のものではなかったと言って良い。

因みに、林佐渡のお陰でその日は無事帰る事ができたが、数日後彼らとの闘争は避けられなかった。林等反信長派は三方から多勢で信長軍を攻めるが、柴田権六は手傷を負って早々に後退している。弟美作守が討ち取られ、佐渡守も兵を引いて信長の勝ち戦となった。

思うに権六は、先の信長の不敵さと度量の大きさに圧倒されていて、早々に後退したのではあるまいか。そして後に信行の再度の謀反を密告し、信長の家臣となる。その後の事は言うまでもないが、勝家は信長に忠誠を尽くしてその宿老となる。柴田の密告は、信行に蔑ろにされたためと言われているが、信長の不敵さというか侠気《おとこぎ》というか、信長の中に強烈な非凡さを見たからではなかったかと思われる。

信長は大うつけと見られていたが、権六はその中に人間的にも武人としても高い資質と非凡さを見いだし、主人として仕えるはこの人と傾倒していったのではないかと思われる。

信行が誘殺された後、林佐渡守は無事帰らせてくれた功で許され、その後引き続き信長の老臣として仕えた。また弟信行の付け家老佐久間盛重（桶狭間合戦で討死）と共に信長派として戦った佐久間信盛も後信長の家臣となり、桶狭間合戦後宿老の一人となる。だが、信盛には後々まで信長の本質を見抜けなかったものと思われる。後年（天正九年・一五八一）信盛父子・林佐渡守は追放されている。当時最大の敵、石山本願寺降伏の後の事だけに、この突然の追放劇は「飛鳥尽きて走狗煮らるる」の感がしないでもなく、信長が冷酷非情の人のように見受けられるが、佐久間信盛に宛てた十九ヶ条の信長直筆の断罪状を見ると、信盛に多々非があったようである。

信盛追放の主因は、柴田勝家や明智光秀、羽柴秀吉等がそれぞれ悪戦苦闘している中、信盛父子は無策に石山本願寺を囲むだけで何の功績もなく、その上桶狭間合戦以降私腹を肥やしていたに過ぎない。言うことは一丁前（金ヶ崎行軍の折、後発した信長に追いつかれて注意され、他の諸将等が謝罪したのに対し、信盛は「されど我々ほどの家臣は他には居りますまい」と言った事）だが実績が伴っていないと、過去の失言をも追求されている。そうした事は「比興《ひきょう》の働き、前代未聞の事」と信長は追放の事由の一つに挙げている。

林佐渡守等の追放事由は全く述べられていないが、思うに林佐渡等も、昔ながらの家老職に居座って、形式的でさして有効でもない意見を、口うるさく信長に意見していたのではあるまいか。

信長の人間性を考える上で、比叡山焼き討ち事件や伊勢長島一揆討伐に見せた、一般老若男女を問わぬ惨殺事件が、信長の余りに冷酷非情な行動としてしばしば挙げられる。

だが太田牛一は、彼らに非があったように記している。その比叡山焼き討ち事件であるが、浅井・朝倉軍を山内に庇護した比叡山の僧たちに対し、味方ないしは中立の立場を取るなら旧寺領を返還するが、浅井・朝倉に加担して敵対した場合、全山焼き討ちにすると信長は警告していた。

『信長公記』によると、この時信長は、「出家の道理にて、一途の贔屓《ひいき》なりがたきに於いては、見除仕《みのぞきつかまつ》り候へ（見て見ぬふりをしていてくれ）と、事を分かちて仰せ聞かせらる」と、相手の名分も立つよう気遣いも忘れてはいない。が太田牛一によると、比叡山山門・山下の僧等は、「王城（京洛）の鎮守たりと雖も、行躰行法出家の作法に拘らず、天下の嘲哢《あざけり》をも恥じず天道の恐れをも顧みず、淫乱魚鳥を服用せしめ、金銀賄いに耽りて、恣《ほしいまま》に相働くの条」と云う有り様であった。

信長が三つの条件を提示しても彼らは浅井・朝倉に見方し、中立することもなかった。

信長は一旦、「世に随い、時習随い、まず、御遠慮を加えられ、ご無事に属せられ、御無念ながら、御馬を納められ」た。そして比叡山に攻め入ったのは元亀元年（一五七〇）、姉川合戦の約三ヶ月後の十月の事であった。

この間、信長は北に浅井・朝倉勢、南に伊勢・長島一揆、西に南近江の一揆と三方に敵を受けていたが、伊勢・長島一揆に柴田勝家が薄手を蒙り、氏家卜全他数名の家臣を失うが、浅井・朝倉の南下を抑え、南近江の一揆を鎮定し、九月比叡山を包囲し攻撃に移った。

山上・山下の僧は無論、寺社・仏閣一宇（一つも）も残さず灰塵と化し、山上に逃げ登った山下の老若男女悉くを打ち首にしてしまった。

他の一向一揆に対する見せしめもあったのだろうが、信長の目からすれば、信長の描く世界には、武士は武士らしく、僧は僧らしく、また民人《たみびと》は民人らしくあるべきである、という世界観があったのではないかと思われる。それをかくまう町民達も信長の目から見て同罪であった。信長は元より神も仏も信じてはいなかった。というより、自分の目で見、聞き、体験したもののみがこの世に存在するものであった。老若男女全て皆殺しという悲惨な歴史を刻んでしまったが、信長のみならず凡そ改革にはこうした悲惨さが付きまとう。明治維新でも、薩長側にも多くの謀略や流さずに済んだ流血事件があった。

信長は言うだろう。理を以て説得したがそれでも同意してくれなかった、有言実行したまでである、と。そして又、僧は僧らしく、民人《たみびと》は民人らしく在れ、と。

信長の冷酷非情さに付いてのもう一つの事例として、光秀謀反説の事由と説く方もいる。常々信長は光秀に辛く当たり、家康の接待に落ち度があって信長に強く叱責された為、いわばそれが光秀謀反の契機となったという説もあるが、そうした事はなかった。『信長公記』では、光秀の家康接待は見事なものであったと、太田牛一は言っている。

信長という人は、一見無情で極悪非道な人のように取られがちだが、決してそうではなかった。自分にも人にも理でもって判断し、決して感情に流されることはなかったようである。

信盛等追放の事由に、例の失言事件など古い過去の事件も挙げられていた事から、陰湿で執念深い人とも信長は見られがちだが、信盛・林佐渡等が勝家や丹羽長秀等のように、信長の天下布武を良く理解し身を投じていたなら、追放される事はなかったであろう。信盛の私財増殖は早くから信長に知られていたようで、むしろ多難の折信長は、目を瞑《つむ》らざるを得なかったと思われる。

信盛に対して信長は罪状を明確にして、「この上は、いずかたの敵を平らげ、会稽《かいけい》を雪《そそ》ぎ、一度帰参致し、又は討死にする物かの事」、もう一つの方法として、「父子かしらをこそげ、高野の栖《すみか》を遂げ、連々を以って赦免然るべきやの事」と、条件付で謝罪の道も開いていた。条件は厳しいが、もし信盛が対毛利戦または四国平定に身を投じて華々しい戦績を挙げ、帰参して深く謝罪したらどうであったろうか。が信盛父子は、取るものも取りあえず高野山へ逃げてしまった。もっとも石山本願寺包囲戦での信盛父子の怠慢については、与力の武将達から信長に提訴されていたものであるから、信盛に付き従う武将は少なく、汚名を雪ぐ事はできなかったであったろうが。

信長は、常に裁きについては罪状を明らかにし、釈明の機会も設けている。信長は、公明正大を旨とした裁きを行おうと努めていたのではないかと考えられる。それでも聞き入れぬ場合、或いは実行しない場合、「信長の為ではなく、天下のため」として武力による決着を計っている。

信長には又こんな一面もある。これも合戦前の事と思われるが、城下の村々に行っては盆踊りを行い、信長は天女に扮して女踊りをしていた。器用さがなければ女踊り、しかも妖艶な天女の舞はできぬだろう。信長にはそうした身のこなしの器用さも備わっていた。そして村々の老人達が、盆踊りの御礼にと城へ尋ねてきた。その時の信長の応対がまた見物である。『信長公記』によれば、「御前に召し志かられ、是はひょうけたり又は相にたりなどとそれぞれあいあいと志ほらしく一々御詞懸けられ、御団にて無冥加あをがせられ、御茶を給へと被下忝次第《くだされかたじきなきしだい》、天の幸身を忘難有皆感涙をなかし被帰候き」といった有様である。信長は領民達とのコミュニケーションも大事と考え、得意の演出力で領民達の心を捉えていった。信長は兎角無口な人であったという説もあるが、若き日例の婆娑羅《ばさら》スタイルで悪童振りを発揮していた事や、この領民達への語りかけから言って、むしろ口達者な人物であったと私には思われる。そして又、人心操縦術にも長けた人であったと考えられる。

信長という人は、若くして高度な政治的感覚と優れた演出力とを持ち合わせ、時に大胆に時に柔軟に事に対処し、良く部下を統御し、領民からも慕われていた。裁きには常に公平を旨とし、決して陰険・狡猾・冷酷非情と言ったどうしようもない人ではなかったと私には受けとめられる。

## 二　信長の武将としての高い資質と迅速果敢な行動力

一方、武将としての資質は、何より十六〜七才の頃から体を鍛え、弓・鎗・鉄砲の稽古はおろか、平田三位を不断召し寄せて兵法を学んでいたことである。

その甲斐あってか信長自身武術に長けていたようで、林兄弟・柴田連合軍との戦いでは、自らも槍・刀を取って闘っている。彼らとの戦いにおいては、大音声を上げて一喝し、旧臣達を退ける場面も描かれている。また刈谷城主水野元信の要請に応じての村木砦攻めでは、荒海を物ともせず、陸路なら二十里（当時の一里は〇・五キロ、よって十キロ）の距離を僅か一時間余りで渡海するなど、迅速果敢な行軍をしている。そして村木砦攻めでは、最も難所と言われた一角を買って出て、自ら鉄砲を取り替え取り替え撃ち放ち、砦陥落の要因を作っている。若き日の信長はあらゆる戦にその先陣を切って戦っていたようであり、後の石山本願寺攻めでは、雑兵を装って最前線を駆け廻り、指揮した事もあったと云う。

この村木攻め出陣の折は、尾張の守備として舅斎藤道三から一千の兵を借り那古野城近辺に置き、道三への援助要請を不服とする林佐渡守一派を除いて、配下の兵の殆どを引き連れて村木に出陣している。当時舅娘婿の関係にあったとは言え、所詮は政略結婚である。血を分けた兄弟・父子でさえ相争う戦国の世であった。まして蝮の道三と怖れられていた人物である。留守中城を奪われぬとも限らない。だが信長は、ただ一度の会見で道三の人柄を見抜いたと思われ、信じ切って留守を託した。こうした信長の洞察力には感嘆する。後に、那古野守将として送った安藤伊賀守から、信長の村木攻めの話を聞いた道三は、「すさまじき男、隣にはいやなる人にて候よ」と言ったと云う。

信長の武将としての資質の高さについて実例を上げれば切りがない。最も良く表しているのが本題の桶狭間合戦においてであると思われるが、後の稲葉山攻めでも高い資質を示している。この稲葉山攻めでは、西美濃三人衆が人質を差し出して信長に味方するとの約束を得ると、その人質が到着する前に透かさず稲葉山城を囲んで、尚かつ彼らが応援に駆けつける前に城下を焼き払い裸城にしてしまっている。西美濃三人衆は、当時の慣例で当然先鋒を命ぜられるものと思って急ぎ駆けつけたが、城は半ば落ちたも同然であった。彼らは、安堵と共に舌を巻いたと云う。

又、当時狩りは軍事演習を兼ねていたが、信長の狩りの方法は一種独得なものであった。この狩りの方法を聞いて、武田信玄は「信長の武者をしられ候事、道理にて候よ」と話者天沢僧（清洲城下の僧）を伏し拝んだという。

その信長の狩りの方法とは、次のようなものであった。

「鷹野の時は、廿人《にじゅうにん》、鳥見の衆と申す事申し付けられ、二里、三里御先へ罷り参り候て、あそこの村・爰の在所に、鷹あり鶴ありと、一人鳥に付け置き、一人は注進申す事に候」

そして獲物に近づく方法が又信玄が称賛したように、自然で道理に適っている。まず、向待《むかいまち》と云う野良人に扮した者（家臣）に鋤《すき》を持たせて送り込み、そらた（耕す真似）を打たせる。そしてこれまた野良人に扮した者を馬上に置き、馬はゆっくりと廻りながら少しずつ獲物に近づいてゆく。信長はその馬の影に身を隠して近づき、機を見て走り出て鷹を放つ。こうした方法で度々獲物を押さえたと云う。言うまでもなく野良人達は信長の家臣達である。獲物は極自然であり触れた状景の中で、身に危険が迫っていようとは露とも知らず餌を啄んでいたのである。

当時狩りの方法は、小笠原流とか何々流と言ったように定型化されており、大勢の勢子で獲物を追い詰め、弓、鷹などで射止めたようである。が、信長のそれはそうした形式的なものではなく、如何にすれば獲物を騙《だま》しつつより多く捉《とら》えるか、信長が独自に編み出したもののようである。そうした話を聞いて、思わず信玄も「信長の武者（より効果的な戦闘方法や戦士の使い方）を知られ候事、道理（理に適っている）にて候よ」と、感嘆したのである。

因みに当時徳川家康や武田信玄、鳴海城を守備していた岡部五郎兵衛さえも、伊賀や山伏等の忍びの者を使って諜報活動を行っていたが、信長はそうした者を一切使わず、直属の家臣達に諜報活動をさせていたと云う。所謂この鳥見の衆という一団である。嚮団《きょうだん》（嚮導役＝導く団体）とも呼んでいたようである。（忍者の起源より）

信長が忍者群を用いなかったのは、彼らは分散して所々の大小名家に仕えていたので、慎重を期して逆スパイ行為や、彼ら仲間同士の情報交換を防止する為ではなかったかと考えられる。

然るに信長は、桶狭間の合戦にもそうした家臣団、即ち鳥見の衆を放って、義元の行動を逐一掌握していたと考えられる。梁田正綱という者が、義元が田楽狭間で休息に入った旨を報告して第一の武功と賞され、後沓掛城を与えられたと云われているが、それはこの戦いにおいて信長が情報収集に相当力を入れていた事を裏付けている。

こんな話も良く云われている事だが、信長は近郷の神官や里人の中に彼らを忍び込ませ、義元を田楽狭間に誘い込んだと。信長の狩りの方法からすれば、考えられぬ事ではない。狩りにおいて鳥見の衆は、信長が到着するまで獲物を唯見張るだけでなく、時には餌を蒔いてその場に引き留める方法を取る事もあったであろう。そら田を打つのと同様に、野良人に扮してさりげなく餌を蒔いて獲物を引き寄せる。そして信長の到着を待つ。田楽狭間付近に差し掛かった義元に、土地の神官や名主等郷民達が酒食を献上した事は、『山澄合戦記』その他の古書にも載っている事で、相違はないようである。

因みに『武功夜話』という書によると、信長がそれら郷民に蜂須賀小六等を紛れ入れて田楽狭間へ誘ったとされている。

『武功夜話』とは、昭和三十四年の伊勢湾台風の折、蜂須賀小六の盟友であった前野将右衛門こと前野長康（秀吉の武将）、その兄小坂勝吉の子孫・吉田家の崩れた土蔵から発見されたもので、『信長公記』等では窺い知れぬ具体的な裏事情が記された物とされ、貴重な歴史資料として一時もてはやされた物だという。この書は偽書だという説もあるが、武功夜話の全てが偽書として片づけて良いものか問題であり、事蜂須賀小六等の行動に関しては強ち嘘とは言い切れないものがある。これに付いては後に少しく触れたいと思う。

ともあれ信長は、うつけと云われていた少年期から心身の鍛練に勤しみ、兵法を自ら進んで学び、その行軍は迅速を旨とし、自ら先陣に立って戦い、尾張一国を平定した。

要するに信長という人は、中央帯に布陣していた今川防衛軍を労兵と見誤ったり、「しばしば状況判断を誤ったり、ルール無視を繰り返したどうしようもない人間」と見る方もいるが、私にはそうは思われないのである。確かに信長はその人生において、大きな状況判断の誤りを二度犯した。その一は浅井長政の謀反であり、二は明智光秀の謀反である。しかしいずれも身方と堅く信じていた者の謀反であり、こと合戦においては、その戦略や敵状判断にしばしば誤りを犯していたとは思われない。

信長も人間であるからそれは小さな過ちはあったであろうが、この桶狭間合戦の時期でも既に、武略に富んだ戦国第一級の武将と評しても決して誤りではあるまい。

# 第七章　『信長公記』・『山澄合戦記』が示す合戦情況の真相

信長の人間性と武将としての高い資質について見てきたが、そうした事を踏まえながら、桶狭間の合戦がどのような戦いであったのか、『信長公記』等幾つかの合戦記を読み解いてゆきたい。

## 一　その日（五月十九日）の天候状況

十九日の合戦情況を明らかにする前に、この日の詳しい天候情況について知っておかねばならない。これは義元一行今川本軍が、途中田楽狭間で休息をとった一因とも考えられるし、信長が「空晴るるをご覧じ」てから初めて攻撃命令を下した事由の説明とも無縁ではないからである。そして又、合戦の時間的経過を知る上でも極めて重要なのである。

何せその日は極めて暑い一日であったようだ。『山澄合戦記』は次のように云っている。

山澄英竜が若き頃、合戦の日信長の馬丁を努めた大老人が熱田に住していることを知り、友人（尾張藩付家老成瀬正成との説もある）同道のもとに訪ねて、合戦情況について問い尋ねたと云う。その日馬丁を努めた大老人の云うには次のようなものであったと云う。

「信長の御馬を山に乗上げ乗り下ろし、し給うなどというより外別事なし、只よく覚えたる事にては、合戦の日、暑気甚だしき事此の年になりしまで終《つい》に覚えず、誠に猛火の側に居るがごとく、又、昼前より日輪の旁らに一点の黒雲か何ぞ怪敷き物見えたり、其の黒雲忽ち一天に広くはびこり真暗く成り夥しき大風雨なりし」と。

大老人の話によると、五月十九日は極めて暑い一日であった。そしてその暑さは、猛火の側にいるようで、その後六十数年二度と体験する事のない暑さであったと言っている事から、四十数度もあったのではないかと考えられる。平成十七年に観測史上日本最高記録を出した岐阜県多治見市や埼玉県熊谷市での記録四十・九度に並ぶ程の、いやそれ以上の暑さではなかったかと思われる。

この暑さは昼前急に暑くなったものではなく、朝から暑い日が続いていたと考えられる。この暑さが、義元一行の田楽狭間での休息を余儀なくさせ、その後の激しい雨が長居をさせたと考えられる。何せこの日の義元一行は大高城への移動日に過ぎず、日もまだ高かった事から、雨の後も濡れた武具を外して日乾しをすべく長居したと考えられる。

義元一行が街道から約四百メートル程分け入って松原へと進み、当時二食の習慣を破って酒食をしたのは、近郷の寺社仏閣・名主等からの献上品があったからとされているが、この猛暑にも因ると考えられる。余りの暑さに行軍速度が鈍り、義元自身も休息を必要とした。

さてこの日の豪雨に付いてであるが、『信長公記』でも信長が山際に差し掛かった時、「俄に急雨、石氷投げ打つ様に」降ってきたと云うが、先の大老人の話によると、正に晴天の霹靂というべきか日輪の旁らに一点の黒雲が生じたと思うと、見る間に広がって大風雨になったと云う。

馬丁が一点の黒雲を発見したのは昼前の事で、中島砦で信長が中央帯中腹にある今川防衛軍を見やりながら、「あの武者、宵に兵粮つかいて、夜もすがら来なり。辛労して、疲れたる兵なり。軍に勝ちぬれば、此の場へ乗ったる者は、家の面目末代の高名たるべし。云々」と叱咤激励していた頃であろう。午前十一時五十分前後の事と思われる。又信長等が中島砦を出て山際に差し掛かった時刻は、午後〇時十五分前後の事と思われる。

何故なら、「昼前日輪の旁らに一点の黒雲か何ぞ怪しきもの見えたり」と云う馬丁の証言から考えて、又信長が訓辞した後、今川防衛軍と一戦交えて帰ってきた毛利河内・木下雅楽助《うたのすけ》・前田利家等十名程の合戦報告を一々聞いた後中島砦を出陣した事、そして又山際までは細い作場道や畦道に分かれて約五〜六百メートル進んだと考えられる事から、ほぼその時分になったと考えられる。

ところでこの雨について、「信長は雨に強い武将だった。浜の漁師に聞いて雨の降る時刻を知っていてその時間帯に併せて出陣したのではないか」とか、「雨は織田軍の背後から降ってきたと『信長公記』で云っているから、熱田方面から降ってきたものだ」といった事を大まじめに議論する学者達や著述する歴史家もいらっしゃるが、そのような事はない。

この豪雨の発生原因や性質等に併せて、一応念のため、この時期そうした同一時間帯（正午前後）に決まって雨が降るものかを含めて、名古屋地方気象台にお尋ねしてみた。御回答下さったのは若い気象職員の方で、私的に回答下さったもので、名は伏せて貰いたいとの事であった（今後仮に○氏と呼ばせて頂く）。同一時間帯に決まって雨が降るかどうかに付いては、一般論として、「夏季に同じような気圧配置（上空に冷たい空気が入った場合など）が続いた場合、毎日のように夕立が起こることがある。ただこの場合、一定の時間といっても夕方から夜にかけてといったように数時間の長い幅はある」との御回答をお寄せ下さった。四百五十年の時間差はあるが、どうやらこの時期この地方に、昼《ひる》日《ひ》中《なか》一〜二時間という短い時間帯に決まって雨が降るという現象はないようである。従ってこの日の豪雨は、信長も義元も予知せぬ全くの偶然であったと言って良い。

さてこの豪雨について私は、初め知多湾辺りの海水が熱せられて、その上空に積乱雲又は小ハリケーン風（沓掛の大楠を倒したと云う事から）の現象が起きたのではないかという想定の基にお尋ねをした。

O氏の回答は、これも又一般的気象学としてではあるが、まず「小ハリケーンといった現象は考えられないが、六月下旬頃では南からの暖かく湿った空気が入り込み、大気の状態が不安定となり、積乱雲が発達することが良くある。海水が温められると言うより、地面が温められる事の方がその影響が強く、積乱雲は内陸部で発生した可能性が高い。又内陸部では太陽の熱で陸地が温められ、メソ低気圧（小低気圧＝積乱雲）が発生することが良くある」との事であった。尚、このメソ低気圧は、風速は強くて十メートル／s程度で、時に集中豪雨をもたらす事もあるが、楠の大木を倒す程の風速ではないとの事であった。なお又メソ低気圧の大きさは、数キロから数百キロとスケールには大きな幅がある、との事であった。

大老人の話とO氏のご教示とを併せ考えると、その日この一帯に限定して小低気圧又は積乱雲が発生したと考えられる。何せこの日は極めて暑い日で、地も草木も熱く熱せられていた。上空に冷たい空気が流れ込まずとも、地上とその上空の気温に大きな温度差が生じ、メソ低気圧が生まれ、積乱雲を発生させたと考えられる。大老人の云う黒雲はそうした気象現象により発生したものと考えられる。そして又気象学によると、一つの積乱雲の一生は、約三十分から一時間程で、成長期（積乱雲の発生）・成熟期（雨が降り出す）・減衰期（雨が徐々に降り止む）と云う過程を経て消滅する（晴れ間となる）。が大抵の場合幾つもの積乱雲を発生させ移動するものであると云う。つまり積乱雲が発生した場合、初めの積乱雲が移動したその後に又次々と積乱雲が誕生するといった具合に発生し、雨が降り続くという。そうした場合は、数十分から時に数時間も降り続く場合があると云う。

天を覆い尽くして真っ暗にさせたと云うこの日の積乱雲は、午前十一時五十分頃南天に発生し、信長が山際に差し掛かった午後〇時十五分頃降雨期に入った。そしてその後も次々と積乱雲がやってきて雨を降らせ続け、午後一時三十～四十分程まで降り続いたものと思われる。

『信長公記』によると、この日空が晴れ渡ったのは、信長が初めて攻撃命令を下す直前であった。太子ヶ根山麓から約三百メートル駈け降って義元の陣所に突入し、東に向かって義元一団を追うよう下知したのが未の刻（午後二時）であったと云う。信長が義元一団を発見するまでに然程の時間を要しなかったように語られているから、織田軍が山を駈け降ったのは約五分前の午後一時五十五分前後の事であったと考えられる。

先の気象学から見て、この積乱雲が減衰期に入ったのは、それより十～二十分前の午後一時三十～四十分前後の事と考えられる。雨が降り始めたのは、信長一行が中島砦を出て東の丘陵帯山際に差し掛かった午後〇時十～二十分頃の事で、要するにこの日の雨は、少なくとも約一時間から一時間三十分程降り続いた事となる。

さてこの豪雨に付いて、「この雨は十分程で降り止んだ」として、雨が上がったのを見て信長は、中央帯西端の今川前軍に攻撃を仕掛けたと説く正面衝突論者もいらっしゃる。が、この日の雨は決して十数分程で降り止んだものではないと考える。何故なら、黒雲が見る間に大きくなって、一天に広くはびこったと云う大老人の話から、積乱雲は一個や二個ではなく、次々と多数発生したものと考えられるからである。（その事からも、信長自身が仕掛けた第一戦は、中央帯の今川先軍ではなかった事を意味する）

さて又この合戦の日、日輪の旁らに生じた黒雲か何ぞ怪しきものとは、先の私の知多湾上空という予測の位置とは違って、知多半島上空、それも然程遠くない位置に生まれた積乱雲の可能性が高い。〇氏はまた専門外（気象学と天文学の違い）であるにも拘らず、今日名古屋地方における陽暦六月二十日時分の南中時刻（太陽が真南の最も高い位置にある時刻）は、午前十一時五十四分であると調べて下さった。四百五十年前も天空の動きにほぼ変わりはないだろうから、この合戦の日（正しくは陽暦六月二十一日）の正午前の太陽の位置は、ほぼ真南に近い位置にあった。

さて再度先の大老人の話によると、太陽の旁らに黒雲か何ぞ怪しきものを見たのは、昼前と云っていることから、黒雲が発生した位置は、中島砦のほぼ真南という事になる。この時期の太陽の高さから考えると、現大府市共栄町又は共和町上空に生まれた可能性が高い。太陽の左右前後どの位置に発生したかによって大高町や北崎町等も考えられるが、何れにせよ大雨は然程遠くない南からやってきたものだ。

この大雨を、『信長公記』では織田軍には背後から、敵には面に打ちつくる、と云っていることから、熱田方面からやってきたという歴史家も少なくないが、先に述べたとおり黒雲はほぼ真南からやってきたものである。

雨脚についてもお尋ねしたところ、O氏によると雲の流れと雨脚とは関係がなく、雲はその高度の風向きに流され、雨粒は地上の風向きに流されるもの、との事であった。専門書等によると、積乱雲下の地上ではその中心部に向かって、四方周りから反時計廻りの風が吹き込むという。見る間に大きくなってやがて大雨となったということから、積乱雲は中島砦の真南に次々と発生して、北西の沓掛方面へ移動したと考えられる。従って中島砦周辺の地上では、時に北西風、即ち北西の熱田方面から東南の豊明市方面への風が吹いたと考えられる。

また、沓掛の到下《とうげ》の松の本の楠の大木を倒したのは、このメソ低気圧や積乱雲と関連はあるものの、全く別の現象で、その近くで竜巻が発生したと考えられる。積乱雲の中でもスーパーセルという大規模なものや、低気圧の移動等に伴って竜巻が発生することがよくあり、楠の大木を倒す程の風速は、F2・3クラス（風速五十〜九十二メートル／s）のもので、単なる積乱雲や小低気圧では大木を倒す程の風速には至らないという。なお、О氏によると過去豊橋市（昭和四十四年・平成十一年）や名古屋市（昭和五十四年）で台風や低気圧の接近・通過に伴って三度竜巻が発生したことがある、との事である。

合戦当日、小低気圧または積乱雲の移動に伴って竜巻が発生し、沓掛方部、それもたまたま峠の楠の大木の直ぐ近くを通過したものと考えられる。それも楠の大木の北手数メートルから数十メートルの位置を、東から西に向かって通過したもののようである。何故なら、竜巻は台風と同様に、左巻きにその中心部に向かって風が吹き込むものである。即ち竜巻がたまたま北側を通過した際、楠木を東に倒した事になる。

正面衝突論者は、しばしばこの楠の大木が東に倒れたから織田軍の進撃方向は、東向きであった。それゆえ正面攻撃戦であったと理由付けをされる。が、先にも述べたように、確かに織田中央進撃軍は東（正確にははに東南）に向かって進んだ事には相違ない。が、風向きがたまたま東向きであっただけで、だからと言って大局的に正面攻撃による正面衝突戦であったという論拠にはならないのである。

楠の大木の倒れた方向と織田中央進撃軍の進行方向が偶々一致しただけに過ぎず、織田軍が東向きに戦った＝正面衝突戦＝という何ら補強材料にはならないだろう。

先に雨が十分程度で止んだ訳ではなく、天候面や時間的経過から正面衝突戦説に疑問を呈したが、その事由についてより詳しく述べる事としたい。

さて雨は、「敵には面に、味方には背後から降る」織田軍にとって有利な雨であった。仮に今川先軍の位置が正面衝突論者のとおり中央帯西端の山裾であったとすると、信長が雨に合った山際の目と鼻の先になる。信長は空が晴れてから攻撃を仕掛けたと云っているから、百～二百メートルの間隔で共に雨が上がるのを、少なくとも一時間から一時間半も待っていた事になる。又降雨時間は約十分であったと説く正面衝突論者もいらっしゃるが、仮に十分程度であったとしてもこれまた問題が残る。先に述べたように、織田軍にとっては低位置からの不利な攻撃となることから、この不利を有利に換えるこの雨を利してこそ織田軍は即攻撃を仕掛けるべきであった。にも拘らず、なぜそこで信長は「空晴るる」まで、十分（雨は十分程で止んだとする説）も待たねばならなかったのか。有利な雨を利して即攻撃を仕掛けるべきであったのではないか。降雨時間十分とする正面衝突論者の方々は、十分と雖も待たねばならなかった事由をどのように説明されるのだろうか。

更に又、その先軍を難なく撃破し、あるいは又今川先軍は抵抗らしい抵抗をせずすんなりと織田軍を通過させてしまったとして、中央帯を駆け登っていって義元本陣を急襲したと説く正面衝突論者は、こうした時間的経過をどのように考えられるのか。私には、それらの説では時間的に大きな矛盾が生ずると思われるのである。

何故なら、信長が義元を取り巻いて逃げる旗本衆一団を発見して東に懸かっていったのは、未の刻＝午後二時の事であった。今川先軍を難なく撃破したとすると、ここでの戦いに約十〜二十分を要したとして、その後中央帯はなだらかな傾斜を成していたため小走りに駆け上がったとして、行軍速度五〜六キロ／ｈ（現代人の一般的歩行速度は４キロ／ｈ）としても、その先二キロの義元本陣に到達するのに、多く見積もっても要した時間は三十分くらい（四キロ／ｈとしても）であろう。従って彼らの説によると、信長一行が義元本陣所に到達した時刻は、午後一時前後の事となってしまう。

そして信長が「旗本は是なり、是へ懸かれ」と言って東向きに懸かったのは、「未の刻」、即ち午後二時前後であったと云うから、ここに約五十分〜一時間程の時間が余ってしまう事になる。この間織田軍・今川本陣共に何をしていたと言うのだろうか。只、義元本陣付近において、今川本軍と織田中央軍との間に激しい戦闘が繰り広げられ、義元の旗本衆三百騎の一団の発見に小一時間を要したと言うのであれば説明にもなるが、『信長公記』の描く今川本軍にそうした様子は見られない。何せ『信長公記』の描く今川勢旗本三百騎の発見には然程の時間は要しておらず、又今川本軍は、弓・鎗・鉄砲はおろか義元の塗輿までも打ち捨て、僅か三百人の旗本衆に囲まれ、やっとの思いで東の街道に逃げる義元一行の姿であったのだから。また、「空晴るるをご覧じ」てから信長は攻撃命令を下しているが、中央帯を駈け登った織田軍が、義元本陣を前にして空が晴れるまで小一時間もそこで休んでいたとでも言うのだろうか。そんな馬鹿な話はあるまい。「空晴るるをご覧じ」てから、要するに信長が「空晴るる」を待って初めて攻撃命令を下したのには、また別の場所で別の意味があり、まず第一点として正面（強襲）突破説には時間的経過に大きな疑問が生ずるのである。

## 二　『信長公記』が語る合戦情況＝奇襲戦を物語る

まずは再び、『信長公記』が語る合戦情況に付いて詳しく挙げると次のとおりである。

「山際まで御人数寄せられ候ところ、俄に急雨、石氷を投げ打つ様に、敵の輔に打ち付くる。身方は後の方に降りかかる。沓掛の到下の松の本に二かい三かいの楠の木、雨に東へ降り倒るる。余りの事に、熱田大明神の神軍《かみいくさ》かと申し候なり。空晴るるを御覧じ、信長鑓をおつ取つて、大音声を上げて、すは、かかれ貼《かかれ》と仰せられ、黒煙立て懸かるを見て、水をまくるが如く、後へくはつと崩れなり。弓、鎗、鉄砲、のぼり、さし物等を乱すに異ならず、今川義元の塗輿も捨て、くづれ逃れけり。

天文廿一年壬子五月十九日

旗本は是なり。是へ懸かれと御下知あり。未の刻（午後二時）東に向かってかかり給ふ。初めは三百騎計り真丸になつて義元を囲み退きけるが、二、三度、四、五度、帰し合ひ貼、次第貼に無人になって、後には五十騎計りになりたるなり。信長下り立って若武者共に先を争ひ、突き伏せ、つき倒し、いらったる若ものども、乱れかかって、しのぎをけづり、鍔をわり、火花をちらし、火焔をふらす。然りと雖も、敵身方の武者、色は相まぎれず。爰にて御馬廻、御小姓衆歴々手負ひ死人員知れず。服部小平太、義元にかかりあひ、膝の口きられ、倒れ伏す。毛利新介、義元を伐ち臥せ、頸をとる」

中央帯山下や山裾付近に今川前衛軍がおったとする正面衝突論者は、信長達が山際まで迫った後、「空晴るるをご覧じ」てから「くづれ逃れけり」までを今川前軍に対する最初の攻撃で、即ち信長の今川軍に対する第一戦目であったとしている。

そして後節の、「天文二十一年（永禄三年の誤り）壬子五月十九日」と日付が入り、「旗本は是なり。是へ懸かれと御下知あり」と続く文章が、義元本陣に対する第二戦目であったと解されている。

しかし、『信長公記』をよく御覧頂きたい。山際まで進んだ織田軍が、そのまま今川前軍に向かって攻撃していったとは記していないのである。敵には面に、味方には後方から降りかかるとか、沓掛の楠の大木を東に倒したとか述べるだけで、信長が今川前軍を打ち破って更に義元本陣を目指して中央帯を登り進んだとは一言も云ってはいないのである。この区間の信長の進軍経路や織田中央軍と今川先軍との戦闘状況についてはスッポリと抜けているのである。

「天文二十一年」と記した事は牛一らしからぬ誤りであったが、兎も角も山際から今川本陣急襲までの信長自身の進軍経路については、一切述べてはいないのである。

そもそも『信長公記』は、信長自身を中心として描かれたものであるが、何故山際から今川本陣襲撃までの間を抜いてしまったのか。

私には太田牛一が、敢えて触れなかったか、或いは牛一は中島砦には付いてゆかなかったのではないかと思われてならない。敢えて触れなかった事由は、後の文章を良く読めば自ずと内容＝奇襲戦を仕掛けた事は解るだろうと、一種の諧謔精神（謎解き）から来ているのではないかと思われる。あからさまに義元を倒したのは奇襲攻撃によるものとは云わず、淡々と重要な事実を述べるに留め、読者により関心を持たせその実態を知って貰う。そうした意味合いから牛一は、「空晴るるをご覧じ、鎗をおっ取って、大音声を上げ、すわ懸かれ懸かれと下知した」と続けたものと思われる。

もう一つの考え方として、太田牛一は信長の命により早くから善照寺砦を出て、その東手丘陵帯に移動していて、信長の中島砦進出を見ていなかったのではと考えられる。「此の時、二千に足らざる御人数の由、申し候」と書き記している事からそのように考えられる。

「由」とは「伝聞の内容」つまり「何々のようであった」という人から聞き伝えの内容を指し、その後更に「申し候」＝そう（皆が）言っていた、と続く事から、牛一自身は中島砦進出組にはいなかった事となる。

牛一は信長が中島砦に進出する以前に、善照寺砦を離れていたか、或いは丹下砦の守兵の中にいたか、極端な話この合戦に参戦していなかったとも考えられなくない。が、「空晴るる」以降の合戦状景がリアルであり、追撃戦場において「義元の首を御覧じ、御満足斜ならず」と、信長の表情を実写的に書き表していることから、最終追撃戦の時点ではその近くに侍っていたようである。

とすると牛一は、信長が中島砦へ進出した事由や、中島砦での御諚そして又東方の丘陵帯山際まで進出したとき俄に雨が降ってきた事まで中央帯進出の数名の部隊員から聞いていた。が、その後信長がどのようにして太子ヶ根山まで進んだかを聞けなかったか、確信を以て語る事はできなかった。そうした事由で省いたとも考えられる。

さて本題に戻って、この辺で桶狭間の合戦の真相に迫っていきたい。すなわちこの合戦が決して正面衝突戦ではなく、奇襲戦であったと言う真実についてである。

「空晴るるをご覧じ」てから信長が攻撃命令を下した事に、それには別の場所で別な事由があったと先に述べてきたが、どのような意味があったのか。次の三の②、状況証拠で検証したい。

又、次の三に掲げた各種の状況から考えて、信長が義元本陣を襲ったのは、正面からではなく、側面からしかも奇襲攻撃であったと言える。

## 三　奇襲戦を示す物的証拠（義元の塗輿）と幾つかの状況証拠

**①奇襲戦を示す何よりの物的証拠＝「義元の塗輿」**

第一に、まずは信長の仕掛けた最初の、所謂「空晴るるを御覧じ」ての攻撃が、義元本陣そのものへの奇襲攻撃であったという的確な証拠を挙げる事とする。正面衝突戦論者が第一戦、即ち丘陵帯西端の今川前軍との交戦情況と言われる「弓、鎗、鉄砲、のぼり、指物等算を乱すに異ならず、今川義元の塗輿をも捨て、くずれ逃れけり」という一節に注視頂きたい。

さて、弓、鎗、鉄砲、指物等はどの部隊にもある物だが、「義元の塗輿」だけは義元本陣にしかない物であろう。正面衝突戦論者の言われる義元本陣から二・五キロも離れた（とする）今川前軍陣地に、何故「義元の塗輿」があったのか。おおよそ、いや九分九厘義元本陣以外にはない物ではあるまいか。何故それが、山裾の今川前軍の陣所と言われる処にあったのか。正面衝突論者は誰もこれに答えてはいない。全く気づかないのか、無視されているのか知らないが、この塗輿に触れている方はおられない。まさか太田牛一の誤りとでも言われるのだろうか。それでは『信長公記』が最も良質の資料とは言い難い。年代の誤りは別として、敢えて「今川義元の」と付して表現しているのだから、太田牛一の書き誤りであったとは言えぬであろう。

その信長が初めて攻撃命令を下した今川陣地には、弓・槍・鉄砲等と共に「義元の塗輿」が打ち捨てられてあったのである。という事は、信長が最初に攻撃を仕掛けたこの今川部隊は、前軍ではなく義元本陣以外の何物でもなかったという事になる。不意に攻撃を受けた義元本陣将士等は、弓、鎗、鉄砲等を取る暇《いとま》もなく、辛うじて刀のみを手にして逃げ出さざるを得なかった。義元の陣幕付近にいた旗本衆約三百が辛うじて隊伍を組み、義元を取り囲みつつ元来た東手の街道に向かって逃げ出した。義元を塗輿に載せて逃げる暇もない程事は切迫していた。それ以前に、弓・槍等を手にする事もできなかったのである。それ故旗本衆は辛うじて刀のみを手にして隊伍を組み、「今川義元の塗輿をも捨て、くずれ逃れ」たのである。

この「今川義元の塗輿」のあった場所こそが義元本陣そのものであり、信長が最初に仕掛けたこの攻撃こそが、取りも直さず奇襲攻撃であったという唯一何よりの物的証拠である。そして幾つもの情況証拠についても『信長公記』は述べているのであるが、一つ一つ順を追って説明していきたい。

## ②状況証拠一＝霧の発生

私は先に、「空晴るる」をご覧じてから信長が攻撃命令を下した事には、別の場所でそれなりの別の事由があった、と述べてきた。では何故信長は、「空晴るる」まで待ったのだろうか。いや待たねばならなかったのだろうか。私はこの日の天候情況に大いに関係したものだったと考えた。即ち霧又は靄《もや》の発生である。桶狭間周辺に立ちこめた霧又は靄が信長の視界を遮ったと。

中島砦を進発した信長であったが、途中から中央帯前進兵とは別の部隊を率いて山中を潜行した信長は、義元本陣の側面、太子ヶ根山中に秘かに近づいた。太子ヶ根に着いた信長等はそこでひと息入れると共に、幾つか張られた陣幕の内、義元所在の陣幕を的確に捉えねばならなかった。義元を取り逃がせば、陣容を立て直した今川軍に逆に包囲され、反撃を受けて味方の生死に関わるからだ。それ故信長は、義元本陣の見えるその太子ヶ根の南手斜面の樹間から田楽狭間の義元本陣の方角をじっと見続けていた。

義元一行五〜六百は、四〜五張りの陣幕に分散して休息していたと考えられる。だが、雨後の桶狭間周辺に霧又は靄が発生していた為、視界が良くなかった。それら陣幕の何処に義元がいるのか、霧のためしかと確認できない。幸い雨後の義元陣幕に畳む気配はない。午後二時前、日はまだ高い。何せその日の義元一行は、日が暮れる前に大高城に到着すれば良かったのである。残る距離は約六・五キロ、時間にして約二時間弱。時間は十二分にあった。それ故義元一行もまた日が差すのを待っていた。濡れた武具を外して衣服を少しでも天日干しをしようとしていた。

一方信長は雨が止んでいたにも拘らず、霧が晴れ視界が良くなるまでじっと待っていた。いや、義元の首を的確に挙げる為には待たねばならなかった。

要はこうである。正午二十分前後、信長等は中島砦東方の山際へと到達した。そこで信長は、織田中央隊前進兵を一将に託し、真っすぐにゆっくりと前進させた。山裾には先に述べたとおり、今川先軍は布陣していなかったのである。織田中央帯進撃部隊は、雨の中、時間を掛けて現有松付近の今川防衛部隊を目がけてゆっくりと進んでいった。

一方信長は山際を少し登ったところで僅かの供を連れて織田中央進撃部隊から離れて、北手の山間へと分け入っていった。そして、中央前進部隊とは別の部隊を引き連れて田楽狭間へと近づいた。そのため、信長自身が田楽狭間付近、所謂大将ヶ根山へ着いたのは、次の時間的経過から考えて、午後一時三十分前後であったろう。信長の行程と距離及びその時間は、次のようなものであったろう。

まず山際から北手へ約七〜八百メートル。時間にして約十五分。そこから大将ヶ根までは直線的には約二・二キロだが、山を登ったり降りたりするので約二・五〜六キロはあったろう。

山中行軍でしかも山を登ったり降りたりの行軍のため三キロ／hとして約五十分。併せて約三キロ、時間にして一時間〜一時間十分を要した。すると大将ヶ根に信長が到着した時刻は、午後一時十五分か二十分頃となる。織田潜行軍が二列〜三列縦隊で進んだとして、隊員全員が勢揃いしたのは約二十分後の一時三十五〜四十分頃であったろうと考えられる。又約四〜五分の休息も必要であったろうから、織田軍が義元本陣攻撃の態勢を整えたのは、その五分後の約一時四十〜四十五分頃であった。この時分雨は小降りか止んでいた。小降りでも即ち空が晴れずとも攻撃は十分可能であった。寧ろ雨中の方が敵方の受けるダメージは大きかったかも知れない。

だが、霧が発生していて義元の陣所が何処なのかがしかと確認できない。そこで信長は空が晴れ、霧が明け、見通しが良くなるまで待たねばならなかった。霧が明けたのは午後一時五十分前後のことと思われる。そして霧が上がるのを待ち、信長は義元の紋所等により、義元所在の陣幕にしかと目星を付けてから、初めて攻撃命令を下した。

大将ヶ根の傾斜を駈け降って原地の今川陣所へと突入し、信長等は義元所在の陣幕へと急いだ。が、手前の陣所の兵等が騒ぎ出し、やがて義元等も敵急襲を知って、信長等が義元陣所に着いた時には陣幕内はもぬけの殻であった。危機一髪脱出したのである。

しかし駒を駈け廻し目ざとく義元の姿を追った信長は、程なく東に逃げる旗本一団を捉えた。信長はその一団の中に義元が必ずいると確信した。透かさず信長は周囲にいる織田兵に、その一団を追って東に攻撃するよう指示した。午後二時前後の事であった。

右のシナリオは一部推測ではあるが、ほぼ相違ないと考えられる。問題は霧が発生したか否かである。次に霧が発生したという私の仮説の可能性について考察したい。

雨中又は雨後の桶狭間山中に霧が発生したことは、気象学的にも可能性として高い。雨中又は雨後の山間に霧（又は霞）が発生することは珍しい事ではない。私は山菜採りを趣味としているが、日中でも良く雨中や雨後の山あいに霧が立ち昇るのを幾度か見かけた事がある。

霧又は靄の発生要因には幾つかあるが、蒸気霧又は滑昇霧の一種ではなかったかと思われる。この事についても名古屋気象台にお尋ねしたところ、O氏からは次のような回答を頂いた。霧（靄）は、気温と露点温度が近くなり、湿度が一〇〇％の条件で発生する。また霧は①冷却（気温の低下）、②水蒸気の補給（露点温度の上昇）、③気団の混合の何れかの条件で発生するという。詳しくは専門書に依られたいとの事であった。

そこで日本百科辞典等を見ると、蒸気霧は一般的に、冷たい空気が暖かい海面（地面）に流れてきたとき、又は冷たい空気中に暖かい雨滴が落ちてきた時などに発生し、滑昇霧は湿った空気が斜面に沿って上昇する時にできると記されている。

合戦当日、少なくとも雨の降る前、その日の気温は猛火の脇にいるような極めて暑い日であった。草木も地肌も暑く熱せられていた。そこへ激しい雨が降ってきた。地上の気温は一時的に低下し、湿度が高くなりやがて一〇〇％となった。それでも熱く熱せられていた地肌はなお熱く、雨後になっても水蒸気となって上昇し続け、辺り一帯に霧が立ち込めた。

或いは又、丘陵帯中央を初め周辺の谷々から、湿った空気が高所の田楽狭間へと上昇してくる際に、滑昇霧となって田楽狭間を覆った。或いは又、田楽狭間で生じた湿った空気が、信長達のいる太子ヶ根の傾斜に沿って上昇した時、滑昇霧を発生させたと考えられる。

何れにせよ田楽狭間付近に雨後霧が発生して視界を遮った可能性が高い。降雨の中でも攻撃はでき、寧ろその方が織田軍に有利であったにも拘らず、敢えて空が晴れるのを待って攻撃せざるを得なかった事由は他に何があったろうか。当日の天候状況から言って、霧が発生して視界を遮った可能性が極めて高いと言えるのである。

やがて上空の積乱雲も消え、日が差し明るくもなり、霧が消えて視界が良くなった。そして陣幕の紋所などにより義元所在の陣幕が何処か、ほぼ確証することができた。そこで信長は初めて攻撃命令を下した。

要するに、信長が「空晴るる」を待って攻撃を仕掛けた事と、今川軍の無様な逃げ様が、取りも直さず信長の攻撃が奇襲戦であった事を物語っているのである。即ち、信長が「空晴るる」を待って初めて攻撃命令を下した事が、織田軍の攻撃が奇襲戦であった事を示す何よりの情況証拠である。

### ③状況証拠二＝中島砦移動を阻止せんとした家老達の事由「勿体なきの由」

そしてもう一つ、信長が善照寺砦から中島砦へと移ろうとした時、家老達が引き止めた事由について注目願いたい。「無勢の様体、敵方よりさだかに相見え候。勿体なきの由」というのが事由であった。

何が勿体ないのか。織田軍が初めから正面攻撃を仕掛ける作戦であったなら、一体姿を隠してどのようにして戦おうというのだろうか。鳴海城（敵）を中に置いて、三砦に籠もって今川軍を迎え撃つ積もりであったとでも云うのだろうか。とてもじゃないが持ち堪えられまい。それ程織田家家老衆が愚人であった訳でもあるまい。

然るに「家老の衆、御馬の轡に取り付候て、口々に申され候へども」と言っていることは、義元本陣奇襲戦を前提としていたもので、善照寺砦又はその道中で、初めに信長が明かした作戦は、中央帯北手山中を潜行しての義元本陣急襲戦であったと考えられる。

家老衆も皆良策として納得していた。ところが信長は急に予定を変更し、員数の約半分、二千に満たざる兵を連れて中島砦に移ると言いだした。

信長の意中（正面攻撃と同時に山中潜行奇襲の二面戦）を見抜けぬ家老達は、兵を二分することは良くない。織田本隊が義元本陣を襲った時、敵方に寡兵であることを知られていて、激しく抵抗されてしまう事ともなりかねない。又、当初の予定どおり総勢四千で山中潜行し、一気に義元本陣を襲った方が確率的にも義元の首を挙げ得る可能性が高い、として反対したものと考えられる。

要するに信長の作戦は、始めから義元本隊奇襲戦にあった。ところが、信長の基本方針は変わらぬものの、突然信長は作戦の変更を告げ知らせた。変更した事由は、義元本隊が田楽狭間付近で休息を取っていると聞いて、その狭間の凡その辺りに布陣しているのか、それを自らの目で確認すべく、と同時にある秘策がひらめき、一々家臣達にはその事由を告げ知らせず、見通しの良い中島砦に移ると言いだした。信長という人は、己の目で見また聞きし、自ら判断しなければ気のすまぬ質であった。

義元本陣の幟の先が見えたかどうか。おそらく中央帯を登りあがった先約二〜三百メートル東手のやや平場に布陣していたから、見えなかったであろう。見えずとも、いや見えなかった方が信長としては良かったのである。中島砦から見えぬ位置であれば、逆に義元本陣からも見えない事になり、その方がその後の織田軍の行動や作戦遂行を容易にするものであると信長は判断したはずである。

ともかく信長を引き留めようとした家老衆の言葉の中には、織田軍の当初の策戦が、善照寺砦を最終基点とした、全軍を以っての山中潜行による義元本陣への奇襲攻撃であった事を物語っていたと考えられる。

## ④状況証拠三＝中島砦まで来ての再度の引き止め事由、軍の一本化

更に中島砦へ移った信長が、中央帯に向かって進撃しようとした時、再び家老衆が今度は無理にすがりついて引き留めようとした。何故か。彼らは、中央帯を進撃して正面から攻撃をしても今川防衛軍を突破することは難しい。その間義元本陣に気づかれて援軍を送られ、より困難となる。よしんば突破したとしても、義元本隊に迎撃され逆に包囲されるか、善戦したとしても義元に逃げられてしまう。ここはやはり一度全員が織田本隊に戻って、当初の計画どおり総勢で以て山間を先行し、義元本陣を急襲す

べきである。その方が義元を討つ確率は高くなる。そうした意見で引き留めようとしたと考えられる。

家老衆がいくら信長の意図を読み取ることができなかったとしても、鳴海城を背にして中島砦で戦う事が最も愚策であることは解っていたであろうから、中島砦に留まる事ではなく、当初の計画どおり山間迂回の奇襲戦に戻すべきだと進言したと考えられる。信長の当初の作戦が正面衝突戦ではなく奇襲戦であった第三の状況証拠である。

なお、前夜清洲城で信長が作戦会議も開かず色々《いろいろ》雑談に耽った事は、家臣共々芝居をしたという説もあるが、二度も家老衆が必死に引き止めにかかった事から、それは誤りであって信長一人の芝居であったと言えよう。ただ結果的に余りにも鮮やかにこの作戦が成功裏に終わった事から、一部の家臣達、即ち信長腹心の若い部下達には極秘裏に告げ知らせていたものと思われる。丹羽長秀が熱田から先行したのも、信長の極秘裏の命を受けてのものと考えられる。知らぬのは、古い考えの老臣達だけではなかったか。

**⑤状況証拠四＝敵防衛軍を労兵とうそぶいた事と信長の「御諚」**

しかし信長は中央帯から一部隊を進撃させ、今川防衛軍に宛てる事がより一層効果的な作戦であると確信していたから、反対する家老達共々中島砦に立ったこの中央進撃隊員に対し、次のような訓辞をせねばならなかった。

「中島より又、御人数出だされ候。今度は無理にすがり付き、止め申され候へども、爰《ここ》での御諚には、各々よくよく給わり候らへ。あの武者、宵に兵糧つかひて、夜もすがら来なり。大高へ兵糧を入れ、鷲津・丸根にて手を砕き、辛労して、つかれたる武者なり。こなたは新手なり。その上、小軍にして大敵を恐れることなかれ。運は天にあり、懸からばひけ、退かば引つくべし。是非において稠《ね》り倒し、追い崩すべき事、案の内なり。分捕なすべからず。打ち捨てになすべし。軍に勝ちぬれば、この場へ乗りたる者は、家の面目、末代の高名たるべし。只励むべし」

この「御諚」についてある正面衝突論者は、「懸からば引け、退かば引っ付くべし」とあることから信長は、柔軟な指示を与えている。「敵の旗本を狙えとか、義元一人を倒せなどという無茶は言っていない」とし、「目の前に今川の前軍が布陣しているこの時点で、そんなことを言っても仕方がないからである」と解釈されて、「労兵と言ったのは信長の誤解であり、それでも織田軍の士気が高まったであろう」としている。信長が労兵と見誤った結果織田軍の志気が上がり、そしてたまたま今川先軍が総崩れとなって逃げ帰り、今川本陣をかき乱し、結果的に信長の勝利となった、とされている。

また、別の正面衝突論者は、義元が大軍を率いて攻めくると聞いて、信長は必死に兵を掻き集めた結果であり、ここでの「御諚」はそうした新規の兵に、あたかも社長が新入社員に訓示するようなもので、織田軍の戦闘意欲を掻き立てる意味が含まれていた、といった風に解する方もおられる。

私の解釈は全く違う。信長が「労兵」と言ったのは、人心操縦術に長けた彼一流の戦術的発言で、信長は初めから今川防衛軍は新手の兵であることを看破していた。結果的に織田中央前進兵を鼓舞することともなるが、信長の「御諚」にはまた違った意味合いが込められていたと。

信長の「御諚」に付いては後に記す事として、まずは中央帯中腹に布陣していた今川防衛兵が新手の兵であった事を信長が看破していたと見て良い。信長はこの丘陵帯の地理に明るかったであろう。この丘陵帯を予定戦場とする事を早くから想定していたと見て良く、兵法に明るい信長なら当然その地理は熟知していた筈である。

仮に鷲津・丸根からやってきた労兵であったなら、何もわざわざ中央帯を登ったり降りたりする必要はない。鷲津・丸根からの労兵が、直に山中を横切って中央帯に移動したと観るなら、この中央帯を登り上がったり降ったりする事はないが、その直線的経路は急傾斜地を下って道なき山中を行軍せねばならず、労兵だけに尚不可能な事を信長は周知していたであろうから、直線的に移動してきたとは考えなかったであろう。

又、道らしき道を伝ってそこへ至るには、二経路程はある。その一は、丸根・鷲津攻撃兵共に沓掛・大高街道に下って、一は桶狭間村を経由して、義元本隊が布陣していた中央帯上段の位置に至り、中央帯を上から下ってくるコース。が、このコースを取ると五キロ程の距離となり、途中幾度か登り降りをせねばならず、労兵にとっては可成りきついコースとなるから、これも考えはしなかったであろう。

二は鷲津眼下から中島砦へ向かう街道を進んで、途中山裾で北に折れて山際沿いに進んでゆき、中央帯を登り上がって布陣するかである。このコースを取ったとするなら容易ではあるが、何も後退するように中央帯中腹に陣取る必要はなく、道なりに中島砦に真っ直ぐ進んで、もう一分張りして中島砦を攻めるべきだったと考えられる。堀と土塀を穿った平城（砦）の中島砦など、鷲津等の砦を落すより簡単だったと考えられるからだ。或いはまた、中島砦を前にして天白川河畔に布陣して心理的圧力を掛け、義元の進出を待つといった方法もあった。敢えて後退するように、中央帯西手であれ中央帯中腹であれ、登り上がる必要はなかったのである。

なお、ある古地図には丸根砦東手から有松へ至る道も描かれているが、当時有松村はなく、故にこの道もなかったと考えられる。よしんばあったとしても、つづら折れの坂道を登らねばならず、労兵等にとっては是また厳しいコースであったであろう。

こうした諸々の地理的状況から見て、中央帯布陣の今川兵が、当朝一戦《ひといくさ》をして鷲津・丸根からやってきた「労兵」であるなどとは、信長自身微塵にも思っていなかったであろう。中央帯の上から降ってきた新手の部隊である事を、信長は十二分に承知していた筈である。

それを「労兵」と表現したのは、彼一流の人心操縦術によるもので、信長の「御諚」には、ある意味織田兵の士気を高める意味があったが、単なる感情的な高揚を狙ったものではなく、もっと深い意味が込められていたと思われる。

まず戦闘方法である。敵が懸かってきたら引け、退いたら今度は懸かっていって引っ付け。こうした繰り返しの（繰り返せと言っていないが）戦いはどんな戦いだったのか。従来の村木砦攻めや稲生合戦に見られる信長の激しい戦いとは異なる戦い方であった。低位置からの戦いは織田軍に不利であったし、今川中央軍の数も多かった事から、そうした指示を出したとも取れなくはない。が、敵が懸かってきたら引け、敵が引いたら攻めよ。これを何度繰り返しても、敵を打ち崩すことは難しい話であろう。そして後方には義元本隊約五千の兵がいたのだから、仮に今川軍が不利となれば、その本隊から増援部隊が送られ、織田軍にとってなお不利な戦いとなったであろう。一般的にはむしろ、仮に敵が労兵であったとすれば、一気に激しい攻撃を仕掛け、敵中央を突破した方が勝算の可能性が高かったと考えられる。

しかし信長の指示した戦い方は、のらりくらりとした戦い方であった。もはやこれは偽戦と見るしかない。即ち信長は、中央部隊に対しては勝利を求めていたのではなく、勝つことも負ける事もなく適当（適切）に戦う事によって、今川の防衛（先）軍をその地に釘付けにする事にあったと見るべきである。

要するにこの部隊は、早々に負けてしまってもいけないし、逆に変に優勢に戦ったり勝利してはいけなかったのである。何故なら、下手に織田軍が有勢に戦えば、敵は後方の今川本軍に応援を求める。そうすれば援軍を送った本軍が逆に手薄になることも考えられたが、と同時に義元本陣の警護も堅くなる。別にある意図を持っていた信長は、勝つことも負けることもない戦い方を指示せねばならなかった。中央帯織田軍は多少の犠牲が出たとしてもその犠牲を最小限に止め、勝つことも負けることもなく、ただ敵の防衛軍をその地により長く引き留めて置けば良かったのである。

即ち織田中央進撃軍の最大の目的は、今川軍優勢の戦いを続けて、今川防衛部隊をその地により長く留め置くことであった。そして約一キロ後方の田楽狭間で、義元には今川軍優勢の報に三度《みたび》酔いしれ、ゆるゆるとより長く休息を取り続けてもらえれば良かったのである。

なぜそのように考えたのかと言うと、問題は信長の「御諚」の中の次の言葉である。「分捕なすべからず。打ち捨てになすべし。軍に勝ちぬれば、この場へ乗りたる者は、家の面目、末代の高名たるべし。只励むべし」である。

「分捕なすべからず」とは、敵を倒した後敵の刀や鎗等を持ち帰る事をするな、と現代用語辞典的に解釈する方もおられるが、「分捕なすべからず」の直後に「打ち捨てになすべし」と続く事から、敵の首をも指していたと私は解釈する。確かに現代国語辞典（金田一春彦編）では単に「分捕り＝戦場で敵の武器・品物などをうばい取ること」と解されているが、それは誤りで、当時は首級を主に指していたと考えられる。「古文書国語大辞典」や「国史大事典」では共に「戦場で敵を殺し首を取り、又身につけていた武具等を奪ってくる事」と解されている。「分捕」という言葉の内容は、戦功を証明する敵の首級が主で、武器・武具等は従的なものであったと考えられる。

特に建武五年、北畠顕家との般若坂の戦いで高師直は、「分捕切棄の法」という軍忠状を発令して大軍の敵に勝利している（『騎兵と歩兵の中世史』近藤好和著）。これは重い首をぶら下げて戦場を駆け廻る事をせず、近くに証言する者がおれば切り捨てにして次の戦いに専念せよと命じたもので、武器・武具の奪い合いではなかった。そもそも合戦における「分捕」とは、戦功を証明する敵の首級を指していたと見るべきである。

信長の御諚の中の「分捕なすべからず。打ち捨てになすべし」も又この「分捕切棄法」と同様であったと考えられる。下手に敵の首を取っている間に逆に敵に討ち取られたり、重い首をぶら下げていたら次の戦いの障害となる。それを避けて只ひたすら押したり引いたりする団体戦に専念せよという意味が込められていたと考えられるのである。

何故か。先にも述べたように、この中央軍には下手な功名心に駆られて軍規を乱されて、早くに負けてしまってはいけなかったのである。ただ押したり引いたりする戦いを繰り返して、敵をその場により長く釘付けにしておけば良かったのである。それ故、敵の首を取らずとも「軍に勝ちぬれば、この場（中島砦）に乗りたる者は、家の面目、末代までの高名たるべし」と続けたのである。

要するに山中潜行の織田本軍は今川本陣を突くのであるから、事が計画どおり成功すれば義元以下名だたる敵将の首を挙げる事ができる。山中潜行軍には高名と出世の道が開かれていた。対してこの中央軍には、首を打ち捨てにせよ、というのだから彼ら個々人には戦功を証明する何物もない。且つ又敵が懸かってきたら引け、退いたら追いかけよというのだから、こうした戦い方では最初から高名を上げる戦い方はできない。

中島砦に来て何故信長はそのような指示を下したのか。先に述べたように、ここで中央軍に下手な高名心を起こされて、早々に中央での戦いに勝敗が決してしまっては、信長の意図している計画が全て水の泡となりかねなかったからである。

本陣の義元一行には、中央帯での戦いが今川軍優勢の内に展開されて、満悦してより長く休息をとり続けて貰う必要があった。義元の首を狙って、織田軍別動（本隊）隊が山中を潜行して迫り来るなど、露とも気取られては困るのである。然るに信長は、中央進撃軍に対しては、首を取らなくとも良い。指示したとおりの戦い方をしただけで本隊と同様の戦功と認め、名誉な事として末代まで語り継ぐが良い、と指示しなければならなかったのである。

それでは、信長がなぜ中島砦まで来てそうした訓辞をせねばならなかったのか。

「爰《ここ》での御諚には」という事は、他でも信長が「御諚」即ち訓辞をしたと考えられる。思うにその場所は善照寺砦でで、詳しい内容は別として、「我らはこれより山中を潜行し、義元が陣所を襲う。汝らただひたすら義元の首を狙え。義元が首を挙げれば今川軍総崩れは必定。もし取りのがさば我らの明日はない。死あるのみである。必ずや義元の首を挙げよ」と言った訓辞で、敵の首を取るなと云う訓辞はなかったと思われる。

中島砦へ移った二千に満たざる兵は、一度善照寺砦でそうした訓辞を受けていた。そして義元本陣を狙う山中潜行部隊には、その時点では可能性としてではあるが、成功すれば華々しい戦果が待っている事を知っていた。一方、中島砦に移った中央前進軍には、幾ら奮戦しても戦果を証明する兜首がない。そこで信長は、中島砦へ共に移った兵士等に対し、善照寺砦での訓辞を撤回し、新たな訓辞を与えねばならなかった。それは、先にも述べたように、山中潜行部隊が首尾良く義元を討ちこの合戦に勝利した暁には、戦功を証明する物がなくとも、指示したとおりの闘い方をすれば、お前たちの働きも同じ戦功と見なす旨を付け加えねばならなかった。

中央帯での押したり引いたりの闘いは、義元の首を狙う信長にとっては、極めて重要な闘いであったのである。こうした中央進撃隊への訓辞にも、正面衝突戦と見せかけて義元本陣を急襲せんとする信長の、知略に富んだ戦術が滲みでているのである。

### ⑥状況証拠五＝「旗本は是なり是へ懸かれ」と追撃兵の首の持参

もう一つ、信長等が義元所在の陣幕に攻め入った時、義元一行は既に逃げ去った後だった。だが、信長は馬を駈け廻し、旗本三百騎（ここでの騎は、騎乗していたのではなく美称としての騎）に囲まれて東に逃げ行くのを程なく見つけ出した。何故程なくであったかと言うと、『信長公記』で「旗本は是なり。是へ懸かれと御下知あり。未の刻、東に向かって掛かり給う」と語っているからである。もしこれが、義元の一団が早くから遠くに逃げていたとすれば、即ち信長が彼の一団を遠くに観たならば、信長の命令は「旗本は彼なり、我に続け」となり、「是なり、是へ懸かれ」とはならなかったであろう。又当初から東に向かって捜し廻っていた事になり、敢えて「東に向かって懸かり給う」と牛一は表現しなかったであろう。

要するに織田軍は、信長の命を受けて初めて東に向かって懸かっていったのである。義元一団が早くから東に遠くに逃げていたとすれば、織田軍も早くから東に進路を取ってその後を追っていった事になり、信長の下知に基づく「東に向かって懸り給う」とはならなかったであろう。思うに義元一団は、間一髪陣所から抜け出したものの、そう遠くに逃げてはいなかった。察するに十〜二十メートル程逃げた辺りで信長に見いだされてしまったと考えられる。信長はもぬけの殻の義元陣幕を見て、透かさず陣幕を出て、駒を駈け廻して義元の姿を追った。そう間を置かずして東に逃げる旗本の一団に気づき、信長に離れず追ってきた周囲の織田兵に向かって、「旗本は是なり、是へ懸かれ」と下知したのである。そこで織田軍は透かさず東に向かって懸かってゆき、忽ち義元一行を取り囲んでしまったのである。

義元一団がそう遠くまで逃げられ得なかったことが、取りも直さず織田軍の攻撃が余りに急であった事を意味する。正面衝突戦であったなら、こうはならなかったであろう。

又先にも述べたとおり、約五千の兵を引率していた義元が、僅かに三百程度の旗本に囲まれて逃げる様を、決して組織的な退却とは言えない。こうした状景からも、山中潜行軍による側面からの奇襲戦であったことが窺えるのである。

更に又、中島砦に移った兵は、「首をとるな、打ち捨てにせよ」と堅く指示されていた。だが、義元の首を挙げた後の織田兵は、深田に逃げる今川兵を追って二つ三つと首を挙げ、信長の前に差し出している。「おけはざまと云う所は、はざまくみて、深田足入れ、高みひきみ茂り、節所と云う事限りなし。深田に逃げ入る者は、所さらずはいずりまわるを、若者ども追いつき追いつき、二つ三つ宛《づつ》、手々に首を取り持ち、御前へ参り候」と『信長公記』に記されているとおりである。

義元を討ち取った前と後とでは事情が変わった為とも取れなくないが、軍律は軍律である。昼前千秋四朗等と共に中央帯今川防衛部隊に抜け駆けして首一つ取ってきた前田又左衛門を、信長はそれでも許さなかったと云う話もあるが、信長は軍律には厳しかったようである。それ故こうした事からも、中島砦進出組とは別の部隊が今川本軍を襲った可能性が高い、と言える。中島砦の兵と違って、義元本陣に攻め入った織田兵は「打ち捨てにせよ」という指示は受けていなかった。それ故ここでの追撃兵は、二ッ三ッと思い思いに首を取ってきて信長の前に差し出したのである。即ちこの文節からも、中央帯前進部隊とは違った織田の部隊が義元本陣を襲ったと読み取る事ができるのである。

## 四　義元の首を挙げずして織田軍の勝利はなかった

さて、この合戦が奇襲戦であった事の一つの物的証拠と、幾つかの情況証拠について縷々《るる》述べてきた。

正面衝突論者の中には、疲労した一部隊を叩いて膠着状態に持ち込み、適当な戦果を収めれば当面の危機は自然と切れ抜けられる、との説もあるが、果たしてそうであったろうか。織田軍が二〜三千人の一部隊を叩いて、仮に局地的・一時的な勝利を収めたとしても、義元が健在な限り窮地は脱し得なかったであろう。一方今川軍としても、仮に中央帯の今川前進軍が叩かれ二〜三千の一部隊が敗北を喫したくらいでは、義元が健在の内は兵をまとめて駿河に帰ったとは到底考えられない。何せ義元は二万五千の兵を率いてはるばる遠国駿河から、それも一年以上の準備期間を置いて尾張まで進出してきたのである。仮に一部隊が叩かれたとしても義元が健在であったなら、翌二十日には、今川本軍に加えて疲労を解いた鷲津・丸根砦攻撃の兵や、瀬名氏俊率いる先発軍も加わり、約一万数千の兵で中島砦外二砦にどっと襲い懸かったであろう。

又信長としても、今川前進兵二〜三千人を叩いたとしても、鷲津・丸根で失った兵数も少なくない。信長は彼らを見殺しにしているのである。前夕刻この二砦から急報が届いても、信長はそれを無視し「色々世間の御雑談」に終始していたのである。

信長にとって、今川前進兵二〜三千人どころか今川本隊にも大打撃を与えぬ限り、採算的にも勝利はなかったと言って良い。でなければ、これら鷲津・丸根砦七～八百守備兵の討死は無意味なものとなる。成仏はできなかったであろうし、仮に今川前進兵二～三千人を討ち取って今川軍を総退却させたとしても、その後織田家を維持する事は困難であったろう。何せ信長は、鷲津・丸根の守兵達を見殺しにしたのである。それも止むなき事情、例えば全く鷲津砦等から救援の知らせがなかったとか、救援兵を送ったが時間的に間に合わなかったとかなら良いが、あろう事か信長は、救援の報を受けても「色々世間の御雑談」に終始し、全く取り合わなかったのである。

これでは今川の一部隊を叩いて仮に義元が引いたとしても、合戦後怨嗟の声が信長に集まったであろう。「やはり殿は大たわけじゃ。見捨てられるように死んでいった鷲津・丸根の兵は哀れじゃ。せめて中島・善照寺砦に引き退かせれば良かったものを」と。家老達を始め多くの家臣達が信長の元を去ったであろう。

義元の首を挙げたからこそ、その後総大将を失った今川軍が戦意喪失し総崩れとなったため、それを追って約三千の首を挙げることができた。後方に義元本隊がいるとなればそう簡単に今川防衛兵が崩れる事はあるまいし、その事を知らぬ信長ではなかったであろう。そして又、義元の首を挙げたからこそ、彼ら鷲津・丸根砦の約七～八百の兵士達の死も決して無駄にはならなかった事になったのである。彼らの死が、義元を狂喜させ、田楽狭間で長い休息を取り、酒食して舞え躍らせた要因の一つとなったのである。

そして奇計を以てして義元の首を挙げなかったら織田軍の勝利はなかったのである。

# 第八章　信長の進軍経路と中央帯での合戦情況

## 一　中島砦を進発した信長が、ではどのようにして義元本陣に迫ったものか

確かに『信長公記』では家老の衆が引き止めるのも聞かずに、信長は二千弱の兵を連れて善照寺砦から中島砦へと移った。そして中島砦で再度おとな衆の反対を押し切って中央帯に向かって出撃した。山際まで進んだところで豪雨にあった。ではその信長自身が中央帯有松付近に防衛していた今川兵と戦うことなく、どのようにして義元本陣に迫ったものか。

ここで二つの点について検証してみよう。

その一つ、まずは正面衝突論者が言われる、信長が到着する前既に桶狭間周辺は今川軍に占拠されており、「信長が身を隠そうとする場所は何処にもなかった」「信長は最初から身を隠す積もりはなかった」と言われる点についてである。その事由として、「今川軍は鷲津・丸根を落とし、中央帯をも占拠し、逢左文庫所蔵の古地図には今川の一部隊が北方の谷筋を押し通す（渡辺注：古地図によると、旧鎌倉街道であろう）」とあるからして、桶狭間周辺の丘陵帯の過半は今川軍に占拠されており、信長が身を隠して進むことなどできなかったとされている。

確かに鷲津・丸根砦から中島砦や善照寺砦も良く見渡たせたし、中央帯の現有松付近からもそれらが良く見えた。だが、この中央帯はU字型をしており、特にその北側には、坊主山（現坊主公園）・天山（現天満社）・大子ヶ根と、四十～六十メートル級の峰々が東西に連なり走っていた。（蓬左文庫の古地図と旧陸軍参謀本部作成図及び現日本地図より。以下同）

即ち北側の峰々が壁を造っていたのである。最も低い有松付近でも十～十五メートルの壁ができてい

た。更に左手丘陵帯の北部、現細根辺りから現姥子三〜五丁目に掛けても、坊主山から太子ヶ根山間への山脈《やまなみ》と並行するように、大小峰々が東西に連なり走っていた。この二つの峰々の連なりの間こそ、鷲津砦や丸根砦、旧鎌倉街道からも見えない部分となっていた。無論中央帯からも天山等が壁になって見えなかった。なお、時は青葉茂れる盛夏であったから、有松の今川防衛部隊がその壁上《へきじょう》に昇って見張っていない限り、潜行する織田軍の姿は見えなかったであろう。この日は朝から暑い日で、結果的に十数メートルの峰上に昇って見張る者はなかったと見える。

今川防衛部隊の目には、中島砦を進発して迫り来る織田中央部隊のみしか映っていなかった。要するに丘陵帯北側、中央帯より北手に約二〜三百メートル程入った二つの峰々の連なりに挟まれた山林内が、身を隠すに適した経路となっていた。ここに盲点があったと考えられるのである。そして織田軍本隊はこの山間を潜行するのだが、それ以前にこの部隊員は、『松平記』や『三河物語』にあるように、「歩行《かち》者《もの》は早五人三人づつと」分散して東の山に登っていったのである。山に登り上がる時、一団となって入ってゆけば織田軍に何らかの意図があると察知され、松平元康又は鵜殿長照等から義元本陣に早馬が飛んだであろうが、三々五々と入ってゆけば、一見不思議な光景ではあるがその意図していた事には気づく事はなかった。

『三河物語』で、「義元は其れをば知り給わずして、弁当をつかはせ給いて、ゆくゆくとして御給いし処に」と言っているがそれは結果論で、ほぼ戦闘区域内で酒食に遊んだ義元をなじったものと解される。丸根砦の松平兵が、三々五々と東の山に入ってゆく織田兵を目にしていながら義元本陣に報告する事はなく、結果論ではあるが彼らもその意図するところまでは気づいていなかったと見える。

織田兵が東手の山に三々五々と分散して入っていった事なども信長の指示によるものと考えられ、信長の戦略・戦術が如何に周到にして緻密であったかが窺い知れる。即ち信長は、この丘陵帯周辺の地理・地形に熟知し、今川軍の僅かな盲点を突いて今川防衛軍をかわして義元本陣に迫り、大勝した事になる。

何故そのように言えるかと言うとその鍵は、山澄英竜が若き日に尋ねた信長の馬引きを勤めた大老人の話の中にある。

先にも述べたとおり信長の馬丁を努めた大老人の話は次のようなものであった。

「信長の御馬を山に乗り上げ乗り下ろし、し給う事の外に別事無し」と云っていた。この大老人の回想が、信長個人の進軍経路、延いては信長の頭脳的な戦略・戦術の謎を解く重要な鍵を握っている。

『信長公記』によると信長一行は、「熱田から上道をもみにもんで懸けさせられ、まず丹下の御取出に御出で候て、夫れより善照寺、佐久間居陣の取出へ御出であって、御人数立てられ云々」。そして中島砦へと移った。中島砦を最終起点として二千に満たざる兵を引き連れて山際まで行った。ここで豪雨にあった。そして空晴るるをご覧じてから初めて攻撃命令を下し、東に逃げる義元を追って最終的に義元を討ち取った。

さてこの行程の中で、馬を山に乗り上げ乗り下ろすといった地形は、一体何処だったのだろうか。信長主従六騎が通ったとされる上道とは、古地図によると、熱田から現東海道に沿って東に走り、桜町（現南区桜本町）を通り、野並村（現天白区野並）で南に折れて現名古屋第二環状線にほぼ沿うように南下して丹下砦に至る。そして善照寺砦・中島砦に移って田楽狭間の義元を討つのであるが、熱田から中島砦間でそれ程山を登り降りするところは見あたらない。旧陸軍参謀本部図を見る限り、ほぼ平坦と言って良い地形であったと言える。

中島砦から丘陵帯山裾までは、田地・畑地であったと考えられる。そして山際から中央帯のなだらかな傾斜地を駈け上がって義元本陣に迫ったとすると、馬を乗り上げたり乗り下ろしたりする地形は何処にもないことになるのである。

従ってこの馬丁の証言が正しい物とすると（山澄英竜の聞取りに誤りはなかったと考えられる）、信長自身は山際から北手の織田本隊に乗り移り、本隊と共に坊主山・天山・太子ヶ根の北裏手、即ち起伏に富んだ山間を潜行し、義元本陣に迫ったものと考えられる。

『信長公記』では、「山際迄御人数寄せられ候のところ、俄に急雨石氷を投げ打つ様に、云々」と雨が降り出したとし、沓掛の楠の大木が東に倒れた事から、「余りの事に熱田大明神の神軍かと申候なり」とし、いきなり「空晴るるをご覧じ」てから信長は攻撃命令を下したとしている。要するに中島砦を進発した信長が、そのまま中央帯を登り上がって義元本陣に迫ったかのように一見思われる。

だが先にも記したとおり『山澄合戦記』によれば、織田軍は善照寺砦で軍を二手に分けたとしている。「軍勢を二手に分けられたる事、三河記に信長善照寺の城にて軍勢を二手に分け、一手は敵の先手へ懸かり、一手は義元の本陣に切り入るべしと下知すとあり、或家の記にも信長、善照寺辺にて兵を一隊とし旗を巻き、列を潜め、義元の陣の後の山を廻りて、是を伺うと書せり」と。（この文は山崎真人が書いたもので、或家の記とは山澄英竜著の原書桶狭間合戦記を指していると思われる）

一隊は信長と共に中島砦へ移って、中央帯を進出した部隊である。もう一隊は善照寺砦から直接東手山中に、三々五々と進入していった部隊である。けだし『山澄合戦記』では、次のようにも云っている。「此戦には分捕、功名なすべからず、只壱人も敵多く、討捨にせよとの給えば、諸士は、はや勝ちたる心地して、即ち旗を巻き兵を潜め中島より相原村へ掛かり、山間を経て太子根の麓に至る」と。この記述によると、信長に従って中島砦に移った二千に足らざる兵士等が、再び信長に付いて全員北に進んで山間を潜行し、義元本陣を襲った事になる。

相原村とは、善照寺砦から真東に一・五キロ程行った旧鎌倉街道沿いにある、現緑区相原郷一〜二丁目辺りである。しかし『信長公記』で云う山際からは北東へ千五〜六百メートルに位置し、そこへ戻るには扇川を越えていかねばならない。ただ、先に私が述べた善照寺砦から山中に直接入った部隊の集合場所、細根の現天満宮下辺りも当時相原村の一部であったとすれば、後退するものでないから問題はない。けだし、一度中島砦へ移った兵士等全員が再び相原村へ移ったとする考えには納得し難い。仮にそうであったとすれば、今川防衛部隊から見て、中島砦に移った敵兵が再び後退したとも取れるが、多勢なだけにやはり事の異常さに気づき、その方向へと目が追っていったと考えられ、山中潜行も見咎められて奇襲戦は不成功に終わったであろう。

中島砦経由の部隊はそのまま中央帯を進出してゆき、北手の山中潜行軍に移動したのは、信長と僅かの家臣近習達ではなかったかと考えられる。そしてその移動方法及び経路は、中央帯山際から左手丘陵帯の山際に沿って畑地を通ったか、やや少し中央帯を登り上がった処で左手の山林内へと入り込み、坊主山の西手山麓・林内をほぼ北東に進んで現天満宮下に至る。後者の方が可能性として高いと考えられる。何故なら林内なら直ぐ身を隠す事ができ、今川防衛軍の目に止まらぬ内に為し得たと考えられるからである。

もっともこの時点では幸いにして敵の面に当たる大雨が降っていたのだから、これら数人が林内に入っていったとしても気づく事はなかったであろう。仮に雨が降っていなかったとしても、今川防衛軍は約一・三キロ先の有松付近に布陣していたのだから、約二千の内七〜八人が抜け出したとしてもそれに気づく事はなかったであろう。

そして信長一行は、現天満宮（当時あったかは不明）下山裾辺りで、先に善照寺砦から直接三々五々と入っていった兵士達と合流し、後は先に述べたとおり、小山を登ったり降りたりしながら東南方向の太子ケ根南山麓へと移動していった。

当時は車軸を流すような雨が降っていたのだから、陸軍参謀本部の描いた経路を踏査した結果、沢は大量の水量が流れていて行軍は不可能であったろうと、奇襲戦を否定される学者もおられるが、谷底ではなく、山を登ったり降りたりのこの経路ならそうした心配もない。そして先に述べたように、太子ケ根の南山麓に至った信長と山中潜行部隊は、霧が晴れ義元の陣幕をしかと確認してからドッと山を駆け下って義元本陣を襲ったのである。

## 二　織田中央前進部隊と今川防衛軍の合戦情況＝義元討死以前に今川防衛部隊は決して崩されてはいなかった

では、一将に託されて山際から中央帯を登り進んだ織田中央軍はその後どうしたのか。

一応今川防衛軍と戦ったのである。しかしそれは先に述べてきたように、信長の「御諚」どおりの戦いを遣ってのけたのである。今川防衛部隊をその地により長く引き留める為に。又山中潜行軍の行軍を容易にするため、更には今川防衛軍が奇襲攻撃に気づいて今川本陣に取って返そうとした場合は、追い打ちを掛けて簡単には戻れぬようにする為である。

謂わば織田軍から見れば偽戦であったのである。返せば中央帯中腹布陣の今川防衛部隊は、義元討死以前には決して崩されていなかったのである。このことは、『信長公記』と戦後今川氏真が発した感状により明らかとなってくる。その氏真からの感状とは、義元本陣から十町ばかり出張して防衛の任に当たっていた二俣城主・松井左衛門左宗信、その子宗恒に宛てたものである。先にも義元本陣の項で触れたがその感状は次のようなものであった。

「去五月十九日、天沢寺殿（今川義元）尾州於いて鳴海原一戦、味方失勝利処《みかたしょうりうしなうところ》、父宗信敵度々追払、云々、同心・親類・被官数人、宗信一所に討死、誠後代之亀鏡《まことこれこうだいのききょう》、無比類事《ひるいなきこと》」

敗戦にも拘らず「誠後代之亀鏡《まことこれこうだいのききょう》、無比類事《ひるいなきこと》」と最大の讃辞を送られている。『信長公記』において太田牛一も、「山田新右衛門という者、本国駿河の者なり。義元別して御目を懸けられ候。討死の由承り候て、馬を乗り帰し、討死。寔《まこと》に命は義に依って軽しと云う事、此の節なり。二股の城主松井五郎八・松井一門一党二百人、枕を並べて討死なり。爰《ここ》にて歴々其の数、討死候なり」と、山田新右衛門と共に敵ながら忠義に厚い武将であったと賞賛している。

「爰にて歴々その数、討死候なり」とは、ここで山田新右衛門や松井宗信一党初め今川方の名のある武将達が数多く討死したと云う事で、爰にての爰とは、義元討死の地を指している。即ち、義元本陣から十町ばかり出張して防衛軍にいた松井宗信並びに松井一門一党二百人は、義元討死と聞いて急遽駆け戻り、義元に追随するように戦って戦死したものだ。

因みに同じく中央帯中腹に布陣していたとされる井伊谷城主・井伊直盛並びにその一門一党も数多く討死している。旧陸軍参謀本部資料によると、その数は松井一門より多かった可能性が高い。が、直盛に対する感状も見当たらぬし、太田牛一もその名を『信長公記』に挙げてはいない。この差は何かと言うと、義元討死後に松井宗信等一門一党が取って返して義元に追随するように討死していったのに対し、井伊直盛一門一党は中央帯織田軍に追撃されて別の場所で、即ち義元に順ずるべくして討死したものではなく、逃走の途中結果追撃されて討死していった違いに依るのではと考えられる。或いは井伊家にも氏真から感状が送られていたが、井伊家に残っていなかったため、とも考えられなくはないが、『信長公記』にその名を挙げられているのは松井宗信だけである事から、井伊直盛等にはそうした絶賛されるような働きはなかったと観て良い。追撃されて討死した可能性が高い。

さて又『もう一つの氏真感状』（静岡県史資料編）によると、松井宗信が子宗恒は感状のみならず、父宗信の旧領安堵の他、今川家直轄領を割いてまで加増されている。「味方失勝利処《みかたしょうりうしなうところ》」、即ち義元討死後に獅子奮迅の働きをして父義元に追従したからこそ氏真は、「誠後代之亀鏡《まことこれこうだいのききょう》、無比類事《ひるいなきこと》」と称賛し、直轄領を割いてまで加増したのである。

もしこれが、中央帯中腹での防衛に失敗して義元本陣に逃げ帰って後に、如何に獅子奮迅の働きをしたとしても、氏真からの感状や新領加増はなかったであろう。又太田牛一も、敵ながら天晴れであると『信長公記』にその名を留める事はなかったであろう。即ち中央帯中腹で防衛の任に当たっていた今川防衛部隊は、義元討死以前には、織田中央進撃隊に崩されて逃げ帰り本陣をかき乱したり、織田中央隊の進軍を黙って見過ごして仕舞った訳ではないのである。義元討死以前には、防衛の任は任として果たしていたのである。

因みに『山澄合戦記』では、松井宗信等一門一党の戦いには二説があると云っている。宗信等は、田楽窪付近の山中で奮戦したが最早敵わぬと見て義元に対し「もはや是まで腹を切られませ」と云ったという説と、先述のとおり義元討死後に駆けつけ、太子ケ根山麓にいた織田本隊の一部伏兵に迎え討たれ、その織田伏兵隊に火中に飛び込むように討死した、と云う説である。義元討死後が正しいと思われる。なぜなら、氏真発給の感状に「味方失勝利処《みかたしょうりうしなうところ》」とあるとおり、既に義元が討ち取られて敗戦色濃《いろこ》い中に拘らず、果敢に織田軍に切って懸かって義元に追随するように討死したからである。単に義元討死以前であったとすれば、その働きは旗本三百騎となんら変わらず、「誠後代之亀鏡《まことこれこうだいのききょう》、無比類事《ひるいなきこと》」とまで賞賛される事はなかったであろうからである。

　では義元討死後、この織田中央軍と今川防衛軍はどのようになったのだろうか。今川防衛軍は、義元討死との報を受けて初めて浮き足立ち、後方にあった松井隊が本陣に取って返したものの、それが敗走と思い違いをして更に浮き足立った。そして我先に逃げの体勢に入り、なし崩しに崩れ立ったと想定される。

　織田中央軍は、この崩れ立つた今川防衛部隊を見て、初めて本格的に追撃態勢に入った。今川防衛部隊は、中央帯の先には織田本隊がおり、又一度にこの中央帯を登り切れぬと見て、その多くは左右の谷筋や山中へと逃げ出した。当然織田中央軍はこれらを追って、谷筋や山中に入って彼らも多数の今川兵を討ち果したことであろう。

　けだし『信長公記』が云う「節所という事限りなし」は又別の場所である。第四章四で述べた千人塚山周辺なのである。しかるにその節所での追撃戦は、信長率いる織田本隊の追撃戦である。『信長公記』は飽くまで信長中心に描かれたものであるから、今川防衛軍に対する織田中央軍による追撃戦は記されていない。織田中央軍の追撃戦は、『信長公記』や『山澄合戦記』、地理的状況を踏まえた上でのあくまで私の推察である。

　それは兎も角として、松井宗信に対する氏真からの感状や『信長公記』の記術内容からも桶狭間の合戦は、決して正面衝突戦ではなく、信長による頭脳的な義元本陣奇襲戦であった事が窺えるのである。

# 第九章　上洛や砦構築等に見られる信長の遠大な戦略・戦術

## 一　永禄二年二月の上洛に秘められた戦略

永禄二年二月信長が突然上洛し、京の町を派手に練り歩いたことは、本文第一章の四「義元西上の目的・単なる砦封鎖解除に過ぎなかったのか」において、少しく触れた。この信長の派手な洛中行進が、義元をして「何を隣の小せがれが、今に見ておれ」という思いを抱かせたのではないか、と。信長の人間性等で見てきたように、このはしゃぎ過ぎのような行為にも信長なりの思惑があり、義元の上洛志向を触発する狙いがあったのではないかと私には思われる。

この三ヶ月前の永禄元年十一月、信秀織田家の主権を巡って弟信行を誘殺し、上四郡の守護代織田信賢をも降伏させ、信長はほぼ尾張一国を平定した。この時点で信長は、三国の太守今川義元を尾張におびき寄せ、計略を以て打ち倒すことを考えていたのではあるまいか。一般的に信長の上洛は、尾張平定の証しとして将軍足利義輝に認知して貰うべく謁見することが目的であったと云われている。が寧ろ私は、信長の高度な政治的判断力や大胆にして奇抜な行動力、又義元のその後の行動等、即ち西上表明から約一年を要したこと、駿河出馬の直前に将軍からではなく天皇家から「参河守」の称号を得たこと等を併せ考えると、信長の上洛には又別の思惑があったのではないかと思われる。そうした思惑を抱きつつ、義元という自尊心が高く半ば公家化した人物、「足利家亡くば」と云われた高貴な家柄等を見通した上で敢えて派手に洛中を練り歩いたと。

さて現実主義者の信長がこの時点で、ほぼ実権を失っていた足利将軍家からの尾張国守護職認証を必要としたであろうか。当時は戦国乱世の中にあって、ほぼ全国各地で主家簒奪や隣国への領土拡張が平然と行われていた時代である。先に記したように後北条氏が関東に向けて、武田氏が信濃・越後に向かって、西国では毛利氏が頭角を現しつつあり、九州でも竜造寺氏・大友氏・島津氏等が相争っていた。一々先主に代わって私が守護になりましたから、又隣国を図版に入れましたからお認め下さいなどと将軍家のお墨付きを頂いてはいない。それぞれが勝手に行い、武力で以てその地の領有を主張していたに過ぎない。将軍家のお墨付きなど必ずしも必要でなかったのである。

ましてこの時期、将軍家自身が数年前（一五五三）から阿波細川氏の被官・三好長慶等によって京を追われ、近江朽木に逃れていた。将軍職としての権威を失墜していた。只、信長が上洛した永禄二年二月の約三ヶ月前、永禄元年十一月二十七日、六角承禎の周旋により京に舞い戻っていた。政権を返上されたもののその権威は微弱であった。畿内は尚三好勢に握られていたのである。

又信長自身、未だ完全に尾張全土を掌握していた訳ではなく、沓掛・鳴海・大高ばかりでなく笠寺までもが今川勢に蚕食されていたのである。こうした危機的状況の中で、尾張国の新国主として将軍家の認知を必要としていたとは思えない。

これは後のこととなるが、信長は将軍義昭や天皇からの副将軍職就任（永禄十一・二年頃）の求めを再三蹴っている。天正四年右大臣の職は受けたものの、天正十年には征夷大将軍の詔勅までも蹴った程である。信長は名のみの官位等には未練なく、将来をも見据えた上で実効性のある官位を必要としていた。それは兎も角、当時でさえ尾張一国のみの国主に満足していたとは思えない。

早くから合理的精神の持ち主である当時の信長も、実のない役職に拘泥していたとは思われない。又、将軍家から尾張国主としての認知状が発行されたという形跡も見あたらないから、将軍への謁見は挨拶程度のものであったと考えられる。それは単に形式的なもので、敢えてこの時期挨拶程度でも将軍への謁見を求めたことは、別に魂胆があってのことと思われる。

その信長の魂胆とは！　それは信長の狩りの方法にあったのではないか。信長は義父道三から美濃国の譲り状を受けていた。しかし美濃へ侵攻するにも、又尾張国を実質支配地として継続してゆく為には、東からの最大脅威今川勢の尾張侵攻を食い止めねばならなかった。その以前に少なくとも尾張国から今川の勢力を放逐せねばならなかった。

だが、父信秀のように三河へ侵攻し、一つ一つ城地を切り返していっては可成りの年数を要する。信秀のように一進一退の繰り返しを終始するに過ぎない。そこで信長の考えた策は、大鳥さえ撃ち取れば猛禽からの脅威は自ずと除かれる。が、この大鳥を撃ちに信長が駿河に出向けば、何年何十年掛かるか知れたものではない。だが、もし大鳥が自ら尾張の地に飛んできてくれたなら話は別である。事と次第に依って容易に討ち取ることができうる。

では如何にすれば大鳥自らこの尾張に飛んできてくれるか。それは「足利家亡くば云々」と云われていた名家にして、当時海道一の弓取りと云われていた義元の虚栄心と自尊心を大いに傷つけることであった。尾張国の下郡守護代家の是また三奉行の一人に過ぎなかった家の子が、権威微弱であったとは言え時の将軍に謁見したことは、将軍家に縁が深く本来将軍家を庇護すべき立場にある今川家を出し抜いたことになり、義元としては大いに傷ついたことであったろう。上洛して落魄した将軍家を救援せねば海道一の名にも傷が付く。少なくとも義元はそう思ったであろう。

しかし、その義元に将軍家からの救援の要請はなかった。この以前足利義輝は越後の雄、長尾影虎・後の上杉謙信に対して救援の要請を行っていた。長尾家も又越後国守護代家に過ぎなかったが、将軍義輝が近江朽木へ退いた時、影虎は謁見している。又彼は上洛し後奈良天皇にも拝謁している。だが、影虎は関東や信濃の武将達からの要請で、後北条氏や武田氏と交戦状態にあり、将軍家救出のための兵を送ることはできずにいた。

こうした中、それでも最も縁のある今川家に対しては何の要請もなかった。是では義元としても上洛はできない。何故なら、先に述べたとおり「足利家亡くば云々」の謂われがあるが故に、簡単には上洛はできなかった。（それ故、天皇家から直々に「参河守」の称号を得て、それを大義名分として上洛の為の兵を発した、と考えられる）

信長はそうした情勢をも見極めた上で上洛し、派手に洛中をはしゃぎ廻った。即ち信長の上洛には、そうした遠大な戦略が隠されていたと見ることができる。太田牛一が「さる程に、上総介殿上洛の儀、俄に仰せ出され、云々、城都、奈良、堺御見物にて、公方光源院義輝へ御礼仰せられ云々」と云っているように、俄《にわか》に上洛した目的は他に何があったのだろうか。堺見物の中には鉄砲の取引なども考えられるが、世上不穏なこの時期それが主目的であったとは考えられない。

派手に京洛を練り歩き、まず義元の上洛志向を触発させ、来尾させ、狭隘な地を行軍する中の義元本隊を狙い、奇襲を懸け義元の首を挙げる。そうした戦術をも考えた上で、遠大な戦略を立てていた、と考えられるのである。

信長は又上洛以前に、もう一つの布石を敷いていた節が見受けられる。それは一年ほど前、織田家から反旗を翻し今川家に通じていた鳴海城主山口左馬助父子を、反間の計を以て義元に討たしめていた。尾三国境沿いの地理や織田家の内情に詳しい山口父子がいては信長の戦略・戦術も見通されてしまう可能性を持っていたからと考えられる。

そうした布石を敷いた上で、突然信長は上洛した。その直後に今川義元という大鳥が、七ヶ条の軍法草案に入り、二ヶ月後に駿・遠・三の三ヶ国に伝馬の令を敷き、軍法を発布して飛来の準備を始めた。そうした時間的経過から見ても、義元はこの信長の派手な洛中行進にすっかり載せられてしまったと見て良いだろう。

信長の独得の狩りの方法を逆用すれば、自ら出向くより、獲物の方からやってきてくれるよう餌を蒔いた。即ち、義元という大鳥を仕留めるには、義元の虚栄心と自尊心を痛く傷付ける種を蒔いて、網を張って待つしかなかったのである。無論信長にとっては乗るか反るかの大勝負であったと思われる。

更に想像を逞《たくま》しくすれば、将軍義輝への謁見の折、信長は義元を讒訴《ざんそ》したとも考えられる。約八年前（一五五〇）、天皇家並びに将軍家から、義元及び信秀に対して調停が行われていた。東海におけるこの二人の争いが、京・関東間の通行の支障となっていた為、天皇家までその調停に乗り出したのである。二人は是を受け入れ和平が成ったかに見えた。

しかし二年後の一五五二年信秀が急逝すると、鳴海城主山口父子等が離反して今川方に付いた。山口父子を得て義元は再び西三河及び尾張への攻略に乗り出した。その勢いは熱田に近い笠寺まで及んできた。「今日の三河・東尾張の騒乱は義元の野望から来ている。このままでは尾張を浸食し、美濃を取り、京に登り将軍家に取って代わろうとしているのではないか。その証拠に、西条吉良氏を駿河に幽閉して、亡き者としている」。そのように讒訴すれば、元より将軍家より天皇家と好を通じていた義元に対し、将軍義輝は警戒心をより強めたことであろう。

信長は義元の野望を吹聴し、将軍義輝からは義元に対して上洛の大義名分を与えぬよう布石を打って、一方義元の自尊心等に火を付けるような行為をした。即ち義元が他の大義名分を見付けるのに、時を必要とさせた上で信長は、義元の上洛志向を掻き立てた。讒訴したかどうかは私の全くの推測であるが、信長の洛中におけるおおはしゃぎは、義元への挑発行為と見てほぼ間違いはないだろう。この挑発行為がまず信長の桶狭間合戦に係る遠大にして剛胆な戦略の第一歩であったと言って良いだろう。

## 二　上四郡守護代織田信賢の追放

第一章の五でも少しく触れたが、上四郡守護代織田信賢放逐にも信長の周到な戦略が窺え得ると思われる。永禄二年三月とも、春時分とも云われているが、上四郡守護代織田信賢が再度謀反を起こした。通説では信長は信賢居城岩倉城を約三ヶ月程包囲して降伏せしめ、尾張から追放しその城を完全に破却した。

先に述べたとおり、岩倉攻城の時期については、「ある時」として明確ではないが、歴史家の一般的解釈では永禄二年三月以降のこととされている。そして攻撃の事由は、一般的には信賢が再度謀反を立てた為と云われている。信長の上洛中にそうした気配を示したものか、或いは七日後の帰国以降のことかも知れない。が、これも場合によっては信長の策略であった可能性もないとは言えない。何故なら『信長公記』では、信賢が再度謀反の色を立てたとは記されていないのである。そして「越訴抱え難きに付いて、渡し進上候て、ちりぢり、思ひ思ひに罷り退き」とあるように、謀反の心は全くないと、信賢以下弁明に努めたが聞き入れられず、城を明け渡して散り散り退いたとある。即ち、織田方の一方的攻撃のみで信賢等が抵抗したという形跡は全く見られないのである。

それ故、前年降伏したものの、信長からみて今一信頼がおけないため、信長の方から攻撃を仕掛けた可能性も否定はできないだろう。義元に暗黙の挑戦状を叩き付け、その来尾を促したものの、いざ合戦となって信賢と義元が好を通じたら適わない。

何せ岩倉城は尾張国のほぼ中心部にあり、清洲城から八キロと離れぬ場所にあった。信長としては、事前に不安材料となるその芽を確実に削いでおかねばならないし、今川軍迎撃に当たって尾張国は一枚岩でなければならなかった。信賢が再度謀反の色を立てたとして、岩倉城を包囲した可能性も残されている。だとすれば、この信賢追放と岩倉城の破却もまた、桶狭間の合戦を前提とした容易周到な準備行為であったと推測する事もできる。

## 三　砦封鎖に秘められた幾つかの戦略

信長は鳴海・大高二城を五〜七つの砦群で封鎖し、義元を所謂桶狭間で討ち取った。本来砦構築の目的は、自城を守る場合は防御軟弱部分への補強施設として、敵城への向城設置はそれら砦を足場として敵城を攻撃するか、敵兵の兵糧水路を絶ってその戦意を喪失せしめ、自落を促す事を目的とするものである。

だが、『信長公記』他義元判物その他資料の中には、織田方から大高・鳴海二城に本格的な攻撃を仕掛けたという記述はない。只永禄二年十月、奥平監物達が大高城に兵粮搬入した折、間を置かずしてちょっかい程度に大高城への攻撃を仕掛けたことは、義元から奥平達への感状で知られる。が、わざわざ奥平達が兵糧を搬入した後、しかも奥平達が大高城からそう離れぬ時期に攻撃を仕掛けたことは、本格的な攻撃ではなく、まさにちょっかい程度の攻撃であったと見て良い。

一方、鳴海城への攻撃を行ったという記録は見当たらない。もし尾張一国を平定したこの時点での信長が、本格的な攻撃に打って出ていれば、平城の鳴海城（東西七十五間・南北三十四間・二層掘）などそう苦もなく落とし得たのではないか。何せ約一年前に約五倍の規模の岩倉城（東西九十間・南北百七十間・二層掘）を三ヶ月間で攻め落としているのである。

又緒川の今川方村木砦攻撃に見せたあの信長の激しい攻撃方法を以てすれば、鳴海城など合戦前に容易に落とし得たと考えられる。『信長公記』によると、村木の砦特に南手掘りは深々と掘り積み上げ、（南は大堀霞むばかり、かめ腹に掘り上げ、丈夫に構え候）、且つ守兵達も朝七時から夕五時近くまで約九時間、多数の死者を出しながらも激しく抵抗を続けた。一方信長の方も「御小姓衆歴々、其の員を知らざる手負死人、目もあてらぬ有様」であったと云う。信長自身も又鉄砲を取り替え取り替え撃ち放ち、結果的に切り崩し、陥落に至らしめた。信長がこの村木砦攻めで見せた激しい攻撃に打って出れば、多くの犠牲者を出すものの鳴海城を陥《おとしい》れる事ができたと思われる。

にも拘らず信長は、本格的に敵城、少なくとも鳴海城へ攻撃を仕掛けた形跡はない。では信長の敵城包囲の目的は何であったのか。敵城の兵糧を枯渇させ城兵の戦意喪失を狙って包囲を続けたのだろうか。鳴海城は黒末の海近くにあった。兵糧の搬入は、満潮時を利して海からの搬入が可能であったと考えられる。又、二川に挟まれ海近くにあった事から、井戸の枯渇も余り期待はできなかったであろう。では約一年近い鳴海城包囲の目的はなんであったのか。

そして又、桶狭間周辺を予定戦場として正面攻撃を想定していた場合、鳴海城は織田方にとって障害以外の何ものでもなかった筈である。鳴海城からとの挟撃は織田方にとって最も不利な闘いであった。

正面衝突戦を想定していたものなら、少なくとも鳴海城は力攻めをしてでも先に落として置くべきであった。

又大高城は、奥平達が兵糧を搬入する前に桶狭間周辺で迎え打ち、兵糧を略取すれば良かったと考えられる。砦封鎖は、敵の兵糧を断つのも主要目的であるから、大高城に兵粮が搬入された時点で織田方の砦封鎖はある意味失敗であったと言える。それでも信長は本格的な攻撃をするでなくその後も約七ヶ月もの間封鎖を取り続けた。

では何のために信長は砦を設け、封鎖を取り続けたのか。私には来たるべき桶狭間の合戦、この一戦の為に設けたもので、ただ包囲するだけで落とさずに置いた事には、幾つかの事由があったと思われるのである。

その事由の一つは、即ち鳥駕篭でもって今川方の子雛《こびな》を囲い、今川方殊に義元自身が出馬し、その途上大高・鳴海の子雛救出に向かわせる事にあったと考える。第六章で述べたように信長は、武田信玄をも感心せしめた独得の狩りの方法を行っていた。この狩りの方法で時に野良人に扮した家臣達は、餌を蒔いて獲物が長くその場にい続けるよう仕向けた事もあったであろう。時には、畑に餌を蒔いて鳥が飛来してくるのを待った事もあったであろう。信長はそうした餌を蒔く方法を取り、義元が大きく羽ばたいて尾張に飛来することを目論んだ。それが永禄二年二月の突然の上洛であった。が、義元が飛来した際、確実に桶狭間周辺の隘路を通るようにせねばならなかった。その為に大高・鳴海二城の封鎖を取り続けねばならなかった。即ち子雛を救出するため親鳥自らがこの鳴海まで確実に進出してくることを狙って、封鎖を取り続けたと考えられる。

と言っても義元が先に西上を明らかにしていたのだから、尾張に来ることは間違いないと信長も読んではいた。だが義元自身の出馬をより確実なものとするためと、大高・鳴海まで義元自身が出張ってくることを必然的なものとするためであったと。

義元が尾張清洲城を攻める場合、岡崎から北西に登って今川直臣・松平家次の品濃城（現瀬戸市上品野）に入り、春日井郡等北方を西進し、清洲城に迫るという道筋もあった。その方が義元にとって、織田方の城々を避けて、直接清洲城に攻め寄せることができた。

一方信長としては、その道筋は取らせたくなかった。その為、鳴海・大高城を包囲して圧力を加えることにより、確実に義元の進路を大高・鳴海方面に向けさせる必要があった。

又、沓掛から旧鎌倉街道を通って直接善照寺砦を攻めるという手もあったが、もし鳴海城を攻め落とし織田方としていた場合とそうでなかった場合とでは、義元の行程にも違いが生じていたかも知れない。鳴海城を攻め落としてその周囲の砦群と共に織田方であった場合と、その内に敵を抱える砦群とでは、今川方の攻撃方法や戦闘意欲にも大きな開きができたと考えられる。

即ち、周囲から今川本軍と内の鳴海城から同時に攻撃を仕掛ければ、何れも掘と土塀で囲った程度の砦なら何時でも簡単に落とし得ると義元ならずとも考えたであろう。特にこの三砦は、その一つが落ちれば他の砦への攻撃も容易となるものであり、尚かつ敵を内に抱えた俄造りの砦など、一方向から何時でも簡単に落とし得ると義元等は安易に考えていたと思われる。即ち、そこに今川方の慢心を誘う狙いが信長にあったと考えられる。

それ故、義元初め諸将の多くは、初め大高城への行軍途上に本軍で以て鷲津・丸根等を落としつつ大高城へ入城し、翌二十日に義元指揮の下、中島砦を手始めとして総攻撃を仕掛け、鳴海城開放に向かう作戦であったと考えられる。

それを示す事として、五月十八日に今川軍は沓掛城で長い軍議を開いた。長評定の詳しい内容は知らないが、進撃ルートや攻撃方法に楽観・慎重数論が出て、長軍議となった可能性が高い。沓掛大高道経由で五月十九日、義元自らまず丸根・鷲津を落とし大高入城し、翌二十日その大高城又は少し出張った処で義元指揮の下、中島南手方面から総攻撃を仕掛け三砦を取り払う、と謂った楽観論が多勢を占めた。が、少ない慎重派が強く義元に進言した。攻撃方向は一方向で良いとしても、念の為丸根・鷲津二砦は、義元の大高入城前に落とし置くべきだと。大高城に入るには、丸根砦眼下のみならず、険阻な丘陵地帯を通らねばならない。鉄砲狙撃部隊が潜む場所は幾らもあった。

慎重派が長く強く主張を続けたため、終に義元は「さらば責取《せめとれ》。其儀ならば、元康責給え」(『三河物語』より)と半ば投げやりな感じで、提唱者の一人である松平元康に命じたと考えられる。

一方信長は十八日の夕刻から、鷲津・丸根砦から翌朝今川方の攻撃がある旨の急報を再三受けていた。が信長は、救援部隊を送るどころか、軍議も開かず雑談に耽っていた。義元が思惑どおり事を進めてくれているので、信長は大いに満足し、義元進撃時間に合わせて出陣は翌十九日早朝と秘中に決し、軍議も開かず「色々雑談」にふけって、夜も遅いからと家臣達を帰した。信長の意中を知らぬ者達は、「運の末には智慧の鏡も曇るとは、この節なり」と嘲弄する。

要するに信長が鳴海城を包囲するだけで落とさずに置いたのは、第一には子雛を救出するため親鳥自らが確実に大高・鳴海城攻略に打って出てくることと、今川方の油断を誘う為であったと考えられる。

そして先に述べたように、もし信長が正面衝突戦論者が言われるように、桶狭間周辺を主戦場として正面からの攻撃を想定していたとした場合、何よりもこの鳴海城は、織田方にとって障害以外の何ものでもなかった筈である。僅か七百とは言え背後の鳴海城からとの挟撃は、織田方にとっては最も不利な戦いとなる。又内からの攻撃がなかったとしても、各砦の守備に兵数を割かねばならず、その分桶狭間方面の敵に対して攻撃力が弱まることとなる。やはり、仮に信長が正面衝突戦を前提としていたなら、少なくともこの鳴海城は、是が非でも先に落として置くべきであった。

しかし合戦前の信長には、この鳴海城を落とす気配は全く感じられなかった。それ故に又、この鳴海城からの追撃を避けるために、少ない員数の中から三砦に六百前後の兵数を割いた。だがこのことも予定のことであり、信長にはそれなりの深慮遠謀があってのことであったと考えて良い。即ち信長は、鳴海・大高二城を砦群で封鎖し、まず義元自身をこの二城の救出に向かわしめた。そして兵数で少ない上に内に敵を抱えつつの不利な陣形を今川方に披瀝し、何時でも踏み倒せるという今川軍の慢心を誘った。そして信長は、高くて約六十五メートル程の一見然程でもない丘陵帯、その中の隘路を行軍中の総大将義元の首を狙っていた。砦構築にはそうした秘策が秘められていたと考えられる。

砦構築目的のその二は、早くから決戦場を桶狭間周辺と想定し、その周辺の主導権を早くから確保することにあったと考えられる。

藤本氏は「桶狭間周辺は山口左馬介が今川方についてからは今川領なのである」とし、「研究者は何よりも戦闘が今川領で行われた事実を銘記すべきである」と言われる。それ故、信長が身を隠す場所は何処にもなかったと言われている。

だが信長が鳴海・大高二城を砦群で封鎖した永禄二年七月~八月から決戦の前日までは、いわゆる桶狭間周辺の丘陵帯は織田方の支配下にあったと言って良い。むしろこのことに留意すべきである。中島外二砦で鳴海城を、鷲津・丸根砦（外にも砦があったと云う説もあるが）で大高城を囲むことによって、この一年程の間敵方兵士の出入りを封鎖してきた。それによって桶狭間を含む周辺丘陵帯は、織田方の自由な領域となっていたはずである。制海権・制空権といった意味での制地権は、織田方が握っていたと解すべきである。

従って信長は、この桶狭間周辺には熟知しており、極端な話、この約一年の間に配下の者たちが農民に扮し、その丘陵帯の山林の中に分け入って、小道を造ることなど造作のないことであったろう。枝を刈り払い、多少の木を伐採することによって、二〜三尺程度の道型は容易に造り得たはずである。この道型を両丘陵帯に張り巡らせ、自在に行き来できうるようにして、義元が通るであろう沓掛・大高街道の数ヶ所に達するように設けていたら、長蛇の中の義元を数カ所から補足でき得たと考えられる。

しかしこれは可能性を述べた私の推測に過ぎないが、義元を桶狭間周辺で完全に討ち取る狙いがあれば、軍略に長けた信長ならそのようなこともしたであろうと考えられる。何せ信長が砦群を構築してから、一年近い期間があったのだから、少なくとも信長は戦場予定地を隈なく踏査し、十分頭に入れておいたことであろう。

このようにこれら砦には、合戦に向けたそれぞれの意義があり、信長は義元の到来を周到な準備行為を行って待っていた、と考えられる。私の考えが正しいとすれば、信長は早い時期から、今川軍と正面からは向き合わず、奇襲を以って戦うことを画策していたと考えられる。

## 四　鷲津・丸根砦に秘められた第二の意義

砦構築による二城の封鎖には先のような大略的な目的があったが、鷲津・丸根砦にはもう一つの目的が秘められていたと考えられる。それは大高城の兵粮枯渇を狙ったものではなく、中島砦等に対する大高城からの攻撃を阻止することを目的としていたと考えられる。要は合戦当日まで中島砦を庇護し、存続させる為であったと考えられる。

何せ中島砦は鳴海城を取り巻く三砦の内最も南にあり、大高城から僅かに約二キロの距離にあった。扇川と桶狭間周辺から流れ来る手越川との合流点にあったが、鳴海城に対しては川幅の広い扇川が防塁の役目を為していた。対して手越川は小川といった感じで、南手大高城からの攻撃には弱かったと考えられる。この中島砦を守るために鷲津・丸根砦を築き、大高城への牽制を図ったと考えられる。もっとも鳴海城を取り巻く中島砦外二砦は、三方から連携しあうところで成り立っていたから、鳴海城包囲網を大高城からの攻撃から守るべく鷲津・丸根砦を築いたとも言える。

信長が合戦前夜、再三鷲津・丸根砦から火急の知らせが来ても、軍議も開かず「色々世間の雑談」に終始したのは、その役目が完了したからであろう。即ち、義元は信長の想定どおり、沓掛城から桶狭間周辺を通って大高城に入り、鳴海城包囲網への攻撃は、義元自ら陣頭指揮を取り、翌二十日以降となる筈である。いや、そうした敵情報も十八日の内に、翌十九日早朝の鷲津・丸根砦攻撃の知らせと共に信長の許に届いていたと考えられる。放っていた鳥見の衆、信長はこうした諜報員を饗団と呼んでいたようであるが、そうした者達から密かに信長の耳元に。

だが、織田方の諜報員からの報告を待たずとも、敵方からも情報がもたらされたようである。『山澄合戦記』によれば、「明十九日に丸根・鷲巣の両城を攻取るべきとの議定を、ひそかに丸根の主将、佐久間大学に告げ知らす者あって、大学これを聞き、直ちに清洲に注進す」とある。「告げ知らす者」とは、味方ではなく敵方の者である。即ち今川方に佐久間大学等とよしみを通ずる者があって告げ知らせたと云うものである。

かつて西三河一帯は織田方に味方していた国人衆も多く、大学のみならず織田方諸将と知己の間柄の者も少なくなかったであろう。そうした者達から知らせが届いたと思われる。

またその内容は、単に十九日朝の丸根・鷲津砦攻めだけでなく、翌二十日の中島等三砦攻撃の内容まで含まれていたと考えられる。即ち長軍議の主要な内容までもである。

また、刈谷の盟友水野信元から信長に直接入った可能性も考えられる。水野信元は、松平元康の叔父であった。元康幼少にしてその母於大の方は離縁されており、水野・松平間は敵味方となっていたが、元康の家臣岡崎衆の中には、今川義元を快く思わぬ者も少なくなかったようである。

『三河物語』によると、松平元康後の家康は、七歳からこの合戦まで約十二年間、質として義元の膝元駿府に住まわされていた（この二年前一旦帰郷して西三河を攻撃したものの、再び駿河に戻されている）。この主君が留守の間、岡崎衆は領地を削減されて、為に鋤鍬を持って農民同然の生活を送っていた。のみならず岡崎衆は三河諸城攻撃の常に先兵として利用されていたと云う。

これら岡崎衆の中には、主君元康の生母於大の方の兄、水野信元に心を寄せる者もおったと云う。こうした者から十八日の今川方の長軍議の内容が、信元の元に届いたとしても不思議ではない。単に鷲津・丸根砦攻撃の件ばかりでなく、十九・二十日の今川軍の詳細な行動計画についてもである。

ともあれ義元の行動は信長の期待どおりであった。そのことに信長は満足であった。もし信長が軍議を開けば、必ずや老臣どもから、すぐさま出陣するか救援部隊を送るべし、といった意見が出たであろう。信長にとって、鷲津・丸根砦の兵は見殺しにすることとなるが、それ以上の兵の損失は避けねばならなかった。いやそれ以前に義元本軍との主力決着を想定していた信長には、兵を割く余裕もなかったであろう。それ故信長は、軍議も開かず只々雑談に終始したのである。信長の心の内は機密の漏洩を怖れ、幸い敵が期待どおりの動きをしてくれている事に安堵し、うつけ振りを発揮して世間の雑談に終始したと考えられる。

要するに信長が五つ～七つの砦群で敵方二城を封鎖したのは、義元本人が確実に出馬してくること、そして間違いなく義元本人が大高城経由で鳴海城兵の救出に向うこと。義元本人が確実に出馬してくること、路を通過することであった。義元が田楽狭間付近で休息を取るべく工作も考えていたが、もし取らずに通過するのみであった場合でも、丘陵帯の山間をかい潜って追尾し、その途中に機会を見付けて義元本人を急襲する腹積もりも持ち合わせていたと考えられる。

以上要略すると信長は、義元が西三河を攻略している間、弟信行を誘殺し、信行と気脈を通じていた上四郡守護代織田信賢をも降伏せしめ、信秀織田家家中と共に尾張国を一統した。そして父の死後今川方に付いていた山口父子を反間の計を以て義元に討たしめた。

しかる後、突然上洛し将軍義輝に謁見し、のち京の町中を派手に練り歩き、海道一の弓取りとも足利家継承権を有すると云われてきた今川義元の自尊心等を触発させた。義元はこの挑発に載せられ、上洛の意志を堅め、七ヶ条の軍法と自領三ヶ国に伝馬の令を敷いた。

この伝馬の令や七ヶ条の軍法から義元が上洛ないしは尾張侵攻の意志を固めたことを知り、信長はより尾張国内の不安を一掃するため、上四郡の守護代岩倉城主織田信賢を攻め、国内から追放せしめてその城を破却し、信長一統の基にほぼ尾張一国を支配下に置いた。

そして義元が尾張侵攻の際、中島砦東方の丘陵帯で討ち取るべく、確実にこの方面から侵入するよう、鳴海・大高二城を砦群で以て包囲した。信長の戦力と胆力から言って、陥落でき得た二城であったが、ただ包囲するのみで決して本格的な攻撃を加えず、油断して義元が救援に駆けつけることを気長に待った。そして敵軍を内に抱えつつ軍を二手に分け、正面から攻撃すると見せかけてその実、山間潜行部隊が義元本陣を奇襲して総大将義元の首を挙げ、完膚なきまでに叩いた。

これが私の言う遠大にして容易周到な信長の戦略である。

# 第十章　緻密にして機略に富んだ戦術

## 一　孫子の「迂《う》直《ちょく》の計《けい》」

遠大にして容易周到な戦略のもとに義元の来尾を待っていた信長が、ではどのような戦術で義元の首を挙げたのか。即ち如何なる戦術を持っていたのか。義元討ち取りの具体的な経緯については、既に第八章信長の進軍経路と中央帯での合戦状況で述べてきたが、それが即ち織田軍の中央帯と北手山中潜行軍の二面戦が、決して偶然のものではなかったと私には考えられる。即ち、信長は早くから兵法に馴染み、その性格も剛胆にして繊細である。そうした信長の武将としての高い資質から考えて、戦術面でも緻密にして機略に飛んだ戦術を考えていたと思われるのである。

さて善照寺砦において、老臣達が引き止めるのも聞かず、何故信長は兵を二分したのか。信長には当初から兵を二分する計画があったとも推測できうるし、或いは又今川軍が中央帯中段に一防衛陣を構え、義元本隊が田楽狭間付近に休息しているとの報に接し、即座にある一計を思い立ち兵を二分したとも考えられる。

何故当初から兵を二分する計画があったと取れるのか。それは信長が、類希な戦術家でもあったからだ。何せ十六～七の頃から兵法を自ら学んでいたのだから、孫子の兵法には良く通じていたはずである。孫子の兵法始計編などはそらんじていたことであろう。「ソレイマダ戦ワズシテ廟算《びょうさん》勝ッ者ハ、算ヲ得ルコトオオケレバナリ。イマダ戦ワズシテ廟算勝タザル者ハ、算ヲエルコト少ナケレバナリ」、即ち勝つ者は戦う以前に既に多くの勝つ条件を備え（考え）ており、負ける者にはそれがないからだと孫子は云う。

兵法家は勝算なくば決して戦わないとも云っている。義元が所謂田楽狭間から桶狭間村辺りを通過する時刻を見計らって信長が善照寺砦に到着したのも、見合った条件の一つに合わせたものと言える。少数の織田軍が、多勢の今川軍の中から義元を見出し、必ず討ち取る算段で出立つしたものと思われる。即ち信長は、あらゆる勝つ方法を考えており、事前にその布石を敷いていたと考えられる。先に丘陵帯に幾つかの道を作っていたのではないかと推測を述べたが、孫子の兵法の理念を徹底して実践したとすれば、そうしたことも事前に考えていたと思われるのである。

又、兵を二分することも当初の計画の一つにあったとみて良いだろう。そしてこの兵を二分することは、中央帯進撃軍をおとり部隊として今川防衛部隊に宛て、義元本陣の油断を誘う為であったが、と同時に信長自身が中島砦に移り敵陣を見渡したことは、今川軍の様子を、即ち実際義元本隊が田楽狭間付近のどの位置に布陣しているかを、自らの目で見極めるべく周囲の反対を押し切って、中島砦に移ったと考えられる。

何れにせよ兵法に通じていた信長の取った最終的な戦術、要するに二面戦は、次のようなものであったと考えられる。

孫子の兵法に、「迂直の計」というものがある。迂直とは迂回奇襲戦のことで、「迂を以て直と為す」。即ち、正面の障害に邪魔されることなく、迂回しながらも迅速に行動し、時間的にはより速やかに目的を達成する計略のことである。強力な敵防衛陣を突破するのに時間と人的消耗を費やすより、それを避けて迂回することで結果的により短時間で敵中枢に迫る戦法である。

スペインを発ったハンニバルが国境付近から海岸線を避けてガリア地方（現フランス）の森林地帯へと進み、至難なアルプス越えをしてローマに迫ったのは、海岸線のローマ方都市国家軍の諸城を一つ一つ抜いていくより、より早く中枢ローマに迫れると考えたからである。ガリア地方の森林地帯を隠れ蓑として巧みに利用し、人事不能と見られていたアルプスを越えて敵の裏をかき、ローマ北部イタリア国境に迫ったものである。

藤本氏は、「迂回路を取って時間を浪費するのは愚の骨頂である」と述べておられるが、孫子の云う「迂直《うちょく》の計《けい》」は、逆に時間と人的損耗を少なくして敵中枢に迫り、勝利を得ることが可能な策戦である。そして洋の東西を問わず、義経やハンニバル（アルプス越えで人的損耗は多大であったが）、D・H・ローレンスのように、迂回奇襲攻撃が成功した事例は幾つもあるのである。

藤本氏はまた、吉田満氏著の「戦艦大和ノ最期」の次の一節を事例として、「連合艦隊司令部が迂回コースを命じたのに対し、艦隊側は『かかる小細工の余地なく、情勢逼迫せるは明らかなり。むしろ最短距離を直進するの直截なるにしかず』と明快に述べられている。小細工の余地のない状況に追い込まれたのは、信長も同じで、彼が義元一人を狙うのであれば、まさしく『最短距離を直進するの直截なるにしかず』なのである」と言っておられる。が、海戦と陸戦、太平洋戦争もその末期と、戦国時代とでは取り巻く状況が違う。

それ以前に藤本氏は、戦艦大和の事例を誤って解釈されているのではないか。そもそも戦艦大和の最期、いわゆる坊の岬沖海戦は、戦史叢書（日本防衛研究所編）始め関係資料によると、次のような情勢下にあって決行されたもののようである。まず、太平洋戦争末期のこの時期（昭和二十年四月）、サイパン始めグアムまでもが既に陥落し、フイリッピンに次いで沖縄も米軍の占拠するところであった。そして、米軍はグアム・サイパン等を基点に、東京・大阪・神戸・九州等日本全土に大空襲を盛んに行っていた。

既に日本軍は殆どの空母を失い、飛行機の数も極僅かとなっていた。即ち日本近海における制海権・制空権は既に米軍のものとなっていたのである。

こうした折、突如戦艦大和に出撃命令が下った。昭和二十年四月五日のことである。目的は沖縄へ進出し、艦上から米軍を攻撃するというものであった。しかし、当初艦隊を率いる伊藤整一中将他参謀・艦長等が猛反対したが、連合艦隊参謀長草鹿龍之介中将の「どうか一億総特攻の先駆けとなって欲しい」との一言で意を決したという。

伊藤中将等が反対した事由は、既に日本近海の制海・制空権が米軍に握られている中、沖縄へ到達するのは至難の業で途中米航空部隊の攻撃を受け、撃沈されることは目に見えていたからである。太平洋戦争に突入する以前から、既に戦闘形態は戦艦対戦艦ではなく、空母艦による航空決戦が主流となっており、戦艦大和等の大型戦艦は時代遅れのものとなっていたのである。加えて制海・制空権を米軍に握られていた中、戦艦大和の出撃はわざわざ死地に飛び込んでいくようなものであった。まさに草鹿中将の言葉にあるように、一億総玉砕の先駆けとなって散りに行くようなものであり、事実そのとおりとなった。

そうした背景の中翌四月六日午後六時、戦艦大和は山口県徳山湾を出港した。陸軍参謀本部の命により、豊後水道から日向灘を通って鹿児島湾沖を西に迂回し、坊の岬を通って更に西進し、東経百二十八度線に沿って南下した。しかし六日夜、艦員誰しもが予測していたように、既に豊後水道通過の時点で米潜水艦に補足されていた。翌七日午前中から敵索敵機にも補足され、正午過ぎから坊の岬辺りで米機の大襲来を受け、その日の午後二時過ぎ坊の岬沖で約四百からなる米軍機の猛攻に遭い、敢えなく撃沈された。

幾ら迂回や蛇行を重ねたとしても、遮蔽物のない大海原の中で敵の目を誤魔化すことは不可能な状況にあった。すでにこの時期、日本の敗戦は決定的で、大和の巨艦を以ってしても戦局を転換することは不可能であることを艦員たれしもが知っていた。

藤本氏が指摘された『かかる小細工の余地なく、情勢逼迫せるは明らかなり。むしろ最短距離を直進するの直截なるにしかず』とは、いまさら迂回するなど小細工をしても仕方がない。捕捉されるのは目に見えているが、万に一つの望みを託し、沖縄目指して直進すべきである。そうした気分の中での言葉であったと考えられる。

従って迂回奇襲戦の全てを愚作として否定した言葉ではない。自分達のいま置かれた状況の中での迂回や之ノ字航海の無益を吐露したものである。

一方信長には敵の盲点を突く林間があった。緒戦でもあった。小細工ではなく、敵を欺く高度な戦略・戦術も持っていた。そうした相違を見極めるべきである。陸海戦の相違、時代的背景の相違に加えて、合戦前後の状況も違う中での艦隊側の先の言葉は、孫子の云う「迂直《うちよく》の計《けい》」を否定する論拠にはならないのである。ただ、時と場合によっては多少の人的損耗は顧みず一気呵成に攻撃することによって、短期に勝利を得る場合もあるであろう。

戦術的に見てこの「迂直の計」は、飛行機やレーダー等の機器が不充分な近代戦半ばまでは有効な戦術であったのである。だが、信長の取った戦術は、単なる「迂直の計」ではなかった。ある意味繊細で、他の迂回奇襲戦のような大きな領域で行われたものではなく、極めて狭小な領域で行われた「迂直の計」であった。しかも迂回奇襲部隊ばかりでなく、正面からの部隊との連携の基に行われた奇襲戦であった。それ故単なる「迂直の計」ではなかったと言える。その詳細は次のようなものであった。

## 二　孫子の基本戦術「兵は詭道《きどう》なり」と信長の「直迂《ちょくう》の計《けい》」

孫子の兵法には又、「兵は詭道なり」というものがある。「正に合して奇を以て勝つ」、即ち戦いとはそもそも騙し合いだと孫子は云うのである。如何に相手を騙して戦いに勝つか、兵法の基本的理念としている。信長の作戦は、まさに孫子のこの基本中の基本たる戦法に基づくものであったと考えられる。それ故に敢えて信長は、善照寺砦で兵を二分し中島砦へ移ったのであり、まさに桶狭間の合戦は高度な戦術に基づく奇襲戦であったと言って良い。

信長の取ったこの戦法は厳密には「迂直の計」であるが、孫子の云う「迂直の計」は遠く山中などを迂回して敵の横合い又は後方から突くものであり、また二面戦ではない。

信長は山際から多少北に迂回はしているが、他の迂回奇襲戦のように大きく迂回したり、一見人事不可能な山岳や沙漠を越えたものではない。そして二面戦を取っていることから孫子の云う「迂直の計」とは区別し、「直迂の計」（筆者の造語　直接攻撃すると見せかけて迂回奇襲で攻撃し、敵を討ち取る）と呼ぶこととする。

この戦法は、ボクシングに例えれば次のようなものである。敵が正面で防御するのを前提として、ジャブ程度に右ストレートを幾度も繰り出す（懸からば退け。退かば引っ付くべし）。敵が顔前をガードするその瞬間、左フックを側面から見舞ってノックアウトする。そうした戦法であった。

実際にはこの信長の「直迂の計」は、僅かながら迂回はしていた。そうした意味では厳密には「迂直の計」に属するものと言わねばならぬであろう。ただ、「迂を以て直と為す」というより、「正に合して奇を以て勝つ」方に信長が重心を置いていたと思われるため、敢えて私はそう区別したい。そして先に述べた中島砦に移ろうとした時、信長が抱いていたある一計とは、まさにこの「直迂《ちょくう》の計《けい》」であった。

では中島砦から中央部隊と共に進発した信長が、実際どのようにして山間潜行軍に移動し、義元本陣に迫ったものか。概要は先に述べたとおりであるが、詳細について更に考察すると、山際を登り上がったところで信長は、この二千に見たざる兵を一将に託してゆるりと前進させ、自らは七〜八人程の小姓・大人衆を連れて左手の山中へと入っていった。幸い雨が西から東向きに降っていたからなおの事、その先約一キロの今川防衛軍に気づかれる事はなかった。雨が降っていなかったとしても、二千程の中から僅か七〜八騎が山間に逸《そ》れたとしても、気づかれる事はなかったであろう。

そして信長等は坊主山（現坊主山公園）の西手山裾を北に進み、現緑区細根にある天満宮下辺りに向かった。旧陸軍参謀本部図によると、この現天満社と現天満宮の間に、なだらかな傾斜地があり、坊主山や天山（現天満社）の陰になって、鳴海城以外の鷲津・丸根からも、有松付近からも見えない部分となっていた。旧鎌倉街道を進んだ今川支隊が、扇川を越えぬ限り（現鳥澄一丁目付近）は、彼らからも見咎められる事はなかったであろう。結果的に信長の奇襲戦は成功したのだから、天満宮の峰や姥子山の陰になってどこからも見咎められる事はなかった。

信長率いる新たな部隊、謂わばこの部隊が織田本隊であるが、中央帯から北手に僅かに二〜三百メートルそれた山間を、小高い山を登り降りしながらほぼ直線的に東に進んだ。この間、中島砦で「懸からば引け、退かば引っ付くべし」と命ぜられていた中央進撃隊は、ジャブ程度の進退を繰り返し、勝つことも負ける事もなく、今川防衛部隊をこの中段に釘付けにしていた。

信長率いる織田本隊約二千は、一団あるいは数隊に分かれて現鳴海団地グランド前辺りを経て姥子山四丁目若しくは太子二丁目辺りに向かって進み、大将ヶ根山麓に至る。このコースをほぼ直線的に進むと、幾度か山を登ったり降りたりを繰り返す。その日信長の馬丁を勤めた大老人の、「馬を山に乗り上げたり乗り下ろしたり」したと云う回想と符合する。

先に述べたとおり、中央帯で最も稜線の低い有松付近でも、十〜十五メートルの壁ができていた。尚かつ青葉茂れる盛夏であるから、木々の青葉に隠れて見咎められる事はなかったであろうし、何より今川防衛軍は中央帯を前進してくる織田支軍に気を取られていた。そして一見今川軍優勢の戦闘が繰り返され、義元本陣へは「織田軍恐るるに足らず」と云った報告がなされ、義元は益々勝利の美酒に酔いしれていた事であろう。

一方織田本軍は旗指物や幟を一切着けず、馬には猿轡をはめて行軍したと思われ、何処からも気づかれる事なく義元本陣へ接近することができた。もしや信長は自分の旗印を、中央帯進撃部隊の一将へ託していたかも知れない。あたかもその中央帯に信長がおり、督戦していたかのように敵味方の兵双方を欺く為に。

それは私の余計な推測に過ぎぬかも知れないが、信長は、太子ヶ根の傾斜地で軍勢を揃え且つ休息を取りながら、約三百メートル離れた田楽狭間に布陣する義元陣所を、十数分間注意深く見つめていた。幾つかの陣幕の内どの陣所に義元がおるのか、確《しか》と見定めるべく、雨後の狭霧が晴れて見通しが立つまでじっと信長は待った。

信長には遠大にして且つ緻密な義元迎撃作戦が早くから練られており、その作戦遂行には細心の注意を払いつつも、大胆に実行したと言って良い。万が一にも敵に悟られたら、逆にこの山間潜行軍は、今川本隊の待ち受けるところとなり、包囲されて討死したのは信長の方となっていたであろう。そう考えると信長のこの作戦は極めて繊細且つ大胆なものであったと言えるだろう。義経やハンニバル、ロレンスのように、進軍した時期もその経路もほぼ完全に伏せて敵中枢に迫り行けたのとは異なり、信長は敵前面でしかも狭小な地域でそうした展開をせねばならなかったからである。

もしこれが、旧陸軍参謀本部の描いた遠く迂回奇襲戦であったなら、例えば野並で南下せず直進し、北方を迂回して平手辺りから丘陵帯に入ったとするなら、鎌倉街道辺りで今川支隊の目に入り、奇襲戦は不成功に終わった可能性が高い。

今川軍は当早朝鷲津・丸根砦を落とし丘陵帯南手の地制権を得た。中央帯中段にも防衛部隊を置いてほぼ丘陵帯を制した。だがその北手丘陵帯への警戒を怠った。と言うより、信長は善照寺砦へ進出した織田軍の総員数を秘匿しつつ、中島砦から中央帯へ二千に満たない兵を繰り出し織田本軍のように見せかけた。しかもその織田軍の戦い方は、今川軍が攻めれば退き、退けば追ってくる、又攻めれば又直ぐ退却する。今川軍にとって織田中央軍は小蝿を払うようなものであったろう。警戒を怠ったというより、そうした織田軍を惰弱と今川軍に見せかけた信長の心理戦に翻弄されたものと言って良いだろう。

義元は後方に陣していてその報告を受けて、翌二十日大高方面から一気に鳴海城包囲の織田方砦を払うべく満悦して舞さえ舞って酒食していた。獲物は人気を全く気にせずに餌を啄んでいた。これが信長が描いていた義元という大鳥の狩りの方法であった。

そしてこれがまさに、孫子の兵法「正に合し、奇を以て勝つ」と「迂直の計」とを組み合わせた、それも敵前面にして可成り狭い領域の中で展開したのであるから、信長による大胆にして繊細・頭脳的な奇襲作戦であったと言えるのである。

# 第十一章　藤本氏の正面衝突論の虚実と近年の桶狭間合戦論

## ＝二つの古戦場跡地

# 一　藤本氏の正面衝突戦論の大要・太平洋戦争を事例とすることはよろしいのか！

さて著者は、織田・今川両家の永い確執から合戦当時の畿内・今川・織田両家を取り巻く政治的諸情勢、早くから兵法に馴染み政治性にも人心操縦術にも長けた信長という人の人間性や武将としての高い資質、それらを描きつつ実際合戦に従軍し自由な立場で後に書かれた太田牛一著の『信長公記』を中心として今川家の判物や当時京・尾張の寺院で書かれていた日記類・並びに約一世紀後に研究考察された地元尾張藩士の合戦記等を総合的に勘案考察し、第一章から十章に渡って縷々この合戦の真相に迫ってきた。その結果は言うまでもなく、この合戦は信長の用意周到にして機略に満ちた中島砦発の直迂奇襲戦であったと結論付けた。

ところで第一章冒頭に、従来定説と信じられてきた北方迂回の奇襲戦に対し、約三十年前藤本正行氏が異議を唱えられ、中島砦発の正面衝突戦という新説を説かれた。以来ここ三十年の間中島砦発の正面衝突戦による桶狭間合戦論が定着化しつつある、と紹介した。

藤本氏が太田牛一著の幾つかの『信長公記』を研究され、信長が二千に満たない兵士を率いて、善照寺砦に移った事に気づいて、北方迂回の奇襲戦の神話を作り上げげたのは、『信長公記』をアレンジして小説風に描いた小瀬甫庵の『信長記』と、明治になって良く検証することなく『桶狭間の役』を表した旧陸軍参謀本部であると説かれたことは敬服に価する。

けだし、藤本氏の説かれる「山際」以降の織田・今川軍の動きや理論展開は正しいのか。藤本氏の『信長の戦争』「信長公記に見る戦国軍事学」の「第一章　桶狭間合戦――迂回・奇襲作戦の虚実」を読んで、私は多々疑問を覚えた。

藤本氏の正面衝突戦の箇々の論点については、一部各章各論において取り上げさせて頂き、その実態を確たる資料に基づき反論させて頂いてきた。

ここでの問題は氏の大筋での論拠と論理展開である。氏は、桶狭間の合戦を北方迂回の奇襲戦として神話化させたのは、旧陸軍参謀本部の「桶狭間の役」であるとして、太平洋戦争で日本軍は幾度も奇襲戦を試みてその殆どが失敗に終ってしまっていると言ったように述べ、そもそも日本軍が参考とした桶狭間の合戦は奇襲戦でなかったと述べられている。そして「桶狭間の合戦を奇襲戦として扱ったものは無数にある。けれども、それらの中で信頼するにたる史料に基づいて、現実に奇襲が行われた事を立証したものは一つもないではないか」と言いきっておられる。そして、ことごとく失敗に終わった大平洋戦争における奇襲戦の例や戦艦大和の最期を事例として奇襲戦を否定し、この桶狭間の合戦を正面衝突戦として論じておられる。

即ち、家老達の反対を押し切って中島砦へ移った信長は、そこから東の丘陵帯山裾に布陣していた今川前軍を労兵と見誤って、まず二千に足らざる織田兵を引き連れ攻撃を仕掛けたとしている。偶々その前軍が総崩れとなって潰走し、今川本陣を掻き乱した。今川義元は「金持ち喧嘩せず」で、三百の旗本衆に囲まれて組織的な退却を行ったとしている。それを追撃していった織田軍が偶々義元の首を挙げる事ができた。それ故桶狭間の合戦は、義元一人の首を初めから狙った奇襲戦ではなく、織田・今川本軍同士の「正面衝突戦」であり、義元の首を挙げる事ができたのは偶々の事であったとしている。

更に氏は、『太平洋戦争で奇襲戦を試みた日本軍は悉《ことごと》く失敗に終わったではないか。では何故日本軍と似た立場にいたにも拘らず信長は、全く敵に察知されずに迂回して、タイミング良く奇襲に成功したのだろうか。その唯一の理由は、桶狭間の奇襲戦が現実的ではなく、完全な創作だからであるとしている。

確かに氏が言われるとおり、正に今日を以てしても、確かな資料に基づいて奇襲戦であった事を立証したものは見当たらないようである。が、私の論じてきた直迂奇襲戦もまた、想像の域を超えないものだろうか。著者としてはより真相に近い論拠に基づき、どの資料にも描かれていない部分は推測であるが、全体的には整合性が取れ、無理なく『信長公記』の描く合戦状景に基づくよう配意し、理論展開した積もりである。が、藤本氏の反論を頂く事となるかも知れない。

しかしその以前に、藤本氏の論拠は確かなものなのだろうか。氏の論理展開の根本的疑問点、その第一は次のようなものである。

第一の問題点　氏の論理展開は、しばしば後世の太平洋戦争の事例を挙げて行われている。先に否定させて頂いた戦艦大和の事例や、失敗に終わった幾度かの奇襲攻撃戦（ガダルカナル戦と思慮される）等である。要約すると、日本軍は旧陸軍参謀本部の『桶狭間の役』に習ってしばしば奇襲戦を試みた。だが、悉くその奇襲戦は失敗に終わっている。それは何故か。その事由は「日本軍と似た立場（武器や員数で劣っていた＝渡辺注）にいたにもかかわらず、信長は全く敵に察知されずに迂回して、タイミングよく奇襲戦に成功したのであろうか。その唯一の理由は、桶狭間の奇襲戦が史実ではなく、完全な創作だからである」と言われる。

又、「迂回による奇襲というのは、いかにも戦術の妙といったところがあるし、成功すれば効果が大きいから、外国にも例はあるが」と言いつつも、日本軍の迂回奇襲戦の不成功を強調されると共に、戦艦大和の例を挙げているところをみれば、奇襲戦という戦術をあたかも愚策であるかのように否定されている。

氏は、奇襲戦は一旦敵に見咎められたら終いであるとも言われている。確かに奇襲戦は敵に見咎められたら終いである。そうした表裏を持った戦術ではある。然し、太平洋戦争を事例として前近代的戦国期の合戦を同一次元で論ずることは差し支えないものか。歴史界においては、後世の事跡を以て前世の事跡を論ずることは、半ばタブー視されておるとの事だが、それは良いとして、氏の太平洋戦争を以て桶狭間の合戦を論ずる事はよろしいのだろうか。

即ち、具体的には耳目による情報収集以外に手段のなかった前近代戦と、レーダーや無線機、飛行機等の情報収集機器の存在した（発展途上であったが）近代戦争を、同一次元で比較論考して良いものだろうか。

氏の正面衝突戦論の基本は、太平洋戦争で悉く失敗に終わった太平洋戦争を事例として上げ、それは創作として作り上げられた桶狭間合戦の奇襲戦に習ったためとされている。

氏の論理に基づけば、桶狭間合戦のみならず、義経の鵯越えや四国迂回の屋島奇襲戦も、はたまた毛利元就の厳島奇襲戦やハンニバルのガリア（現フランス中部）密林潜行・アルプス越えのイタリア侵入（塩野七生氏「ローマ人の物語・ハンニバル戦記」より）も、更にまたアラビアのロレンス等の灼熱《しゃくねつ》砂漠越えの縦断アカバ湾奇襲攻撃（T・Eロレンス・智慧の七柱より）も、全てはなかった事になる。氏の論理に基づくと、これらの事も皆後世の人々の描いた想像の出来事となってしまいはすまいか。

何故なら、彼らは信長同様、員数や武器において圧倒的に劣勢に立たされていたもので、人跡未踏の自然界や敵の盲点を巧みに掻い潜って勝利を得たものである。巧みに人知不能な自然界を克服しての迂回奇襲をし、又は知略を以て籠絡し、数倍の敵を倒し、勝利を得た点では信長と同じだからである。（それともこれらも桶狭間合戦同様、全て後世の人々が創りだしたフィクションに過ぎないのだろうか）

自然界を巧みに利用したり、敵を徹底的に籠絡し、奇襲戦が成功した事例は他にもあるだろうが、時と場合によって実に有効な戦術であると著者には思われる。

ところで藤本氏の太平洋戦争に関する認識に問題はないものか。では『日本戦史・桶狭間の役』と太平洋戦争との関係はどのようなものであったのか。私の解釈は次のようなものである。

## （一）旧陸軍参謀本部の作戦立案と「日本戦史・桶狭間の役」について

確かに旧陸軍参謀本部は、明治三十一年「桶狭間の役」について考察し、種々の記述を編纂している。そして、桶狭間の役は、信長が善照寺砦を最終基点としてその北方を迂回し、義元本陣を奇襲して義元の首を挙げたとしている。しかし、その冒頭に「本役の記事、従来の史乗異同甚からず、世の称して信書と為す者も叉錯誤あり。因て本編の記述は、帝国大学の編年史料を始め、数十種の材料に就き参互較量、之を地理と口碑とに徴し、尚当時の兵略及び戦術に稽《かんが》へて長短を取捨し、勉めて実際に近しと信ずるものを採れり」と言っている。

要するに、桶狭間の合戦については幾つもの説があるが、それらを比較検討し、周辺の地理を精査し、そうした地理的要素や口伝等も考察して取捨選択し、最も真実に近いと思われるものを採って北方迂回の奇襲戦と結論付けた、と云うものである。斯々然々《かくかくしかじか》であるからこの説の方が真実に近いとか、それは現実的にあり得なかったであろうと、詳細且つ深く考究したものではなかったと言っているものである。

この「桶狭間の役」は、約百八十頁から成っているが、直接桶狭間の合戦に関する参謀本部の論説は十数頁で、また幾多の古文書を載せてはいるが、直接桶狭間の合戦に関するものは十数編に留まり、然程に関係のない徳川家家臣達の他の合戦に関する記述の方が多いようである。

要するに旧陸軍参謀本部の「桶狭間の役」は、それ程深く研鑽されたものではなく、実戦の教材として活用できうるものではなかったと考えられるし、又次に述べるように、実戦の教材としてはいなかったであろうと考えられる。(旧日本陸軍参謀本部作成の桶狭間合戦図は、未だ開発の手が着かぬ明治三十年頃に測量して作成されたもので、桶狭間の合戦を考える上で大変参考になった。=参考資料として巻末に添付)

## (二) 太平洋戦争における日本軍の作戦とその実態

日本軍が太平洋戦争に踏み切った時、その作戦立案書には、必ずと言って良いほど全ての条項の末尾に「機会あれば奇襲を行い、これを撃破する」という文言が付いていた。しかしこれはうたい文句のようなもので、当初から奇襲戦を作戦立案していたものではない。特に日本海軍は、バルチック艦隊を堂々の海戦で打ち破った日露戦争以後は、巨艦主義に走り、しかも対米戦でも当初は日本近海に迎え撃つという、正面衝突戦を構想していたものである。(防衛研究所編纂・戦史叢書より。以下太平洋戦争に関するものは同書による)

幸か不幸か、日米開戦も已むなきに至った山本五十六は、昭和十六年十二月真珠湾を奇襲(宣戦布告前の攻撃を奇襲戦とは位置づけられないが)を以て先制攻撃し、二〜三年は有利に展開することを狙って米国との開戦に踏み切った。

では太平洋戦争において日本軍は、奇襲戦は行わなかったかと言うとそうではなく、日本海軍は奇襲は奇襲でも夜戦を得意としており、その訓練を行っていた。その結果、後のガダルカナル島第一次ソロモン海戦においては、見張りの兵が肉眼で夜陰約九千メートル先に敵艦影を発見し、米重巡洋艦四隻撃沈、同一隻大破という戦績を挙げ、夜襲戦に成功していた。

ところで、藤本氏が言われる失敗に終わった日本軍の奇襲戦とは、主にガダルカナル島（以後ガ島と記す）における陸地戦を指しているものと思われるが、なるほど全てが敵に察知され失敗に終わっている。だがこの日本軍の奇襲戦は、基本的には海軍同様夜襲攻撃であり、そこに至るまでの行軍等はやむなく迂回潜行したもので、計画的に迂回潜行したものではない。それ故に決して信長の作戦（直迂奇襲戦＝二面奇襲戦）と同一に論ずべきものではないと私は考える。

さて防衛研究所編纂・戦史叢書を読む限り、ガ島戦の概要を述べると次のようなものであった。ミッドウエー海戦に敗れた日本軍は、南太平洋の制空権を確保すべくガ島に飛行場を建設した。その飛行場ができるや否や、米軍に略取されてしまった。米軍は早くから島民を味方に付けて情報を得て、飛行場の完成を待っていたのである。日本軍は、それら島民の情勢も把握せず、せっせせっせと造り、結果米軍の為に飛行場を建設したようなものであった。しかもこの飛行場建設に当たった兵員は約二千人程度で、内警護の兵は僅か二百人程であったと云うから、大変お粗末な作戦であった。日本大本営部は、米軍の情勢はおろか島内地理・島民情勢等も全く把握せずに、南洋の孤島に飛行場を建設すれば、劣勢を挽回できると安易に考えていたのであった。

その後の作戦もお粗末であった。これを奪還すべく、まず一木支隊先遣隊千人がガ島に送られた。彼らは飛行場から東に約三十キロ先のタイポ岬に上陸した。ここから海岸線に沿って進んだが、制海権も制空権も米軍に握られていたため、米軍の察知するところとなり、夜襲を仕掛けたが飛行場のはるか手前で迎撃され全滅してしまった。

彼らが与えられた地図は、海洋の中に島の輪郭のみが描かれた海図一枚のみであったという。また米軍は高々二千人程度と聞かされていたが、実際駐留していた米軍は二万人程もおり（大本営は戦後知ったと云う）警備を厳重にしていたのである。

次いで川口支隊五千四百人が一木支隊同様タイポ岬に上陸した。川口支隊は一木支隊の轍を踏まぬよう、最初から島内陸部を潜行することとなった。だが一木先遣隊同様、島内の地理も情況も全く知らず、河口支隊の立てた作戦は、「行軍即索敵、即攻撃」という苦肉の策であった。

しかし是も米軍が察知して、飛行場手前稜線に防衛基地を設けて待っていた。それと知らず河口支隊は夜襲を懸けようと迫ったが、照明弾をさんざん打ち上げられて機銃射撃され、千人以上の死傷者を出して大敗した。

それでも員数が多ければ決して負ける筈はないと過信していた大本営は、今度は第二師団一万余人を送り込んだ。この第二師団は、飛行場から西手約三十キロ手前に上陸したが、行軍は河口支隊同様、島中央部の山岳地帯、しかも道なき道のジャングル地滞を潜行せざるを得ないものであった。回顧録によると、ジャングルを切り開いての直線行軍のため、山を登ったり谷に下りたりの行軍で、十日を掛けて飛行場へ迫った。時折敵機が飛来するため、日中でも煙を上げられず十分な食事もできず、又熱帯病に罹った者も多く、目的地についた時は既に疲労困憊の様態であったという。もっとも出発時に与えられた食料は僅か六日分だけであったというから、戦場地に到達する前に食糧難をも来たしていたのである。

この戦いも飛行場の背後及び東西三方から夜襲を仕掛る計画であったが、横の連携が取れず、バラバラの攻撃となった。それ以前に米軍の待ち受けるところとなり、二〜三千人の死者を出した。この時既に米軍はマイクロフォンを開発しており、飛行場手前の密林地帯に多数仕掛けていたという。そして僅かなもの音や会話をキャッチし、その音の方向へ機関銃を乱射してきたという。

対して日本軍は、密林潜行のため重火器を携帯できず銃剣のみであった。それでも果敢に突撃を繰り返したが、米軍の猛反撃により多数の死傷者を出す結果となった。とても米軍の相手ではなかったのである。又生き残った者は、もと来たジャングルを逃げ帰る外はなかった。だが、食糧を切らしていたため、今度は彼らに飢えと熱帯病が襲い懸かってきた。ジャングル内で命を落とした者も多く、死線を彷徨いつつも幸い帰還でき得た者は僅かであったという。

その数日後日本軍は、第十八師団と食糧を十一隻の輸送船で送ったが、途中空爆を受けて六隻撃沈、操舵不能一隻となり、四隻が辛うじてガ島へ乗り上げた。しかしそれも米艦船からの砲爆撃を受け、物資の大半が炎上し、以前に増して食糧不足を余儀なくされた。その後も制空・制海権を米軍に握られており、物資の補給ができなかった。斯くてよく云われるように、ガ島は餓島と化していったのである。このガ島戦で、日本軍は飢えと熱帯病で約二万人の兵士を失ったと云う。

島内の地理も敵情も全く解らずの無謀な行軍、尚かつ察知されていたことさえ知らず、夜襲を幾ら仕掛けても成功するはずはない。仮に最初の一木支隊が成功していたと仮定しても、同じ方法で二度もやられる者はいないだろう。敵はまた夜襲・奇襲で来るだろうと警戒を厳にし、対策を講ずることはほぼ目に見えている。それが米軍の仕掛けたマイクロフォンであった。奇襲戦も夜襲戦も、藤本氏も指摘されているように、敵に察知されたら終いである。義経やハンニバル、ロレンス等のように、凡そ人事不可能と思われる自然界を計画的且つ迅速・秘かに克服するか、毛利元就や北条氏康（川越夜戦）そして信長のように、徹底して敵を籠絡して、油断仕切った所を襲って初めて成功するものである。日本軍のように、地理も敵情も知らず、且つ戦意旺盛な敵を単に闇を利用して勝とうなどとは、虫の良すぎる話であった。

従ってそうした日本軍（陸軍）の稚拙な夜襲戦と、信長の高度な戦略に基づく奇襲戦とは比較すべきでないと考えられる。桶狭間の合戦が信長による如何に高度な戦略・戦術に基づくものであったかは、先に記したように実はいの一番に『信長公記』が物語っているのである。（信長の戦略・戦術が如何に緻密で頭脳的であったかは、第十章において述べてきたとおりである）

こうした事から、信長の用意周到にして緻密な計画の基に行われた奇襲戦と同一視することはナンセンスであるし、そもそも日本の戦国期の戦闘と、近代戦を同一視点で論ずるのは問題があると考えられる。藤本氏は、「飛行機も無線機もない戦国期、信長が敵状も知らずに義元の所在が解るはずもなく、奇襲攻撃を仕掛けても成功する筈はない」と言われるが、私は寧ろ逆だと思う。反って飛行機やレーダーが存在しなかったからこそ、盲点を突いて奇襲戦が成功し得たのである。そうした情報機器の発達した近代戦では、敵に全く気づかれずに接近し、奇襲することはより困難になってきたと考えられるからである。まして偵察衛星の発達した今日では、テロ攻撃は別にして集団戦による奇襲戦はより一層至難な技であろう。

## （三）「金持ち喧嘩せず」や「多大な経済的負担について」

当時の戦国大名や国人衆が、本当に「金持ち喧嘩せず」や「長期の遠征や城攻めには多大な犠牲を伴う」といった観念を持っていたのだろうか。喰うか喰われるかの戦国当時の武将が、それも一年以上も前から計画立案し大軍で押し入った者が、本当に『金持ち喧嘩せず』と言った事由で簡単に兵を引くだろうか。自ら約五千の本軍兵を引率していた義元が、僅かに三百人たらずの旗本衆に囲まれて逃げる様を、果たして組織的退却と言えるのだろうか。

又氏は、「だが、これまで着実に所領を拡張してきた義元が、たとえば、信長の居城清洲を力攻めをするような無理をしてまで、織田家を倒そうとしたとは考えにくい。遠征の長期化は経済的に大きな負担となるし、無理な攻撃には大犠牲がつきものだからである」と言われる。氏は度々経済性を重視される。確かに城攻めには多大な犠牲や武器兵粮等経済的負担を伴う事は言うまでもない。が、当時日本全国で群雄割拠し、下克上の激しい合戦が繰り広げられていた。その戦い方は、武力・調略・謀略等様々あるが、力尽くで城攻めを行い、城主を放逐して領地の拡大を図った合戦も決して少なくない。

隣国武田信玄は、生涯主な合戦でも七十二度闘っている。内城攻めは四十二度に及んでおり、内少なくとも二十六度は完勝。完全な敗北は安曇小岩岳城只一度、他は引き分け又は結果不詳であったとの事である（以上学習研究社・戦国合戦大全・武田信玄の戦いより）。後北条氏や上杉謙信なども、長期遠征をし、幾度も城攻めを行って図版の拡大を図っていた。又『信長公記』によると、信長の父信秀は、尾張国内に頼み勢をして美濃稲葉山城を攻めた。城下を焼き払って引き退く際、斎藤道三の追撃にあって「歴々五千人計り討死也」と云う大敗を喫した。がその三ヶ月後、「尾張の者は足も腰も立つ間敷く候」と斎藤道三が織田方大垣城を攻めに行った時、信秀は再び国内に頼み勢をして稲葉山城攻めを行っている。流石に道三も驚き、急遽兵を戻したと云う。当時の武将達は、一々経済的損得など時に度外視して、荒々しく闘っていたのである。

因みに信玄が信濃攻略に向かう際、甲斐国人衆に対し、「信濃を手に入れた暁には相当な地を与えよう」と約束すると、国人衆は喜々として付き従っていったと云う（戦国武田の城・中田正光氏より）。戦費など屁とも思わず戦っていたようである。経済的負担や時に生死をも顧みず、果敢に戦ったようである。多大な犠牲を払っても力攻めをし、領土を拡張した方が、時により多大な経済効果を生むからである。当時の経済基盤である領土の増大ある。義元が信長を倒し、尾張一国四十数万石を自領地とした場合、その経済的効果は計り知れぬものがあったであろう。

また、仮に五~七砦を攻め落とし、大高・鳴海二城を解放したとしても、帰国した後に再び信長に攻め落とされぬという保証は何処にもないのである。義元としては、完膚なきまでに信長を叩き、その領国を図版に組み入れねばならなかった筈である。信長もまた然りで、義元を完膚なきまでに叩かねばならなかった。

## (四)武功夜話の中の桶狭間の合戦、「唐芋」は当時存在した

武功夜話そのものを私自身まだ良く読んでいないので、大変おこがましいが、共に偽書とされ、藤本氏の正面衝突戦論を強く推奨されている鈴木慎也氏に特に一言申し上げたく取り上げる事とした。

藤本氏等によると、『武功夜話』とはそもそも当初からあった名称ではなく、「南窓庵記」とか「何々記」といった前野小右衛門(後の豊臣家大名前野長康)一族の記述や語草《かたりぐさ》を、昭和三十六年伊勢湾台風の折、小右衛門が兄の末裔・吉田家から発見された物で、吉田蒼生雄氏が全訳されたものである。これらを『武功夜話』という名称にして昭和六十二年に刊行された。

これらの書は、前野家一族を中心とした記述であるが、信長・秀吉に係わる歴史的色彩を帯びた記述が多く、且つ正史(『信長公記』等)には見当たらない詳細な記述が多くあり、正史の補完的資料と称賛する歴史家もいる。一方藤本氏始め歴史家の中には、疑問の点が多く後世の人の創作が加えられているのではないかとして、故に偽書だと言う人もいる。

さて、これら「何々記」として多数書き置かれた書は、一人の作ではなく、前野小右衛門自らが書き残した物やその兄孫・九郎雄吉《かつよし》の言い伝えをその子雄善《かつまさ》が聞いた話として、又更にその子の雄擢《かつかね》が書いた物と、雄善《かつまさ》の孫の千代女が書いた補伝等があって、それらの内容に整合性が取れていないなど、かなり紛らわしいものとなっているようである。なお、これらの書は、あくまで前野家一族に係わる物で、門外不出として吉田家の土蔵深くに眠っていたものと吉田家では言われているようである。

詳しく調べたものでも、原本も読んでいない私が、ここで偽書・真書云々はできないが、藤本氏の書を読む限り、全てを偽書としてしまって良いものか、その論拠付けに疑問がないわけではない。が、こと桶狭間の合戦に限定して言うと、ただ一つだけ明確に申し上げる事ができる部分がある。それはこの当時、鈴木氏が完全否定している「唐芋」が存在したということである。

この「唐芋」が何故問題になっているかと言うと、この前野家文書の中の一つに、蜂須賀小六等が地元神官や村長達《むらおさ》に混じって今川義元軍を所謂田楽狭間に誘って、「唐芋煮付け」等を献上した。しかもその書き付けが残っていたというのである。

この書き付けの真偽が、蜂須賀小六等が今川本隊を田楽狭間に誘導したか否か、延いては桶狭間の合戦が正面衝突戦か奇襲戦かの真偽を糺すこととともなりかねない問題を孕んでいるのである。縷々述べてきたように、『信長公記』や今川家判物・その他の資料により直迂奇襲戦を述べてきた著者にとっては特に問題はないが、藤本氏等にとっては大きな問題であろう。この書き付けが正しいものであったなら、正面衝突戦論に大きな風穴を開ける事となりかねないからである。

氏等は、蜂須賀小六等が義元一行を田楽狭間へと誘い込んだ話が、後世の人が手を加えた偽書であろうと言われている。

その書き写しの品々とは次のような物だと云う。

「一　勝栗　一斗
一　御酒　十樽
一　昆布　五十連
一　米餅　一斗分　これは糠米にて
一　粟餅　一石分
一　唐芋　煮付け　十櫃《ひつ》
一　天干大根　煮〆　五柩分　」

さてこの中の「唐芋　煮付け　十櫃《ひつ》」について、藤本氏は「唐芋の煮付けに油断した義元」と題して、「見ず知らずの百姓風情の祝賀と献上品（永禄三年の尾張に、唐芋煮付けなどというものがあったろうか＝藤本氏注）とに気を許して、休息地がほしいから「木立茂りたる処へ案内仕れ」と命じたのは、いくら何でもひどすぎる」と言われる。

西三河を併呑し、飛ぶ鳥落とす勢いの今川勢におもねり、近郷の神官村長達が献上品を送ってもそれ程酷《ひど》い話ではなく、又、既に勝ったような気分でいた今川勢がそれを受理したとしても酷《こく》な話ではないと私には思われる。そしてその日は、古老の話にあったように極めて暑い日であった。気のゆるみと極暑に耐え切れず、義元等が休息を求めて案内させたとしてもそれ程酷な話ではないだろう。先に述べたように、義元一行は現に田楽狭間で休息し、酒食までして長い時間を過ごしていたのであるから。

藤本氏はまた、当時田楽狭間周辺は今川の勢力圏でもあったから、彼らが現場の地理に不案内だったはずはないと言われるが、果してそうであったろうか。今川勢で最も桶狭間に近い家康及び岡崎衆初め西三河衆は、前日大高に先行していた。家康家臣数名が義元本隊に従軍してはいたようであるが、果たして彼らの中に街道からしかも三～四百メートル入った先の隅々の地理まで熟知しておる者がおったろうか。

さて問題はそうした事ではなく、藤本氏のタイトルである。藤本氏が何故七品の内「唐芋」をタイトルに選んだのかである。タイトルに選んだ割には、文内に（　）書きで（永禄三年の尾張に、唐芋煮付けなどというものがあったろうか）とさらりと流している。当時は「唐芋」はなかったという事を逆に強調しているかのようである。

ただ藤本氏は、疑問符としており存在を否定はしてない。氏は存在した事を、もしかしたら知られていたのではないか。何故なら、タイトルを「唐芋の煮付けに油断した義元」としながらも、（　）書きでさらりと流しており、明確には否定していないからである。そして又、「唐芋」にルビを振らず、どのようにでも読めるようにしている。現代人の一般の人なら誰しもが「唐芋《からいも》」と読み、薩摩芋を指しているのだろうと取るであろう。そしてある程度の知識人なら、当時は確かに薩摩芋はなかったと答えるであろう。

さてこの「唐芋」の存否こそがこの書き付けの真偽を糺すものであり、蜂須賀小六等が義元をして田楽狭間に誘導したか否か、究極的には桶狭間の合戦が正面衝突戦であったか奇襲戦であったか否かを糺す根源的な問題（正面衝突論者にとっては）である。

当時「唐芋」がなかったとすれば、この書き付は後世の人の偽書として証明され、桶狭間の合戦が信長による奇襲戦であったことの一要因を否定できうるのである。いや「唐芋」の存否こそが藤本氏等にとっては、氏らの正面衝突戦論を脅かす重要な論拠となる可能性を秘めているのである。（「唐芋」の存否に拘らず、『信長公記』の中でもっと重要な物的証拠と情況証拠を挙げている私にとってはそれ程の問題ではないが、徹底的に解析するためにその存否についても調査した）

そうした重要な問題をタイトルに上げて置きながら、その存否については疑問符とする曖昧さはいささか私には理解できない。

さて一方藤本氏の盟友鈴木眞哉氏は、別本「戦国十五大合戦の真相」という本の中で、次のように明確に否定されている。

「献上物のリストも記されていて、その中には唐芋《からいも》（鈴木氏ルビ）の煮付けなどと言う物もある。これを見た農学部出身の知人が、当時の尾張に薩摩芋などあるわけもないと笑った。この一事を見てもわかるように、「武功夜話拾遺の語る桶狭間合戦譚は、まったくのこしらえ事にすぎない。詳しい事を知りたい方は、藤本正行さんが私と共著で出した『偽書『武功夜話』の研究』に記しているところをお読みいただきたい」と。

さて、確かに薩摩芋は、江戸中期（一七三五）青木昆陽によって全国的に普及されたもので、戦国期のこの時期この地域には薩摩芋はなかったであろう。

しかし、「唐芋」を「からいも」と読むとなかった事になるが、「とういも」又は「とうのいも」と読むとあったのである。国語大百科事典をご覧頂きたい。「とういも」と引くと、さつまいもの異名とも記されているが、「さといも」を長州や新潟県の一部、山口県や長崎県の一部では「といも」と呼ばれていたとある。

また同じく「唐芋」を「とうのいも」で引くと、さといもの栽培品種とあり、『御湯殿上日記に文明十五年（一四八三）八月四日「あんせん寺殿よりたうの御いもまいる」と例記されている。そして、「とのいも」と読ませて同じく「さといも」を指し、岐阜県益田郡・稲葉郡・滋賀県彦根・兵庫県加古郡・三重県松坂・度海郡等での呼称』と記されている。

さといもは米よりも古くから我が日本で栽培されておったようで、その呼称は全国的に地域によって様々の呼称で呼ばれていたようである。先の国語大百科事典の基となったであろうと思われる調査図がある（図書名忘失も茨城県立図書館蔵書より）。これは明治初期頃、全国的な調査を基に造られたもので、里芋についての図を見ると、当然国語大百科事典に乗っていた岐阜県益田郡等の外にも「とのいも」や「といも」「とうのいも」と呼ばれていた地域（新潟県・茨城県の各一部）も多々あり、愛知県北設楽郡辺りでは「とおいも」という名で掲載されていた。

今日では岐阜県旧益田郡・稲葉郡（両郡とも現各務原市《かがみはらし》）では「とのいも」とは呼んでおらず、「さといも」と呼ばれているとのことである。（元岐阜地方農業改良普及センター農学博士酒井貞明氏のご回答）が、少なくとも明治中期以前は、「唐芋」と書いて「とうのいも」又はそれに近い呼び名で呼んでいた地域があったのである。

なお酒井氏は、個人的立場で調査にご協力下さったもので、農業大辞典にもさといもの親子兼用品種の中に「唐《とう》いも」という呼称があり、一般的に使われている名称であるとお教え下さった。遡ること四百五十年前、さといもが「唐《とう》いも」又はそれに近い名称で呼ばれていた地域がもっと広かった可能性もある。時が経つに連れて、さといもとして呼ばれ、自然に淘汰された可能性も考えられる。殊にマスメディアが発達し、又流通経路の拡大した今日では、全国的にさといもの名が一般的呼称となってきたようである。

さて、蜂須賀小六の生まれ在所は尾張国海部郡蜂須賀村であるが、合戦当時は母の実家宮後村に寓居していたと云う。現在の愛知県江南市宮後町である。この江南市は、木曽川を挟んで岐阜県各務原市（旧益田郡）の対岸にある。そして蜂須賀小六と前野小右衛門は、木曽川流域を縄張りとする川筋衆の頭目的存在であった。そうした小六等が、献上品を「唐芋　煮付け十櫃《ひつ》」と記したとしても、なんら不思議ではないのである。さつま芋は蒸《ふ》かすか焼いて美味な物で、あまり煮付ける事はない。一方さと芋は煮付けてこそ美味なものである。この事からも、書付の品はさといもであった可能性が極めて高いと言える。

唐芋《からいも》とルビした書付を見せて、「当時唐芋《からいも》はあったかね」と問われれば誰しもがなかったと答えるだろう。鈴木氏の農学部出身の友人に大きな罪はない。ただ、素人の私でも「さつま芋」の煮付けとはおかしな物だ。他に何らかの意味があるのではないかと、唐辛子《とうがらし》や唐人《とうじん》に習って「とういも」とは読めぬものかと国語大辞典を紐解いてみた。その結果が右のようななぞを解いてくれた。いろいろと考え、徹底的に調査してみるものである。

さて本題に戻って、村人の献上品の中に当時は存在しない「唐芋《からいも》」があったとして、後世の人の「偽作」だと決めつける事はできない。真実への探求者はこの事に限らず、あらゆる角度から且つ慎重に調査思考し、検証すべきである。

もっとも「武功夜話」の擁護派である著名歴史家でさえ、「唐芋《からいも》の煮付け」と平気でルビしているのだから、正面衝突戦論者の鈴木氏等にとっては、格好の否定材料であったのかも知れない。

## 二　比定桶狭間山山頂・山腹付近を義元本陣とした合戦論への疑問

ごく最近比定桶狭間山山頂・山腹付近を義元本陣地とする合戦論の刊行物が知人から送られてきた。私にとって義元本陣布陣の地及び討死の地は、第四章で述べたとおり太子ヶ根山南手直下の細長い原地、その防衛軍布陣の地は本陣位置より西手へ約一キロ先の緩傾斜地帯、現有松町有松駅付近に相違はないとほぼ確信をもって言い得るが、なお刊行物にも耳を傾けることとした。

さてその刊行物とは、昨年（二〇一〇）六月発刊の『歴史街道』二〇一〇六月号、桶狭間の謎・信長はなぜ、義元を打てたのか？」（ＰＨＰ研究所）というものであった。

この書は、当年合戦後四百五十年を迎えた事から、ＰＨＰ研究所が義元本陣を比定桶狭間山として企画し、総力特集として四名の方々の合戦論を載せている。若干の相違はあるものの、義元布陣の地を比定桶狭間山山頂又はその西手山腹、討死の地を一方《ひとかた》は比定桶狭間山中、一方は中央帯有松付近、残る二方が名古屋市緑区北三丁目付近として合戦論を述べられている。

まず、四氏が共に義元本陣の地を比定桶狭間山としたのは、『信長公記』で太田牛一が「おけはざま山」と言っている事と、一般的合戦の布陣の形態として山上等、より高所に布陣する事から、義元も又比定桶狭間山に布陣したであろうとして選んだもののようである。

即ち、単に『信長公記』で「おけはざま山」と言っている事から比定桶狭間山としたものらしい。又確かに合戦を前にした布陣地を選ぶ場合、山上等高所に陣地を設ける事はセオリーである（それが逆に馬謖の命取りとなった例もあるが）。がそれは合戦の意図を持った場合の布陣であり、縷々述べてきたように五月十九日の義元には未だ合戦の意図はなかった。然るに休息を取るために、極めて暑い最中わざわざ急傾斜地を登り上がって山上・山腹に陣を張る必要はなかった筈である。寧ろ、水気が多く休息地に適していたと地元郷土史研究家等が言われている広野原、今日の名古屋市緑区桶狭間古戦場公園付近、即ち瀬名氏俊が布陣していた原地とされた方がまだしも良かったかと思われる。

それ以前に氏らは、今川氏真が松井宗恒に宛てた例の感状の中の「鳴海原一戦」については気づくことがなかったものと思われる。どなたも触れても否定もされていないからだ。

もっとも江戸初期から今日に至るまで桶狭間合戦に関する記述は数多くあるが、この氏真が指し示した「鳴海原一戦」から義元本陣地を論じた書は皆無であろうから、致し方ないとも思われる。が多くの資料が得られる今日では、安易に一～二方向から探るものではなく、多方面から検証し整合性の取れたところで論ずべきであろう。今川家資料義元・氏真判物等に注意して検証を加えていたら、「敗者の今川軍が、鳴海原と云っているから義元布陣・討死の地は、山上ではなく原地に該当するとも考えられる」くらいの意見が述べられても良さそうだが、そうした意見は全く見当たらなかった。

それは兎も角としてここに挙げられた四者の意見は、一応藤本氏の正面衝突戦を基本としながらも、藤本氏の「先陣が簡単に切り崩されて本陣に混乱を招いた」と云う説に疑問を持たれて、何とか別な角度から、正面衝突強襲説や側面強襲戦等で今川勢敗因・織田勢勝因を見いだす試みのようでもある。しかし、氏らの説には義元本陣・前軍の位置以外にも正面衝突若しくは正面強襲説の論拠や義元逃走経路・義元討死後の今川兵士等の逃走経路等にも様々な疑問が残るのである。そして氏らの説く具体的布陣や義元討死の経過を見ると、周辺の地理・地形・『信長公記』の解釈、時間的経過等様々な観点から見ると、様々な疑問が映るのである。

では『歴史街道』二〇一〇六月号に掲載された四氏らの説く正面攻撃説や側面強襲戦とはどのようなものか。個々の説について概略的に上げると、次のようになる。

### (一) 戦国史研究家谷口克広氏の正面攻撃説

谷口氏は、先軍本陣の地は供に不明としながらも、図説では、義元本陣を比定桶狭間山の山頂とし、前衛部隊の位置を中島砦東方約四百~五百メートル先、中央帯山裾手前の平地（田地又は畑地であったと考えられるが＝渡辺注）としている。中島砦を出撃した織田軍は、その前衛軍に攻撃を仕掛けて、難なくU字型中央帯の後方五百~六百メートル程（五百~六百メートルとは言っていないが氏の図説によると）東南に追いやった。桶狭間山に布陣していた義元本隊は前衛軍の苦戦を知り、山を降って後の三河道（桶狭間村から有松宿に至る道。先に述べたように、私には当時この道はなかったと思われる）に沿って現有松駅付近に進出した。

氏は、今川前衛軍が中央帯山際まで後退した丁度その時、雨が降ってきたとしている。そしてこの雨が今川全軍に動揺を走らせた。更に「そらは間もなく晴れたというから一時的なものだったのだろう」とし、一方信長は敵がひるむのを見て、ここを先途と攻め懸け、突き崩し、中央帯に進出していた今川本陣へと迫った。そして義元以下旗本三百騎を取り囲み義元を討ち取ったとしている。その場所を氏は「推定である」としながらも、図説では有松付近の中央帯としている。それ故この戦いは、正面攻撃戦であったとしている。藤本氏との違いは、義元が当初比定桶狭間山に布陣していたことと、前衛軍の劣勢を見て取って山を降り、救援すべく中央帯有松付近まで掛け降ってきたことであろう。

氏は比定桶狭間山の義元陣営から、中央帯入口付近や山際に後退して苦戦している今川先軍の戦闘状態は良く見えたとしている。それ故いちいち注進がなくとも義元本陣はその状況を良く掌握しており、義元は自ら救援のため中央帯・後の有松村付近まで駈け降ったと説明されている。

が、果たして比定桶狭間山（六十四・九メートル）から中島砦や中央帯入り口付近が見えたであろうか。何故なら、その間直線にして二・五～六キロあるが、比定桶狭間山前方一・一キロ先にはほぼ五十～五十五メートルの峰々からなる山々があったのである（旧陸軍参謀本部図参照）。又今川先軍が後退した辺りを望むに、同桶狭間山から三百メートル先や八百メートル先には、五十五～六十メートルの山々があったのである。樹木の高さがどれくらいであったか又粗密がどのようであったかは知る由もないが、それら樹高も加えると、見えなかった可能性が極めて高い。

同特集に寄稿されている地元研究家で開発以前の地形を良く知られる梶野氏も、地形的に見えなかったとされているから、見えたとする谷口氏の説は、地理・地形を鑑みぬ全くの推測に過ぎないと言わざるを得ない。

又信長の中島砦出陣から義元を討ち取るまで（東に向かって懸かり給う）の時間的経過が問題である。これは第七章で述べたとおり、織田中央進撃軍が中島砦を出立したのが正午十五分から二十分の事であり、旗本一団を見いだし東に向かって懸かっていったのが午後二時時分であるから、スイスイと進んでいってしまっては時間的整合性が取れないのである。

氏は又、「空は間もなく晴れたというから、風雨はほんの一時的なものだろう」と言われているが、誰が間もなく晴れたと云っていたのだろうか。この降雨の状況について、降ってきた後の事については『信長公記』にも載っているが、信長の馬丁を勤めた老人のように、昼前の黒雲発生から降雨に至るまでを詳しく語っているのは、私の見た多くの文献の中には見当たらない。

問題は今川本軍との合戦状景である。今川前衛部隊が不利と見て救援に向かった義元は、今川本隊約五千を連れて移動したと考えるべきである。然るに中央帯で迎撃体勢を取っていた義元の周囲には、少なくとも約五千の新手の兵と、後退してきた約一千〜二千の前衛部隊（前衛軍を氏が如何人ほどと考えているかは知らないが）の総勢六〜七千の兵がおった事になる。ここで後退してくる前衛軍が邪魔にはなるが、旨く左右に裁けば弓・鑓隊で以て織田軍を迎撃はできる。織田軍が前衛軍を切り崩して如何に勢いに乗っていたとしても、上から弓を射掛けられたのでは織田軍には不利である。ここで激しい交戦が行われたと考えねばならない。

しかし氏は、『信長公記』の合戦状景を挙げて、あたかも前衛軍を切り崩したのと同様に、難なく本隊をも突き崩したかのように語られている。

如何に織田軍が勢いに乗っていたとしても、約三倍のしかも上段に位置していた今川本隊を突き崩すのは並大抵のものではないはずである。総大将の義元本人が矢で射止められたとか、突然左右の山中から織田の伏兵が現れ左右翼又はその一方が切り崩されたと云った、劇的なアクシデントでも起きない限りは今川本隊が総崩れとはならないだろう。しかし、『信長公記』の語る著戦の合戦状景は、先にも述べたとおり「水をまくるが如く後へくわっと崩れたり」であり、「弓・鑓・鉄砲・のぼり・さし物、算を乱すに異ならず。義元の塗輿も捨て崩れ逃れけり」と、尋常一様の戦いではない。

もし氏の言われるようにこの中央帯で織田本軍と義元本軍とが正面から戦ったとすると、第一に約七千の兵が、と言わぬまでも数段に構えた最前線の兵達が弓・槍・鉄砲はおろか義元の塗輿まで捨てて逃げた事になる。ここで問題なのは一般的に総大将が最前線に布陣するであろうか。一般的には後方にあって指揮しているものではあるまいか。とすると『信長公記』どおりに今川軍が崩されたと想定すると、

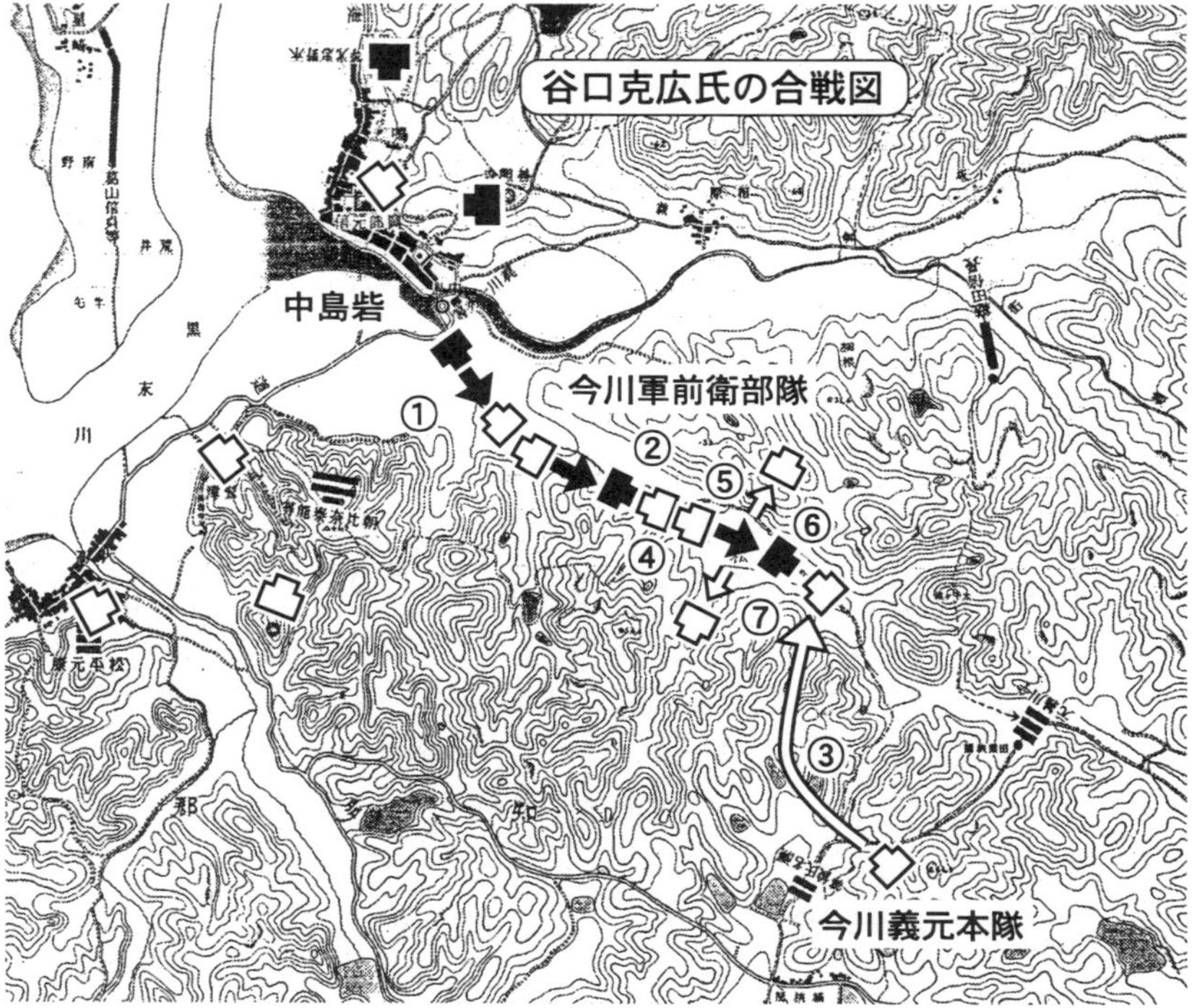


(PHP誌掲載の各氏の概図を旧陸軍参謀本部図に置き換え作成。以後同)

＜谷口氏の説明＞

①信長本隊、中島砦を出陣。砦前方の平地で今川前衛部隊に突撃開始

②信長本隊、馬廻を中核とする親衛隊が活躍。今川前衛部隊を山際まで押し戻す

③義元本隊、前衛部隊の苦戦を知り、それを支えるために桶狭間山(比定地不明)から東海道に下る

④大雨が降り始めて今川全軍に動揺が走る

⑤信長本隊、今川前衛部隊を突き崩し、そのまま一気に義元本隊に迫る

⑥信長本隊、義元本隊の旗本にたたみかける

⑦信長本隊、義元を東海道沿いで討ち取る

※今川義元本陣地は推定

数段に備えていた今川軍六千～七千人が、約二千に満たない織田軍に一気に切り崩された事になる。そして義元他三百騎を残して他の今川兵は我先にと逃げ出した事となる。正面衝突戦でそのような戦いがあり得ようか。長篠設楽ヶ原合戦において武田軍は大敗を喫した。がこの時総大将武田勝頼は生きて戦場を離れた。馬場美濃守等が楯となり逃したのである。余程の事が起きぬ限り、正面衝突戦において総大将までもがその場で討死する事はないだろう。

又、氏のみならず後の御三方にも言えることであるが、氏等の合戦状況からも氏真や太田牛一から「誠後代之亀鑑、無比類事」と称賛された松井宗信に付いての説明はおよそできぬであろう。

谷口氏は、「もちろん太田牛一にも誤りはあろう。しかし、明らかに矛盾すること以外は、他の資料などには目もくれず、ひたすら牛一の記述に従って両軍の動きをたどり、言葉の足りないところは推測していくのが、事実を究明するにあたっての最上の道なのではないだろうか」と言われている。確かに最終的には推測に頼るしかないだろうが、矛盾するからと言って他の資料を簡単に除外してしまってはいけない。『信長公記』の一人よがりな解釈に陥って、あらぬ方向へ推測してしまうと珍妙な合戦論となってしまう。まず、『信長公記』において太田牛一が何を語ろうとしているのかを考え、時には言葉どおり、時には言葉の意味する処を考え、その考えを補完する確かな資料を見つける努力をし、また現実的にそれが可能か否か、あらゆる角度から検証してより真実に迫るよう努力をせねばならぬのではないだろうか。

## （二）歴史作家・桐野作人氏の側面強襲説

桐野氏も又今川先陣後陣供に不明としているが、図説では義元本陣を比定桶狭間山とし、前衛部隊を中島砦南方約五〜六百メートル先の丘陵帯から突出した小高い丘上（と絵図から読み取れる＝現鳴海町青山二丁目緑区区役所付近か）に布陣していたとされている。今川本隊は義元本陣を比定桶狭間山中央部の西手山腹に、その左右翼後方供に五百メートル程に二陣を置いている。他、桶狭間村落以西の大高道沿いに、今川支隊が数段に並んで布陣していたかのように図示されている。今川軍は近崎道を通って大高城に向かっていたからとしている。

さて中央帯先端に布陣していた今川先軍は、信長による意表を突いた突然の進出に、対応が遅れて織田軍の中島砦進出を見過ごしてしまった。そのため織田軍は容易にこの中央帯を進出してゆき、桶狭間北山に難なく到達できた。織田軍はこの北山へまず登り上がって、そこから南の桶狭間山付近に進んだ。そしてまずは今川右翼陣に攻撃を仕掛けて切り崩し、継いで中腹に布陣していた今川義元本陣に殺到し、義元の首を討ち取ったとしている。

ここでまず今川前衛部隊が、織田軍の突然の出撃に対し対応が遅れたと氏は言われる。そんな事があるのだろうか！　五人〜十人ならいざ知らず二千人弱の員数が、しかも田地の畷を長蛇を作って進んでゆくのであるから、仮に対応が遅れて二百〜二百五十メートル先を通過させてしまったとしても、中央帯上段までは二キロ強もあったのだから、追尾して後方から織田軍を攻撃するか、脅かす事はできたのではないか。しかし氏は、通してしまった後の今川前衛軍には全く触れてはいない。

だから織田軍が何の支障もなくスイスイと義元本陣に迫ったかのように記されている。そして又織田軍は桶狭間山付近に至って、北から南に、それも本陣右翼隊を切り崩した後に南西の義元本陣に攻め懸かったとされている。

それ故この合戦は正面衝突戦ではなく、織田軍による側面強襲戦であったとしている。

奇襲戦とは、「自軍の位置・規模や作戦企画・進路などを秘匿」するもので、秘匿しないものが強襲ともいえると説明されている。

そして又『信長公記』では今川三百騎を発見してから信長が東に向かって攻めるよう指示しているのだが、この東向きに追ったとする描写を疑問視されて、結局北から南に進出し、比定桶狭間山の南山麓で義元を討ち取ったとしている。

それには桐野氏なりの事由があり、そもそも『信長公記』でいう方位・方角には誤りがあると主張される。そもそも桶狭間合戦に係る『信長公記』の中の四ッの方位・方角はその殆どが正確でなく、相当の誤差があると指摘されている。

その第一は、熱田神宮から鷲津・丸根砦方角を指して「東」と云っているが正確には南東の方角であり、四十五度から六十度もずれている、と言われる。確かに『信長公記』は、熱田神宮から鷲津・丸根砦方面を見て東と表現しているが、氏の言われるとおり正確には南々東方向である。

二番目は、『信長公記』で「御敵今川義元云々、五月十九日午の刻、戌亥に向かって人数を備え、鷲津・丸根攻め落し、満足これに過ぐべからず」と言っておるから、「今川軍は桶狭間山で休息したのち、「戌亥」に向かって軍勢を進めたとある」として、正面攻撃説の最大の根拠となっているが、「その解釈は妥当なのだろうか」と疑問を呈されている。更に又、『信長公記』の内でも天理本（幾つかの写本があり、その一つ）では今川軍が、「五月十九日、戌亥（西北）に向かって段々に人数を備え」と云っており、一方『三河物語』では、「池鯉鮒から段々に押し出で」とあり、決戦当日の義元の起点が、前者が沓掛城で後者が池鯉鮒とする点が異なることを除けば、両資料はほぼ同趣旨を述べている、と言われる。それ故義元は池鯉鮒から大高城方面に向かったことになり、そうであれば、「戌亥」（北西）の解釈は近世東海道ではなく、大高城が当てはまるとされている。

三番目は「沓掛峠の大楠が東に倒れる」とあるから織田軍は東に進んだ事となり、織田軍の進軍経路は二つ考えられ、a鷲津・丸根砦方面か、b近世東海道が通る谷筋（中央帯傾斜地を指していると思われる）のいずれかだろう。aだとすれば織田軍は近世東海道のある谷筋の出口付近（桶狭間村経由田楽狭間か）に向かう事になり、これはありうるだろうとしている。又bであった場合は、鎌倉街道方面（沓掛・大高街道に出て沓掛方面に）に行く事となり、方角違いも甚だしく、義元本陣と遭遇できるはずがない、とされている。

四番目は、「旗本は是なり。是へ懸かれと御下知あり。未の刻東に向かって懸かり給う」とあるが、もし義元が通説の桶狭間山付近にあったとすれば、信長の位置はその西になるわけで、一体信長勢はどこから見当違いのこの場所にいたったのか、そのルートがわからない、と言われている。そして「方位・方角（『信長公記』の）は鵜呑みにしてはいけない」と結ばれている。

さてこれらの方角の誤りは、第一番目を除いては、義元の進軍経路や布陣の地を氏自が誤った設定を行っているため、即ち近崎・大高道経由、比定桶狭間山としている事から、又『信長公記』の読み誤りから来ていると私には考えられる。

何故なら、まず二番目の問題であるが『信長公記』で云う「戌亥に向かって段々に備えあり」とは、あくまで防衛軍を中央帯に進出させて中島・善照寺砦等の方角に向かって布陣させた事、即ち布陣の形態を述べたものである。一方『三河物語』の「池鯉鮒から段々に押し出で」とは進軍形態を述べたものである。何れも「段々に」と言う表現を用いたとしてもその内容は異なるものである。決して同趣旨を述べたものではない。

又氏は、「今川軍は桶狭間山で休息したのち、戌亥の方角に向かって軍勢を進めたとある」と解釈されているが、氏の解釈誤りである。ここは戌亥に向かって備えを出して（防衛軍を配置して）義元は休息を取っていたと素直に解すべきである。太田牛一は、今川本軍が中央帯へ進出していったとは一言も言っていないのである。

さて方角の問題であるが、氏は「義元本隊は五月十九日大高城へ向かっていたもので、そうであれば『戌亥』（北西＝桐野氏注）の解釈も近世東海道筋（中央帯傾斜地を経て中島砦方向＝著者注）ではなく、大高城が当てはまることになる」とされている。

そして桶狭間村落から大高道に沿って布陣していたとすれば西北西となる、とされている（『信長公記』の今川軍布陣の方角は西北西でなければならない、と言われたいのだろう）。だが義元本陣が通説の田楽狭間にあって、中央帯中腹即ち現有松町有松付近に防衛部隊を布陣させていたとすれば、本陣及び防衛部隊の位置から中島砦への方角は戌亥となり、何の誤りもないのである。中島砦から見て中央帯は、ほぼ南東方向（逆に田楽狭間方向からは西北）に伸びているのである。

天理本で云う段々にとは、この有松付近の防衛部隊が数段に、即ち段々に布陣していたと解すべきであろう。『山澄合戦記』では、松井に限ったことではないがと云っているように、三～四名の武将に守備させていたと述べている。これら三～四の武将が、この有松付近に七～八百名ずつ数段に別れて布陣していたと解釈すれば、「段々に備え」となり、天理本の表現と一致する。一方、『三河物語』で池鯉鮒から段々に押し出でとあるが、先に地理的状況で述べたように、池鯉鮒から直には近崎村経由大高城へは道がないからゆけないのである。

沓掛から知多東岸道を下って近崎村で西に折れ、大高を目指すことはできるが、約四～五キロの遠廻

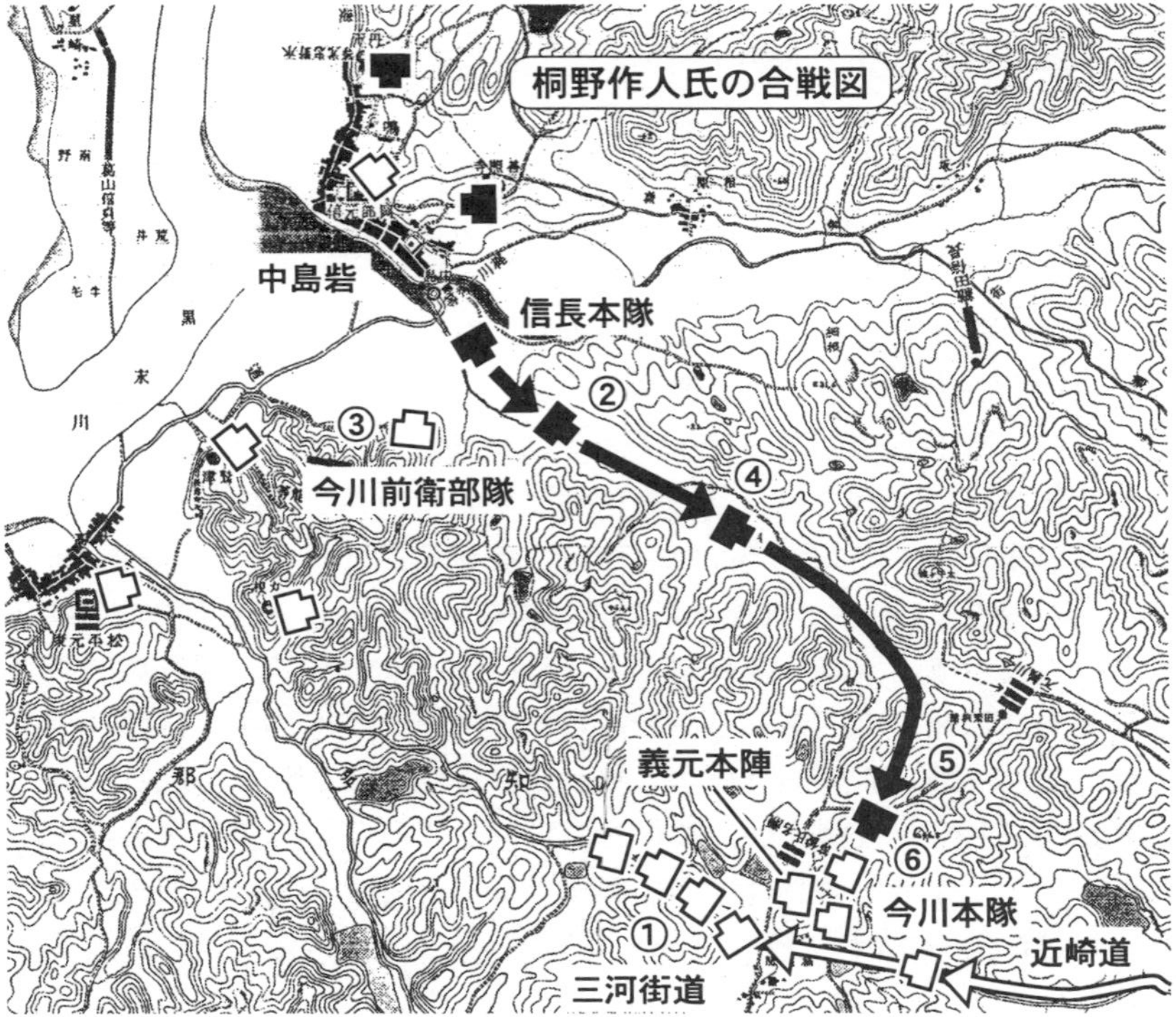


＜桐野氏の説明＞

①今川軍大高城を目指し、近世東海道ではなく大高道に沿って段々に陣立てをする

②信長、自ら先頭に立って、中島砦から出撃開始

③丘陵地に布陣した今川軍、信長の陣頭指揮に意表を突かれて対応が遅れる

④信長本隊、今川軍が手薄な近世東海道を突き進む

⑤信長本隊、備えが手薄だった義元本隊の右側面から強襲開始

⑥信長本隊、義元本隊に殺到し、義元を討ち取る

※義元本陣地と信長進軍路は推定による

りとなることから、今川軍に余程の事情がない限りこの近崎道を通って桶狭間へ進出したとは考えられない。まして、仮にもこの経路を取ったとしても、五月十九日の義元本軍は単に移動日に過ぎず、わざわざ六十四・九メートルの山上に上る必要もない筈である。そもそも義元本隊の布陣（休息）の地は、比定桶狭間山付近ではなく、氏真が示した「鳴海原」＝豊明市古戦場公園付近であったのである。

第三の問題であるが、藤本氏でも述べたとおり、楠の大木が東に倒れた事から織田軍が東に向かって進んだとは、必然的には言えないのである。氏は、織田軍が近世東海道（中央帯傾斜地）を進んだとすれば旧鎌倉街道方面に行く事となり、今川本陣と遭遇できるはずがない、と言われる。が、義元本陣所を比定桶狭間山上とするから遭遇しない事となるもので、所謂田楽狭間であれば必ず遭遇するのである。

又、信長が鷲津・丸根砦方面に向かったとすれば近世東海道のある谷筋の出口付近（所謂田楽狭間を指していると思われる）に向かう事となり、これはありうるかも知れない、と氏は言われる。が、それはあり得ないだろう。わざわざ当朝落とされ今川部隊の占領下にある砦の、その直下を通って義元本陣へ攻め込むなど考えられるだろうか。何故ならこれら砦を占拠していた今川勢に追尾され、挟撃される可能性が大であるから、これら二砦を攻撃し、取り戻した後でなければ、この方面から敵中に進出する事など凡そ考えられぬことである。

もっとも氏は可能性を述べたに過ぎず、義元本陣を比定桶狭間山に設定して、織田軍は中央帯から比定桶狭間北山に上がり、手薄な右翼陣を攻撃し、その後義元本隊を攻撃したとしている。故に側面強襲説としている。

第四の問題は、「未の刻東に向かって懸かり給う、と云うが、義元本陣が比定桶狭間山に布陣していたとすると、織田軍は西に位置することと成るが、一体信長勢はどこから見当違いのこの場所に至ったのか、そのルートは推定のしようがない」と言われる。が、『信長公記』では、信長が山際まで進んだことまでは述べているが、その後どの方角に向かって進んだかは一言も言っていないのである。東に向かって懸かり給うとは、信長の奇襲を受けて義元他三百騎が間一髪陣所を抜け出した後のことである。そしてこの東に懸かり給うは、所謂田楽狭間付近であれば方角的に何ら問題はないのである。

何故なら、旧陸軍参謀本部測量図によると、中央帯を登り上がった後その先、田楽狭間付近の原地は、真東に延びていたのである。そして又その真東に沓掛・間米経由大高道が南北に走っていたから、義元一団はこの道に向かって真東に逃げた。それを目ざとく見つけて信長は東に向かって懸かれと下知したのである。ここでも何ら方角的に誤りはないのである。

さて第一の問題、熱田から見た鷲津・丸根砦の方向は桐野氏のご指摘のとおり、正確には南々東の方角であり「東」ではない。太田牛一が何故このような誤りをしたのかは解らないが、遠方を望んでは誤りもあるが、その他近距離での方向には誤りはないのである。遠方・遠距離を顕すに、正確さを欠いたとしてもそれはある程度許されても良いのではないか。寧ろ、あらゆる仮定の基に検討することは良いが、総体的に合理的に説明がなされなければならない。方角に誤りがあるとして『信長公記』の方角を全て度外視し、その論拠とするところを良く検証せずに、義元の進軍経路や布陣の地、信長の進軍経路等を仮定することは如何なものか。

もう一つの問題。氏は、義元本隊が比定桶狭間山南面に三陣に別れて布陣していたとし、まずその右翼陣に織田軍は北から強襲し、継いでその中央に布陣していた（図説によると）義元本陣に殺到したとして側面強襲説を唱えられている。先に述べたとおり中央帯をスイスイと進んだかのように述べられているが、この右翼陣も難なく突破し本陣に迫ったとされているが、氏もまた時間的経過をどのように考えられているのだろうか。

中島砦を出て今川右翼陣に到達するのに、進軍速度三〜四キロ／hとすれば多く見積もっても一時間程で到達してしまう。氏の場合も一時間程が余ってしまうのである。

更に又、氏は始めに今川右翼陣に攻め入り難なく切り崩してから義元本陣に攻め入ったとされている。とすると、第一戦の地即ち右翼陣に義元の塗輿があったこととなり、何故右翼陣に塗輿があったのかという矛盾が生ずる。又、右翼陣は本陣東北約二〜三百メートル後方に、左翼陣はほぼ同距離の南東に位置していたようになっておるが、この右翼陣が攻撃を受けて、更に本陣に織田軍が迫り来るまで、義元等は全く気がつかなかったこととなる。

仮に樹木が障害となって気づかなかったとすれば、陣張りに問題がある。一般的には、左右翼陣は本陣より先方にあって、本陣から良く見える位置にあり、後方本陣の総大将の指揮の下に攻撃又は防御に当たるものではあるまいか。元より今川氏真の証言からすれば、義元布陣討死の地は山上・山腹ではなかったのであるが、方位・方角ばかりでなく『信長公記』の信長の御諚の意味や時間的経過・義元の塗輿、布陣の形態等についても配意し検証すべきであったのではあるまいか。

**(三) 地元桶狭間古戦場保存会顧問・梶野渡氏の本陣攻撃説**

氏は、今川前衛軍の位置を高根山（桶狭間北山西手の標高約五十メートルの山）山頂に松井宗信、その南手幕山・巻山には井伊直盛等が布陣していたとされている。氏も又義元本陣・左右翼陣の位置関係は桐野氏とほぼ同様で、義元本陣は西中腹に布陣していたと言われる。

桐野氏と違うところは、中央帯傾斜地には全く今川兵はいなかったとされている事と、本陣から左右翼陣までの距離が五〜六百メートルと遠い位置にあったように図示されていることである。高根山の松井宗信陣所からは善照寺や中島砦、中央帯傾斜地が良く見渡せたとされている。

そして中島砦を進発した織田軍は中央帯傾斜地を進んだのではなく、著者と同じく山並《やまなみ》裏手、坊主山・天山の裏手山中を通って中央帯頂上部辺りで中央帯を横切り、高根山裏手の釜ヶ谷に潜んだ。ここで雨が止むのを待ち、まず初めに今川軍右翼陣を北から攻めた。次いで南の義元本陣に逃げる右翼敗兵を追ってゆき、義元本陣跡地に進んだところ、そこで義元の塗輿を見付けた。義元一行は桶狭間山を西手（西手とは言っていないが）に降って、名古屋市緑区にあるもう一つの古戦場伝承地・広野原へ逃げる途中であった。その義元一団を目ざとく発見した信長は、それを追って田楽坪の深田手前に追い詰め討ち取ったとされている。

中島砦以降の信長の進軍経路・山中を潜行したという点については一部著者と同じだが、『信長公記』にも記述がないため、推測するしかないと云われるがそのとおりである。しかし梶野氏の推測は、『信長公記』から大きく乖離している上、論拠とする所にも矛盾が見られる。『信長公記』に載っている事まで蔑ろにされている事である。

第一に、中央帯ではなくその北裏手山中を潜行したまでは私と同じで良いが、氏はその以前中島砦に移動したのは信長と幕僚・近習など一部で、他の大部分の兵士は現在の焼田橋（中島砦より約東に七百メートル上流部）付近に集結させたのであろう、と推測されている。

が、太田牛一は「ふり切って中島にお移り候」と云って砦とは云っていないが、ここに云う中島とは、あくまで中島砦そのものを指していると解すべきであろう。何故なら信長は中島砦で長々と「御諚」を発しているが、その内容は僅か数名の幕僚や近習・中島砦守備兵等を対象としたものではなく、中央帯に布陣している今川防衛軍いわゆる労兵に向かって、これから合戦を挑まんとする織田中央帯進撃隊全兵員を対象としたものである、と解すべきである。

梶野氏が大部分の兵は焼田橋付近に集結させたとしたのは、山中迂回を高根山の今川前衛部隊から気取られぬようにと考えたものだろうが、それ以前に善照寺砦から焼田橋までの二千人弱の移動は、高根山からは見えなかったのだろうか。高根山からなら善照寺砦や相原村辺りまでも良く見えたはずであり、織田軍が善照寺砦から焼田橋付近まで直に進んだとすればまる見えであったと思われる。

仮に氏が、扇川を渡河した地点がもっと上流であったと言われるなら、何も織田兵は焼田橋付近まで西下することなく、東手山中に直に潜り込めば良いのであって、氏の説は頭かくして尻隠さずの感がする。又、何故信長等近習衆のみが中島砦に行ったのか。単に織田潜行軍を秘匿するためだけなら、信長自身も中島砦に行かずに直に東手山中へ潜り込めば良かったのである。

さてそれらはまあ良いとして、問題は山中潜行織田軍が、中央帯傾斜地のほぼ最高位を横切って再び鎌ヶ谷（高根山と桶狭間山北山の間の谷地）を潜行してそこで雨が止むのを待ち、初めに今川右翼陣に攻め行ったとされている。さて織田軍が横切ったその中央帯最高部付近は、高根山の右裏手に当たる。今川右翼軍の正確な設定位置は解らないが、氏の図説では桶狭間北山山頂付近と見受けられる。織田軍の中央帯縦断も鎌ヶ谷潜行もこの両陣から全く見咎められずに進み行くことができたのだろうか。

激しい雨が降っていた最中とは言え（この付近に至った時間帯は、降雨も末期に近くそれ程激しくはなかったと考えられる）、ここも数名が密かに横断したものなら或いは可能であったかも知れない。が、二千弱の兵が一団（仮に四～五列の縦隊としても）となって横切った事になるのであるから、今川兵が皆寝てでもいない限りは、全く見咎められずに渡りきる事は不可能であったろうと考えられる。仮に右

＜梶野氏の説明＞

①信長は幕僚と近習を率い、折からの干潮を利用して中島砦から扇川を東にやや進む

②信長、現・焼田橋付近に留めていた兵を集合

③信長本隊、現・有松駅北側の山中をすり抜け、山間の道を進む

④信長本隊、現名古屋女子校舎のある鎌ヶ谷に到着。雷雨が上がるのを待つ

⑤信長本隊、義元本隊の右翼に襲い掛かる

⑥信長、「おけはざま山」の中腹の義元本陣で塗輿を発見

⑦義元は旗本に守られながら逃げるが、田楽坪で討ち取られる

翼陣が義元同様休息していたとしても、警戒部隊である高根山の松井宗信陣営は目を光らせていたと考えるべきである。

第二に、まず、今川右翼軍への攻撃であるが、この北山は鎌ヶ谷側からは可成りその勾配はきつい（高低差約二十メートル・二十度〜二十二度くらいか。陸軍参謀本部測量図より）。信長はその谷底で攻撃命令を下したとしているが、このきつい勾配を突進して登り上がっていくのは可成り困難だったと考えられる。『信長公記』が語る「黒煙立てて懸かるを見て」と云う情景は、上から下への攻撃では考えられるが、この下から上への攻撃では浮かび難いがそう思うのは私だけだろうか。

そして又、この右翼陣を一蹴してその後南西約四〜五百メートル先（四〜五百メートルとは氏は言ってないが）の義元本陣を襲ったとされるが、氏の場合、この右翼軍への攻撃が織田軍の第一戦目、いわゆる「そら晴るるをご覧じの節：著者記注」とされておる事だ。そして、義元本陣への攻撃から広野原田楽坪付近で義元を討ち取るまでが第二戦目「義元は是なりの節＝同前」とされている。ここで義元の塗輿が問題となるが、藤本氏等と同様『信長公記』の解釈に問題がある。

又信長は、最初に手薄な右翼陣を狙って攻撃したとされているが、鎌ヶ谷をもう少し前進して、義元本陣を直接狙わなかったのか。さすれば田楽坪まで追わずとも討ち取る事ができたかもしれない。思うに、『信長公記』の「東に懸かり給う」の東への攻撃を右翼陣への攻撃に置き換えられたのではあるまいか。東への攻撃は、義元一団発見後のことである。そして又、義元への攻撃を西に追っているから、『信長公記』の東に追ったとする記述と相違することとなるのである。桐野氏同様、『信長公記』で述べる方位・方角は全く当てにならない、とでも言われるなら何をか言わんやである。

また氏は、義元本陣南手約四〜五百メートル先に左翼軍がおったとされている。義元一行は西手の広野原に逃げたとされているが、なぜこの左翼軍に逃げ込まなかったのか。義元本陣から西手の広野原へ降るには勾配がきつい。南の左翼陣へは比較的なだらかな傾斜となっている。氏は高根山の松井宗信・幕山の瀬名氏俊・巻山の井伊直盛等前衛軍のいる西手に助けを求めたとされているが、最も近い部隊はこの左翼陣である。益して織田軍は北から攻め寄せているのである。勢い南に降るものではあるまいか。

梶野氏が高根・幕山・巻山の前衛軍や今川本陣、左右翼陣のそれぞれの員数については述べられていないが、この後に挙げる小和田氏も最終的にこの名古屋市緑区北桶狭間三丁目の広野原へ逃げたとされているので、合わせて後に述べることとしたい。

## (四) 静岡大名誉教授・小和田哲男氏の正面奇襲説論

小和田氏は、今川本隊は十九日沓掛城を立ち、大高城を目指していたとされるが、氏の図説によると近崎方面から進軍してきたように描かれている。知多東岸道を経て、近崎村から入る手もあるが、約四キロも遠回りした事となる。何故遠廻りせねばならなかったのかその説明はない。

今川軍全容の布陣は、警戒部隊は桐野氏同様中島砦南方七百～八百メートル先の現青山一丁目辺りに一隊と、中島砦東方約一キロ強の中央帯に一隊がいたとし、義元本陣は比定桶狭間山一帯に布陣していたとしている。中島砦を出た織田軍は、この中央帯の警戒部隊と小競り合いを続けながらも正面突破して中央帯を登り上がってゆき、途中現有松駅付近で右に折れて高根山手前の谷筋に沿って南東に進み、西から桶狭間山に駆け上って攻撃を仕掛けたとされている。故に正面強襲戦であったとされている。

この間、義元本陣の位置を信長に伝えたとされる簗田出羽守の配下が、この警戒部隊と義元本陣との連絡網を遮断したのではと推定し、そのため義元本陣は織田軍の接近に全く気づいていなかった。織田軍勝利の最大の原因はこの簗田の働きによるもので、延いてはそれ以前からの信長の情報戦略にあったとされている。確かに信長が情報収集に力を入れていた事は頷ける。が、簗田の情報収集力もさることながら、先に縷々述べてきたとおり織田軍勝利の最大の要因は、信長の遠大にして頭脳的な戦略・戦術にあったと私は観ている。

さて小和田氏の戦闘全景を論ずる前に、氏は一つの条件を付されている。そして「桶狭間の合戦を考える上で、このことは是非とも強調しておきたい」と述べておられることがある。その「このこと」とは、「今川軍対織田軍の兵力比は三対一と思われているが正しくない」。戦国時代について記した『落穂集』（渡辺注：江戸中期の兵学者・大道寺重祐の作）によると、戦場で千人の死者があれば、武士はそのうち百人から百五十人程度だった、としているから、その九割は農民兵だったのではないか、と氏は言われている。

一方、織田軍は、信長によって鍛え上げられた馬廻り衆の活躍振りからみて精鋭軍だった。故に今川・織田軍の兵力差はそれ程なかったというように言われている。この桶狭間の合戦は、兵力的に拮抗していて、いや寧ろ勢いでは織田軍が有勢であった。故に正面衝突戦でも織田軍が難なく勝利した、と織田軍勝利の要因とされているように私には思われる。

が、果たしてそうであったろうか。『天沢寺記』（今川軍のこの合戦の戦没者名簿）によると、今川軍の戦死者は騎士五百八十三名・雑兵二千五百名とある。この比率は一・八九で約二割であり、やや『落穂集』を上回るが近い数字である。しかし、雑兵の中には、家の子郎党や弓衆・鑓衆なども含まれており、それら弓・鑓衆は農民出であったとしてもある程度訓練された戦闘員であったと考えられる。荷駄隊等は訓練を受けない全くの非戦闘員であったかも知れないが、義元が一割の騎士と九割の荷駄隊のみを引率していたとは考えられない。

『信長公記』と『山澄桶狭間合戦記』によると、今川前衛部隊の中には「二俣の城主松井五八郎・一門一党二百人、枕を並べて討死なり」と云った勇猛な武者達もおったのである。この前線に今川方が戦闘不慣れな農兵達を主体に送ったとは考えられないことである。

又、丸根砦を攻撃した松平元康の当時の具体的な員数には触れていないが、『山澄合戦記』によると、松平氏の領地は三河国の約十分の一で三万三千百石也としている。例の一万石に付き二百五十人の算式で計算すると、約八百二十七名となる。この丸根砦攻めには三河国長篠の菅沼氏・田峰の菅沼氏・作手の奥平氏や同国の国侍等も加わっており（武徳編年集成）、約二千五百の兵で丸根砦を攻撃し、二時間弱で落としている。小和田氏の説に習うと今川方の精兵は二百五十人しかいなかった事になる。後は非力な農民兵となる。対する織田軍丸根砦の守兵は約四百（武徳大成記・武徳編年集成）と云われており、信長率いる精兵でなかったにせよ、いとも簡単に討ち取られている。この丸根砦攻撃兵は約二千五百人と一般的にも云われており、対する織田守兵は四百で約八対二となるが、小和田氏の説に基づけば同等の戦力比となってしまう。仮に氏の言われるように今川兵の八割が非力な農民兵で勢力的に拮抗していたとするなら、約三十メートル程上位の砦に籠もっていた織田兵が、何故簡単に負けてしまったのか。やはり今川兵の多くは、仮にその九割が雑兵であったとしても、戦闘馴れした戦闘員であったと観るべきである。

また『信長公記』では、確かに信長の馬廻衆の活躍が目に付くが、信長直属の彼等馬廻衆の員数は多く見積もっても百人とおったかどうか。又信長は農民・郷士の二男・三男を正規の下級武士として訓練していたとしても、鷲津・丸根砦守将の織田秀俊（信長叔父）や佐久間盛重（五器所城主）、はたまた一門衆の守山城主織田信次や奥田城主飯尾貞宗までもが同様に精兵を培っていたかは疑問である。

然るに、小和田氏が言われるような七千（義元本隊と中央前進兵）対二千弱（中島砦進撃の織田兵）の兵力に差がなかったとは考えられない。（正面から対峙した場合）

更に又この合戦の僅かに一年後に行われた美濃勢との十四条村・北かるみ村の合戦においては、織田軍は劣勢の戦いとなっている（『信長公記』）。織田軍・美濃軍共に如何ほどの軍勢であったかの記載はないが、もし小和田氏の言われるように美濃勢の八割が農民兵であったとすると、織田軍が簡単に勝つか可成り優勢の内に終結しても良さそうなものであったろう。しかし国主義龍病死の数日後にも拘らず美濃勢は手強かった。

十四条村合戦において、「御身方瑞雲庵おととうたれ引き退く」。又かるみ村の戦いでは「夜合戦罷り成り、片々はつき負け、逃げ去る者もあり、又一方は、つき立てかかる者もあり。敵陣、夜の間に引き取り候なり。信長は夜の明くるまで御居陣なり。二十四日朝、洲股へ御帰城なり。洲股御引払ひなさる」と。そしてその後信長は美濃国攻め口を西美濃から東美濃へと換えてゆく。これら西美濃合戦において織田軍は、初めは優勢も後劣勢の内に終わっているのである。

仮に織田軍が桶狭間合戦同様約五千の兵であったとすると、小和田氏の説に基づけば美濃勢は二万五千人以上の軍勢でなければならない事になる。何せ八割が農民出身者で非戦闘員が圧倒的に多くあらねばならないからである。そして美濃国石高が約百万石であらねばならない事になるのである。しかし、天正十年豊臣政権下にあっても美濃国石高は四十万そこそこであった。その動員力は美濃国合わせても最大一万二千〜三千人であった。そして軽海の合戦では美濃勢が「井ノ口（稲葉山城）総人数をいだし」とあるが、美濃国でも有力武将であった安東伊賀守等西美濃三人衆もその中におったものかの記載はないが、多分に含まれていなかったであろう。
要するに、織田軍と他国の兵との間にそう大きな開きはなかったと言えるのではあるまいか。然るに小和田氏のご忠告は気にする事としないで氏の戦闘状景を見てゆく事とする。

桶狭間合戦に戻って、氏はこの中央帯の今川前衛軍の兵数を如何ほどに考えておられるのかは知らないが、中央帯山裾に一部隊がいたとされている。又先に記したように、桐野氏同様中島砦南方約七百〜八百メートル先にも一部隊がいたとされている。中島砦を進発した織田軍は、中央帯の今川軍を小競り合い程度で突破し、後の有松付近で右手山中の谷筋（高根山手前）に入り、比定桶狭間山に陣していた義元本隊を攻撃したと図説で説明されている。

さてここで問題なのは、桐野氏と同様、青山付近に陣していた一隊はその間どうしたのだろうか。氏も又その説明はされていない。信長等が進んだとされる中央帯から六百メートルと離れていないのである。桐野氏で述べたと同様に、一般的には見過ごしたとしても、追撃して後方から織田軍を脅かすものではないのか。氏はこれらの今川軍の員数について述べてはいないが、そこから桶狭間山の本陣は見えなかったとされているので、中央帯の一隊と併せて織田中央軍より多かったと考えねばならない。『信長公記』で「小軍にして大敵怖るることなかれ」と言っているのだから、二千程の織田軍よりは多かったと考えねばならない。しかし、追撃を受けることもなく織田軍は中央帯を進み、今川本軍に迫った事になる。

そして今川中央軍から義元本陣に伝令が走ったが、簗田出羽守（渡辺注：信長に清洲城乗っ取りを進めた若侍で、後沓掛三千貫の地を与えられた人物か）の部隊がそれを遮断したのだろうと推定し、義元本陣は全く織田軍の接近に気づいていなかったとされている。

然るに、義元本隊としては全くの意表を付く攻撃を受けた。この攻撃を強襲と取るべきか、奇襲と取るべきかとし、今川前衛軍の伝令を遮断していたことから、奇襲とみるべきであるとし、正面奇襲戦とされている。

しかし、仮に最初の今川伝令兵を簗田の部隊が断ち切ったとしても、織田兵の進出を一時は見逃した青山付近の今川兵や突破されたとはいえ中央帯前衛部隊約二千人が追撃してきたら、簗田一手（諜報部隊の簗田の配下は極少数であったと考えられる）では防ぎ切ることは不可能であったと著者には考えられる。

要するに、簗田等が二〜三の今川伝令兵を遮断したとしても、最初に衝突した織田軍が、小競り合い程度で今川中央軍を突破したとしても、その後全く追撃されずに約二・五キロ先の比定桶狭間山まですんなりと進む事ができたであろうか。言い換えれば、今川本隊が織田軍の接近に全く気づかずに攻撃を受けてしまったとは考え難《にく》いのである。織田中央進撃隊が、この中央傾斜地帯を進む限り、如何なる事由を以てしても、義元本隊に気づかれる事なく中央帯を突破する事は、可成り難しい話であろうと考えられる。まして信長は、「懸らば退け、退かば引っ付くべし」といった戦い方を指示していたのだから、仮に中央帯今川前衛軍が、小和田氏ご忠告のような全く戦闘不慣れな農民兵達でなければ、小競り合い程度で織田軍に負けることはなかったであろう。織田軍は小競り合い程度で突破することはできないであろう。

もう一つの問題として、氏は織田軍は後の有松付近で右手の谷筋に入り、高根山の南裾から、即ち西手から比定桶狭間山に登って義元本陣に襲い掛かったとされている。谷筋・山中を潜行し、接近を秘匿

＜小和田氏の説明＞

①今川軍、主力が大高城、鳴海城方面に展開。義元本隊は僅か5000となる

②信長、義元本隊の位置を把握。中島砦を出撃

③信長本隊、今川軍最前線の警戒部隊と小競り合いをしつつ、東海道を進む

④この頃、簗田出羽守の配下が、今川警戒部隊と義元本隊間の連絡を断つ

⑤信長本隊大雨にも助けられ桶狭間山に接近

⑥信長本隊、織田軍に気づかぬ義元本隊に正面から奇襲

⑦信長本隊、大高城方面に逃げようとする義元を田楽坪で討ち取る

※義元本陣地は64.7メートルの丘陵地に比定。信長の進軍ルートと今川軍の布陣は推定を含む

したことも又、正面奇襲説の要因とされているのだろうが、さてこの桶狭間山であるが、標高は六四・九メートルである。その西手傾斜の裾元とは二十五メートルの高低差があり、谷筋から山頂までは距離にして約四百メートル程ある。仮に簗田出羽守が今川方の伝令を遮断したとして、尚かつ多数の追撃軍まで遮断したと仮定しても、この傾斜地を今川軍に全く気づかれずに登り上がる事は現実的に可能であったろうか。又梶野氏同様山下から山頂への攻撃では、『信長公記』の「黒煙を立てて云々」と云う状景にはマッチしないと私には考えられる。

更に氏の説の中で最も奇っ怪なのは、義元の逃走経路である。氏は西から攻撃を受けた義元一団は、一旦比定桶狭間山東手の斜面を駆け下って谷筋まで逃げたとしている。これは『信長公記』の東に懸かり給うとは一致する。だが、義元一行三百騎はその後谷筋を南西にやや逃げて、また桶狭間山の南斜面（当初仮定の本陣地から二百メートル程南手か）を登り降りして縦断し、最終的に西手の田楽坪方面で討ち取られたとしている。義元は大高城を目指して逃げようとしていたからとの事由であるが、それにしてもわざわざ又険しい山を登り降りして西の広野原に逃げ込んだとする説は理解に苦しむ。小和田氏は、『信長公記』に合せる為に（東に向かって懸かり給う）無理無理義元一行を一旦東に逃がしたとしか言いようがない。

ここで問題なのは、第一に東に駆け降って谷筋までが約五百メートル、谷筋南手へ約二百メートル、また桶狭間山南麓を登り下りして田楽坪までが約七百メートル、都合一・五キロ弱の距離を逃げ回った事となる。だとすると、義元一団には可成り余裕があった事となる。そうした余裕があったとするなら、東手谷筋へ逃げ降りた時、その谷筋に沿ってまっすぐ南手に降り近崎道に出て大高城へ向かえば良かったのである。又逆に谷筋に沿って北に逃げれば二百～三百メートル先には沓掛・大脇・大高道が走っていた筈である。大高城ではなく、元来た沓掛城に逃げ込む事も可能であった筈である。

しかし、何故かわざわざ山を登り降りして西手の広野原に出てしまったと氏は推定されている。寧ろ東の谷筋に降ったとするなら、桶狭間山東麓かその谷筋で義元が討たれたとした方が良かったと思われる。義元本陣地は誤りであったとしても、その方が『信長公記』の語る義元終焉状景によりマッチしていると私には思われる。丁度義元一行が降り下った辺りの地形は、やや広い平坦地になっていた筈である。ここなら義元一団三百騎を取り囲んで、四度、五度と織田軍が攻撃した状景の地に近似しているからである。（江戸期に開田された地域であるが、当時の人力で開田された事は平場に近い地形であったと考えられる）

そして又、『信長公記』が語る義元一団は、織田軍の最初の攻撃から然程の間を置かず発見され、取り囲まれて討たれたように語られているのだから、一・五キロも逃げる余裕はなかったと考えられるからである。

しかしその東麓や谷地は地元伝承地とは大きくかけ離れている。要するにその場所には義元塚とか、松井塚とかの伝承地名は全くない。それ故氏としては、無理無理義元討死の地と云われているもう一つの地・田楽坪（名古屋市緑区古戦場公園）まで義元一団を逃がさねばならなかった。義元討死の場所として、どちらかの地元伝承地に結び付けたかった為に、当初から目指していた大高城方面という理由付けで無理無理西へと逃がした事にされたのではないか。

氏は、『信長公記』の「東に懸かり給う」と、義元討死のもう一つの伝承地「田楽坪」この二つを何とか結び付けようとしたようである。そこで奇妙な逃走劇となってしまった。

何も義元討死の地は、『信長公記』のその部分だけを解釈すれば、田楽窪や田楽坪でなくとも良かったのである。義元を三百騎の旗本衆がほぼ円を描いて取り囲み、更にそれを五百～六百人の織田軍が取り囲むだけのスペースがあれば良いのである。狭間地や深田は要らないのである。深田で討ち取られたのは、義元討死後に敗走する一般逃走兵達なのである。義元一団三百騎が比定桶狭間山東手の広い谷地で討ち取られ、その後四方へ散った今川兵の一部が、西手の田楽坪へ逃げて深田にはまって討ち取られた、とでもされた方が余程『信長公記』に近い想定となったのではないか。

もっともこの田楽坪、緑区桶狭間合戦場公園付近の広野原が、『信長公記』が語る今川逃走兵の終焉の場に相応しいかどうかは大いに疑問である。それに付いては、この名古屋市緑区古戦場公園付近の地理・地形・伝承地名等から観てゆきたい。

## 三　名古屋市緑区桶狭間古戦場公園付近を義元討死の地とする説への疑問

さて桶狭間北三丁目の桶狭間古戦場公園付近を義元討死の地とするお二方は、梶野氏が言われる地元口伝と、『中古日本治乱記』（近江国守佐々木承禎別名六角承禎の家臣で中山長俊作＝渡辺注）に基づくものと考えられる。

梶野氏のPHP掲載の説明によると、「現在合戦場として豊明市栄町南館と名古屋市緑区有松町桶狭間の二ヶ所がある。前者は通説の迂回奇襲説に基づいて昭和十二年に文部省によりあくまで伝説の地として認定されたに過ぎない。正面攻撃説をとる地元の郷土史家の間では、後者の（現名古屋市緑区桶狭間古戦場公園、旧・田楽坪）であるとの説が有力である」としてこの前提の元に合戦論を展開されている。

更に梶野氏の筆かPHP社の筆かは解らないが、PHP誌COLUMN4では、この付近には「今川軍が布陣したことを物語る数多くの伝承が残る」として、幾つかの伝承地名を挙げている。

まず、瀬名氏俊の陣地跡として「センノ藪」(いつしか藪地になっていたためセンノ藪と呼ばれるようになったと云う)、この広野原の西手の高根山(松井宗信布陣地として)、幕山(幕奉行瀬名氏俊部隊が布陣)、巻山(井伊直盛が巻かれて討死した場所)、更には瀬名氏俊が戦評定をした「戦評の松」、今川軍の鞍が流れてきたと云う鞍流瀬川などを挙げ、氏俊がこの地に義元本陣を設営するために先遣された可能性は高いと言えるだろう、としている。

そして又、COLUMN5では、「地元に伝わる義元への畏れ」として義元亡霊譚《ぼうれいたん》や昭和六十年代の耕地整理の際に、田楽坪付近から「駿公墓碣《ぼけつ》」と刻まれた墓碑が出土したとして、「この地がまさしく桶狭間古戦場であることの証なのかもしれない」と言っておられる。

しかし、それらの伝承地名だけで義元討死の地とするのは、いささか乱暴すぎる。先発隊瀬名氏俊部隊の休息地としては成り立ちうるが、墓石や地元に伝わる伝承地名からこの合戦の主戦場地や義元討死の地と断定する事はできない。

飽くまでこの地は、瀬名氏俊先発部隊の休息の地に過ぎないと思っていた私だが、従来語られてきた「田楽窪《でんがくくぼ》」ではなく「田楽坪《でんがくつぼ》」という言葉に些か注意を引かれた。そこでPHP社を通じて何故「田楽坪」が義元討死の地とされたのか、梶野氏にお尋ねしたところ、PHP社を通じて次のようなご回答をお寄せ下さった。

この大池上の台地上に、一九六八年の土地区画整理事業が行われる前まで、田楽坪という地名があった(区画整理以前の地図には確かに田楽坪という地名が載っている)。そして慶長七年頃に著された『中古日本治乱記』という書に、桶狭間の合戦は「合戦場地は桶狭間の内田楽坪と云う所ニテ……」と記されているからとの事であった。詳しくは氏のホームページを参照されたいとの事であった。

氏のホームページによると、「この地は慶長検地『桶狭間御縄手打水帳』の「いけうら田面」の側にある台地で『信長公記』で云うおけはざま山の裾野で、その先西南部は開田されていて合戦当時約一町一反の深田が存在していた。秋には収穫を喜びこの台地で田楽の舞を行っていた時代があった事から田楽坪と呼ばれたとの古伝がある」として、「合戦の時、今川義元は桶狭間山からこの地に追い詰められ、ここが最後の地となった」と言われている。

そして氏は又、もう一つの古戦場跡地と云われている豊明市古戦場跡地を田楽狭間・別称屋形狭間とする『塩尻』や『山澄桶狭間合戦記』は、創作甫庵信長記を底本としたもので色々潤色・脚色された物だとして、単なる伝承の地に過ぎないと否定されている。

一方、近江国の山中長俊が何故「桶狭間の内田楽坪と云う所ニテ……」と記したかは、南近江の六角承禎が信長の要請により救援部隊を送ったとし、それらの帰国兵の報告に基づき記されたもののようである。今川軍が、ここまで（鳴海庄境界から約一キロ離れた花房庄のこの地を鳴海庄と）誤認するとは思われないが、氏真の云う「鳴海原」の原地に一応は該当するこの地を、端から無視する訳にもいかない。そこで私は、本当に佐々木承禎が援兵を送ったものか調べてみた。

絵本太閤記ではあるが、それによると木下藤吉郎がその使者として近江佐々木承禎の下に走ったが援兵は得られず、代わりに佐々木氏の旗印を与えられたという。藤吉郎はその旗を蜂須賀小六等配下の川並衆に持たせ、さも佐々木承禎の援軍を得たかのように振る舞ったとされている。結局佐々木承禎の援兵はなかったとしている。

又『改正三河後風土記』では、「原書（三河後風土記）佐々木承禎の加勢記すも、妄説ゆえ册す」と完全に否定している。他に援兵があったと記している合戦記等は見当たらないが、本当にあったのだろうか。中山長俊は、確かに合戦当時は佐々木承禎の家臣であったが、のち豊臣秀吉の家臣となりその右筆を勤めている。そしてその中古日本治乱記は秀吉の命により記されたとも云われているようである。

そもそもこの合戦時、秀吉は未だ信長に仕えて二年目であった。幾ら後に敏腕を振るって天下を取ったとはいえ、当時足軽風情の秀吉を佐々木承禎がまともに扱ったとも思えない。どうやら秀吉の出世評に利用された感がする。

尚且つ、義元一行が桶狭間山からこの田楽坪に逃げたとする説には他にも幾つかの疑問が残る。第一に方角の問題である。『信長公記』では、信長が義元一行三百騎を見いだし東に追ったとされているが、梶野氏の場合は最初から、小和田氏の場合は一旦東に逃げるも反転して、義元等は西に逃げた事になる。桐野氏のように、『信長公記』に記されている方位方角が全く信憑性を伴っていないとすれば話は別であるが、仮に多少正確さを欠いたとしても牛一が全く逆方向に誤る事はないだろう。

梶野氏は桶狭間山を追われた義元一行が西手の田楽坪へと逃げた事由について、この広野原の先、高根山・巻山・幕山等に今川前衛軍が布陣していた、それら前衛陣地を目指して西に逃げたと言われている。しかし結果的に中央帯の田地や湿地帯が松井隊や井伊隊の来援を阻み、田楽坪付近で討ち取られてしまったとされている。

小和田氏は、大高城を目指して進軍してきたので、その大高城に向かって必死に逃げたのだろうとされている。だが、大高城を目指したとしても、前衛陣地を目指したとしても、広野原を通って逃げようとする事由が解らない。何せこの広野原の前方七百～八百メートル先は幕山や巻山など急峻な峰々が迫っている。そしてこの広野原の田楽坪手前、比定桶狭間山の山裾には沓掛・大高道が南北に走っていたのだから、この道を降って桶狭間村に出て道なりに大高城を目指す事ができた筈である。氏は義元一行が近崎・大高道を進んできたと言われているのだから、何故敢えてこの沓掛・大高道を越えて、わざわざ足場の悪い池沼や深田が多いとされる広野原に逃げ込まねばならなかったのか。

又梶野氏の場合は、桶狭間南山麓に左翼軍を置いていたと言われている。それなら、この左翼陣に逃げ込むか、又、西に下ったとするなら、この左翼陣も西に下って、沓掛・大高道上で追撃する織田軍を阻止したら、足場の悪い湿地帯に逃げ込まずとも良かったと思われる。

両氏にあってはどうしても地元伝承の地、田楽坪で義元を討死させたかったとしか言いようがない。要するに『信長公記』で義元布陣の地を「おけはざま山」と云っているから義元布陣の地を比定桶狭間山とし、『中古日本治乱記』で「合戦場は桶狭間の内、田楽坪というところで」と云っているから、義元討死の地を緑区三丁目の元田楽坪付近としているに過ぎないとしか思われない。

梶野氏は、その田楽坪付近には当時一町一反の深田があった事を挙げて義元討死の地に相違ないと言われるが、義元討死の地には深田は要らないのである。

「ハザマ組みて、深田足入れ、節所と云うこと限りなし」とは、義元討死の地ではなく、討死後の今川敗走兵の追撃戦場の地を指しているのである。先にも記したように義元討死の地は、義元を取り囲んで逃げる今川三百騎、それを更に五百～六百の織田軍が取り囲んで討ち取る程の広さのある原地であれば良いのである。幅員二百メートル程の長い平地であれば良いのである。

比定桶狭間山を義元布陣の地・緑区古戦場公園付近を義元討死の地とする説には他にも種々無理があ

るのである。

## 四　名古屋市緑区桶狭間合戦場公園付近の伝承地名と桶狭間合戦との関係について

今川義元の布陣の地・討死の地、所謂桶狭間合戦の主戦場の地は、豊明市古戦場伝承の地付近に相違ないことを第四章において縷々述べてきた。又比定桶狭間山を義元本陣地とする説、そしてこの緑区古戦場公園付近を義元討死の地とする説に対し、主に合戦形態面から本章で否定させて頂いた。一応『信長公記』が物語る状景とこの地の地理・地形の面からも比較して、この緑区桶狭間古戦場公園付近を義元討死とする説が成り立ち得ない事を検証したい。

先に述べたとおり、PHP誌COLUMN4では、この桶狭間（山周辺をさしているのだろう）に義元が布陣した事由として、「大高道・近崎道・三河街道が合流して移動しやすい場所だった」と言われる。筆者には当時三河道はなかったと考えられるが、あったとすれば田楽坪手前なので、義元はこの道を通って高根山・幕山方面へ逃げればよかったと考えられる。又高根山・幕山の松井隊・瀬名隊がこの道を下って桶狭間山から逃げ来る義元一団の救援に向かうことができたと考えられる。が、梶野氏は足場の悪い湿地帯や深田が邪魔をして救援には間に合わなかったとされている。矛盾はないのだろうか。又、清水に恵まれていた事も休息地とされた大きな事由と言われている（では何故清水に恵まれたこの原地内に休息せず、極めて暑い最中に拘らず、わざわざ桶狭間山に登って布陣したものかと謂う疑問も生ずる）。ところがこの「水」が逆に今川軍に災いしたと述べている。詳しく且つ要約すれば、この広原の対岸の山々、高根山・幕山・巻山に松井宗信等前衛部隊が布陣していた。義元本陣が急襲されたため、この広野原を通って救出に向かった。だが、水の豊富な広野原には、中央に鞍流瀬川が流れ（同4には記されていないが）、池や深田が広がっていたため、それらが障害となって救出に間に合わなかった」と言われている。

一見なるほどとも思われるが、梶野氏のホームページによると、確かに池上に一町一反（一万一千平方メートル）くらいの田地が当時もあったようである。しかしこの広野原は、少なく見積もっても四百×四百メートル＝十六万平方メートルくらいの広さを持っていて、南手に降る緩やかな傾斜地となっていたようである（旧陸軍参謀本部図参照）。鞍流瀬川も水量多しと雖も、水源地に近いこの辺りは当時小川と云った感じであったと考えられる。

又一町一反の深田がどのような形で存在していたかは知らないが、広野原に占める割合は十六分の一である。又、周囲を山に囲まれていたとしても、最高標六十五メートルくらいの山々である。この広野原全体が湿地帯であったとも考え難い。然るに広野原全体に比すれば、この僅かな深田や湿地帯が、高根山や幕山からの今川前衛部隊の来援の大きな障害になったとは思われない。

仮に松井宗信が高根山で防衛に当たっていたとして、真横の中央帯、あるいは直ぐ裏手の中央帯を縦断していく織田軍を見逃してしまったとすれば、その責任は免れない。『信長公記』や氏真からの判物で賞賛される事はなかったであろう。又仮に松井部隊がおったら、高根山が「松井山」という伝承地名で呼ばれていても良さそうなものである。

そして前項でも述べたとおり、義元討死の地には水田や湿地帯は不必要であったのであるから、この地を義元討死の地とする論拠は乏しいものと言わざるを得ない。

しかしこの古戦場公園付近を義元討死の地とする伝承地名が多くあることから、それらの伝承地名がなぜ生まれたのか。是また地理・地形・『信長公記』の説く合戦状景等から検討して観たい。何故なら、主戦場地とはなり得ないが、一部の今川兵の追撃戦場地になった可能性は伝承地名や地形から考えられ得るからである。小和田氏は、この公園付近が主戦場地で、豊明市伝承地付近も又追撃戦場地となった可能性がある、とも述べられているが私は逆である。小和田氏説は後廻しとして、ではここにおける伝承地名がどのようにして生まれたのか、憚りながらその可能性を推測してみたい。

まず第一に「センナ藪」であるが、これは三千~四千の兵が義元本隊に先行して進軍し、ここで本隊同様休息に入った事は十分に考えられる。瀬名氏俊先行部隊の休息の地として相違はないと思われる。「戦評の松」はどうであろうか。「戦評の松」はこの広野原の下にある大池の西手下沿いにある。ここの地形は、池近くまで急傾斜地が迫っており、何故こんな狭い処で戦評定をせねばならなかったのかという疑問が付きまとう。

合戦の前であれば、例の「センナ藪」で評定すればよかったと考えられる。九月十九日は朝から極めて暑い日であった。それ故直射を避けて池の端の松林内で軍議を開いたと解する事もできなくはない。が、池裾下より近い位置に木陰を取る場所は幾らもあったと考えられる。「戦評の松」のある池端は極めて狭く、迫る山裾も急峻である。このような狭い場所で、合戦前に如何なる内容で誰と軍議を持たねばならなかったものかも解しがたい。

もしこれが、合戦後に開かれたとすれば解らなくもない。推察ではあるが要はこうである。瀬名氏俊隊は合戦前この広野原の「センナ藪」で休息を取っていた。一キロ先の田楽窪付近で義元が討たれ義元本隊が壊滅状態である旨の知らせを受けた。先発部隊の大将である瀬名氏俊は、本来合戦場地に駆けつけて今川本隊の救出に当たらねばならなかった。
が、総大将義元まで討ち取られ、義元本隊が総崩れとなって逃げの体勢になってしまった。そうと聞いて救出に向かう意欲を失った。かと言って、今川氏連枝でもある瀬名氏俊は面子的にこの場を去る訳にもいかなかった。又勢いに乗った織田軍がこの地に来たら、果たして支えきれるかという懸念が働いた。そこで氏俊は部隊を西手山中（幕山）に兵を待避させ、大高方面に使いを送った。鷲津砦の朝比奈泰能や丸根砦の鵜殿長助、大高城の松平元康に使いを送ったが、大高守城を命ぜられていた元康は来なかった。

朝比奈・鵜殿等を池裾元で迎え（目印として池下角地を選んだ）、そこで義元討死後の善後策を協議した。瀬名軍約三千、朝比奈・鵜殿軍凡そ二千の合わせて約五千、織田軍に対抗できうる軍勢であった。しかし総大将義元他名だたる武将の多くが討ち取られてしまった。一矢報いたくもこの丘陵帯の地の利は織田方にあった。交戦論も出たであろうが結果的には近崎道を迂回して沓掛城への退却であった。筋書きはともあれ、そう解釈すれば幕山の地名も、又池付近の狭隘な地に存在した戦評の松の云われも納得がいくと思われるが如何だろうか。

井伊谷城主井伊直盛討死の地巻山はどう解釈すべきか。井伊直盛は松井宗信等とともに、中央帯中段に布陣していたと云う説がある。『山澄桶狭間合戦記』では「松井宗信に限った事ではないが」としているが、『天沢寺記』によると井伊直盛隊も多くの将士等が共に戦死している。この中央帯中腹に防衛していた今川軍が、義元討死と聞いて総崩れとなり、織田中央進撃隊の追撃を受けた可能性は十二分に考えられる。

義元討死の報がこの防衛軍を駆けめぐると、松井一門一党は義元に追随すべく中央帯を登り上がったが、他はわれ先に逃げようと、左右の山林へと逃げ込んだ。最前線（逃走の場合は最後尾）にいた井伊隊は、丁度有松付近から右手（中島砦から見て）に伸びる谷地があった（その先に巻山があった）が、この谷筋に沿って逃げようとした。が、終に山の頂付近で巻かれるように追い詰められ討ち取られた。こう解釈すると巻山が伝承の地として理解できる。

仮に井伊直盛隊がこの山上に布陣していたとするなら、この山周辺の地勢をある程度知った上での布陣であり、何処をどのように逃げれば良いか周知（敗戦を想定した布陣はあるまいが）しており、巻かれるようにこの山で討ち取られる事はなかったであろう。巻かれるように討ち取られたのは、周辺の地形を知らず追い詰められたからに他ならないと考えられる。井伊隊のみならず、丘陵帯右手の山中に逃げ込んだ一部兵士等が、山を越えてこの広野原に逃げ、田地付近で討ち取られた可能性もある。であったとすれば、合戦の後、落合村と桶狭間村の民人達が合戦場地の取り合いを論争したと云う事も頷ける。

けだし、深田があったとしても、『信長公記』で云う「はざまくみて、深田足入れ」の「はざまくみて」の地としては理解し難く、今川本隊敗走兵の討死の地としては想定できない。旧陸軍参謀本部図を見る限り、幕山・巻山付近には狭間地が見られるものの、田地があったと云われるこの広野原の中央部付近には、多少の凹凸はあったとしても地形的に「はざま」らしきものは見当たらないのである。

江戸期に入って新田が開発され「はざま」が全て地均しされて平坦地に変わったとも思われない。江戸期を通じて、十四～十五万平方メートルの中の五メートル以上の凹凸を地ならしする程の大規模な開田作業が行われたとは思えないからである。この広野原は、合戦当時も若干南に傾斜するもほぼ平坦地であったと思われる。然るに梶野氏が言われるように義元終焉の地とも、多くの今川逃走兵の終焉の地にも当たらないのである。『信長公記』で云う「はざまくみて、深田足入れ」と云う地は、著者が第四章の四で縷々述べてきた千人塚山周辺なのである。

一方小和田氏は、「現在合戦地の候補として、桶狭間山西麓の桶狭間古戦場公園（名古屋市緑区）と、北麓の桶狭間古戦場伝説地（豊明市）が挙げられている。おそらく、織田軍に襲撃を受けた今川軍は、その両方に逃げたのだろう。だから両地とも古戦場と言える。しかし義元が討たれたのは、西麓の桶狭間古戦場（筆者注：緑区古戦場公園）ではないか」と言われる。

しかし、氏が言われる「両方に逃げた」とは、今川本陣が奇襲を受けて桶狭間山を東に降ったとき、その谷地で二手に分かれたとするなら、それは見当違いである。この谷地を一部の今川兵が北に逃げたとすると、その先二百～三百メートルも行くと、大脇・大高道に行き当たる。大脇・大高道を越えて更に谷地を北に進むと、後の五軒茶屋東手に行き当たる。この付近は、確かに中央帯の平坦地の延長線上にあり、多少は「はざまくみて深田足入れ」と言った地に該当するが、豊明市古戦場伝承地からは約一キロも東に離れた処となる。もっとも大脇・大高道に行き当たった地点で西に逃げれば沓掛・大高道にも行き当たるのだが、まずは沓掛城方面への大脇村方面により多くの兵が目指したと考えられる。だが、この大脇村内や阿野村内で敗走兵が討ち取られたという伝承はないようである。

仮に又、今川軍が大きく二手に分かれて逃げたとすると、織田軍も当初から二手に分かれて追撃した事となるが、信長が追撃戦の当初から二兎を追ったであろうか。今川軍が二手に分かれて逃げる事を想定し、信長もまた織田本軍を最初から二隊に分けていたとすれば別である。

が、信長にとってまずは義元の一団を追って義元の首を挙げるのが急務であった。義元の首を挙げれば織田軍の勝利は間違いのないものとなるからである。義元討死以前に一般敗走兵など追う必要はないのである。織田軍の総力を挙げて義元一団を追って緑区古戦場公園方面に追った事とならねばならない。何せ正面衝突戦論者の言う織田軍は、二千に満たないのであるから、正面奇襲戦にせよ軍を二手に分ける余裕はなかったとも考えられる。

『信長公記』でも信長は、「是へ懸かれ」と旗本一団を追うよう下知しているのである。一部の織田兵が信長の下知を無視して北へ逃げる今川雑兵を追ったとは考えられない。

又、義元を討ち取った後に信長以下北に向けて敗走兵を追ったとすれば、義元一団三百騎以外にこの西手に逃げた敗走兵は僅かで、多くは北へ逃げたと言う前提でその後を考えなければならない。何故なら、ここに義元一団と共に多くの兵が逃げ込んだとすれば、まずはこれらの敗走兵をほぼ壊滅させて、その後北に逃げた一部の兵を追わねばならないこととなるからである。

義元一団を取り囲んで四度、五度と攻撃を加え、更に一般敗走兵の殲滅を図った後に北に追ったとすると、この公園付近で今川軍の討伐に要した時間は如何ほどであったか。少なくとも二十〜三十分は要したであろう。とするとこの間、当初から北へ逃げた逃亡兵は可成り遠くに逃げおおせ、一キロ先の豊明伝承地や大脇・阿野村付近で討ち取られる事はなく、沓掛城に逃げ込む事も、鎌倉街道に沿って境川を越え、西三河にまでも達していたと考えられる。

しかし、『信長公記』が語る義元一団の討滅と今川一般敗走兵追撃戦との間に、然程に時間を要してはいなかったと私には読み取れる。織田軍の若者達は、深田で討ち取った今川兵の首を二つ、三つと持って信長の前に差し出しているのである。要するに、義元を討ち取った後、信長は追撃戦場の直ぐ近くにいたのである。と云う事は、義元討死の地からそう遠くない処で今川逃走兵の追撃戦が行われたという事になる。

然るに義元布陣の地・討死の地付近にはまず、「はざまくみて、深田足入れ」と云う「節所ということ限りなし」と云った地形がなければならないのである。即ち義元討死の地と、一般敗走兵が討ち取られた「はざまくみて云々」の地は連続した地でなければならない、と考えられる。

ではこの緑区古戦場公園付近は、桶狭間合戦においてどのような役割を成していたのだろうか。思うに「センナ藪」や「巻山」「幕山」「戦評の松」等の地元口伝から推し計って、飽くまで先発部隊であった瀬名氏俊部隊の休息の地と井伊直盛隊の討死の地であり、又義元討死後に桶狭間村・大高付近にいた今川部隊の協議の地であり、桶狭間合戦の主戦場地とはなり得ないのである。今川氏真が松井恒信宛感状に書き示した「鳴海原」所謂主戦場の地は、今川敗走兵の追撃戦場の地とも連動して考えて、豊明市側の所謂田楽狭間付近でなければならないのである。

又名古屋市緑区に多くの伝承の地があるように、豊明市古戦場跡地公園にも幾つかの伝承地がある。豊明市史資料編によると、七石表という七つの碑があると云う。これらは明和八年（一七七一）、戦後二百十一年後に建立されたものとのことである。一号碑は今川義元の碑、二号は松井宗信、三号以下七号までは名のある武将の碑であると云われているようである。そしてこれらの碑は、大脇村延享絵図に地名として載っている石塚という所から現在の地に移され、先の義元等の碑として建立されたとのことである。その石塚という地は古戦場伝承地から東南約百四十〜五十メートルの山裾にある。かつてはここに名もない古い碑があったようである。

ところで『山田雑伝』というものがある（旧陸軍参謀本部篇桶狭間の役より）。誰によって何時書かれた物かは知らないが、その雑伝という記には、「先の「官路の南」に益元の墓が有り、その東手沢中には家僕達五〜七名の塚（石塚地名）があった。近年或人其塚に石碑を立て悉く士大将の塚とす、無稽（浅はかな：渡辺注）のことなり」とも記されている。

現石碑は明和八年のものであるが、そもそもはそれ以前の可成り古い時期からあったようである。ただし、今川義元や松井宗信等名だたる武将の碑としてではなく、『信長公記』にも忠節の人として称賛された山田新右衛門こと山田益元以下従僕の者達の墓としてである。その元々の古碑は、思うに今川家や松井家が建立した物ではなく、名もなき山田益元らの縁者が合戦後間を余り置かずに建立したものではないかと思われる。むしろそのことが、義元討死の地がこの付近であったことをより色濃く裏付けていると私には思われるのである。

こうした古伝からも、又先に述べた氏真判物等からも、そして又『山澄桶狭間合戦記』からも、義元本陣跡地及び討死の地は、現中京競馬場前駅南西部の狭間地（北の松原・屋形狭間）であったと言える。そして又信長が軍を二手に分けて義元本陣に奇襲を懸けたこと等や今川敗走兵の逃走経路まで考えて、一連の経緯が『信長公記』の描く合戦イメージを無理なく説明できうるのである。

豊明市古戦場伝説地は決して創られた伝説の地ではない。偶々旧陸軍参謀本部の北方迂回説に基づく認証であったにせよ、当たらずとも遠からずで、その付近は義元布陣の地及び討死の地・今川一般敗走兵の追撃戦場地として相違はなかったと言って良い。

緑区古戦場公園保存会の皆さんには申し訳ないが、緑区の方が創られた伝説の地に過ぎない、と私には推断される。

# 第十二章　信長の勝因・義元の敗因

桶狭間の合戦の真相について、あらゆる角度からその実体が信長の機略に満ちた奇襲戦であったことを縷々述べてきた。と同時に、今日定説化されつつある正面衝突戦論がその論拠が薄弱であり、現実的にも種々矛盾に満ちたものであるかを敢えて述べさせて頂いた。信長の勝因については各章各論において述べてきたとおりであるが、ここで結論として再度信長の勝因・義元の敗因という形で取りまとめてみたい。

## 一　信長の勝因　心身の鍛練と巧みな戦略戦術

信長はその少年期、その傍若無人な振る舞いから、「大うつけ」と呼ばれていた。が、その一方で心身の鍛練に勤しみ、自ら兵学者を身近に置いて兵法を学んでいた。

父信秀は、信長のそうした聡明さを認めて、早くから平手政秀等四将を付けて那古屋城主に据え、信秀織田家の相続者と認めていた。が、信長の余りに奇抜な行動が目立ち、信長の聡明さを理解できぬそうした大人達と反目し、父信秀死後、相続人から廃されようとした。が、尾張国内の二つの守護代家や信秀織田家内の反信長派との幾度の合戦に、信長は自ら武器を取り先陣を切って進んで戦い、自ら窮地を切り開いてきた。

先天的な英邁さと器用さに負うところが大きいものの、そうした戦いの中で信長は、政治的駆け引きや人心操縦術を身につけていった。用兵も又武器の有利不利を実践して調べたり、狩りの方法を実戦に取り入れる等、一様な物ではなく合理的・実証的なものであった。

父信秀没後、信長は西三河を攻略し尾張国まで浸食してきた今川勢を阻止せねばならなかったが、それは中途半端なものではなくほぼ完全なものとせねばならなかった。その為には尾張は一枚岩とならねばならなかった。信秀織田家の当主の座を狙う異母弟信行を謀殺し、未だ中央に隠然たる勢力を持つ上四郡守護代織田信賢を攻め放逐し、ほぼ尾張国の主要部分を支配下に置くことができた。

そうした基盤を整えた上で、東からの最大の脅威今川勢の侵食を阻止すべく、いや尾張からの放逐に取り掛かった。まともに駿・遠・三という三ヶ国の守護大名今川義元と組み合っては適わない。仮に鳴海・大高城を落とし、西三河を奪還したとしても、今川勢との争いは長く続き、取ったり取られたりの攻防が続く事は目に見えていた。

信長は思案した。そうした今川勢との争いを一度で決着を付けるには、義元が来尾し、出てきた彼を完膚なきまでに叩く事である。幸い義元は京の公家衆との交わりも深く、当時海道一の弓取りと云われ、また「足利家亡くば云々」と云われていた名家である。信長はこれを利用した。彼の編み出した独得の狩りの方法で、餌を蒔いて今川義元の西上を促し、狭隘な地勢、所謂桶狭間周辺で機を見て討ち取る。乗るか反るかの際どい手法であったが、長蛇の列を作って進む義元を旨く補足すると一時で片が付く。

信長はそうした狙いを以て突然上洛し、将軍足利義輝の謁見を受け、表向きの名目は尾張国の守護職を認知してもらったとして、派手に京の町を練り歩いた。この事は好《よしみ》の公家衆から義元の許に程なく届いた事であろうし、最も足利将軍家に近く当時最大の守護大名であった今川義元の自尊心や虚栄心を逆撫でせずにはおかなかった。

やがてそれは約二ヶ月後に伝馬の令と七ヶ条の軍法発布という形で現れた。透かさず信長は、降伏したとは言えなお尾張中央に隠然たる勢力を保つ上四郡守護代織田信賢を攻め、これを尾張国から放逐し、ほぼ一枚岩とした。そして義元が来尾した場合、北方の品野城経由ではなく、必ず桶狭間周辺の丘陵帯を通過して鳴海方面から清洲に向かうよう、鳴海・大高二城を砦群で包囲し、生かさず殺さずにそのまま置いた。

信長はそうした深慮遠謀を巡らして遠大な戦略を立てていた。これが信長の最大の勝因と言って良い。又信長は、義元を完全に仕留めるべくあらゆる攻撃方法を考えていた。まずは、鷲巣・丸根砦が落とされようとも、冷静沈着にその時、即ち清洲城出馬の時期を待った事である。

一見籠城策を取ると見せかけて、義元自身が桶狭間周辺の凹凸に富んだ丘陵帯に足を踏み入れる時間帯を見計らって、早暁突然出陣した。それも敵に悟られぬよう、三々五々と善照寺砦に集結し、ここで部隊を二つに分け、正面から攻撃すると見せて一隊は中央帯今川防衛軍に充て、本隊を山間潜行させて義元本陣に迫った。孫子の兵法を更に現実に合ったように組み立て、「直迂の計」を以て義元の首を挙げた。（もっとも孫子自体、孫子の兵法は変幻自在、その時の情勢・状況に合わせて用うるべし、と云っているから、孫子の兵法の域を超えたものとは言い難いかも知れない）

この間、前夜は老臣達の嘲笑をも気にすることなく軍議も開かず、翌十九日は中島砦にあって、敵防衛部隊を「労兵」とうそぶき、且つ「懸からば引け、退かば引っ付くべし、軍に勝ちぬれば、ここに立ったる者は末代までの手柄とせよ」と御諚を発し、敵味方を徹底的に欺き通し、得意の人身操縦術で思いどおりの用兵を行い、思わぬ霧の発生にも、又もぬけのからの義元陣幕を見て、後自ら義元の所在を探るなど、冷静沈着に対処し義元本人の首を挙げた。剛胆にして繊細、思慮深くして迅速果敢な行動性を持った、類まれな戦術家であったと言えよう。

信長勝因の遠因は、早くから心身の鍛練に勤しみ兵法を学んでいた事、そして若い時から自ら陣頭に立って数度の戦いを実戦し、用兵にも長けていた事であろう。

そして義元の来尾を知ると、奇襲を以て義元を討ち取るべく繊細な計略を練って、早くから迎撃の準備に取り懸かっていたことである。奇襲戦は敵に悟られてしまっては逆に迎え討たれ、自滅を招きかねないものであった。だが信長は類い希なる度量の持ち主であった。又人心操縦術にも長け、敵身方を徹底して欺き通して敵の油断を誘い、突然の風雨をも味方に付け、又濃霧による視界不良というアクシデントをも冷静沈着にその消滅を待ち続け、計画どおりの成果を上げた事に依る。

信長最大の勝因は、義元等今川軍の油断以上に、早期から用意周到な準備行為を行って待っていた信長の、遠大にして機略に満ちた戦略・戦術と、冷静にして迅速果敢な行動性にあったと言って良いだろう。

## 二　義元の敗因　戦場経験なく、名家なるが故に信長の術中に陥ってしまった

義元の敗因は、信長という人物を過小評価し、大軍を以てせずとも堀と土塀で穿った砦など何時でも容易に落としうると、増長しきっていた事であろう。そして又、信長とは正反対に、少なくとも義元はこの十数年間、戦場に立った経験がない。天文十七年（一五四八）の小豆坂の合戦（対織田信秀軍）も翌年の三河安祥城攻撃も太原崇孚《たいげんすうふ》を名代として送り、自らは出馬していない。もしかしたら義元が戦場に立ったのは、天文六年（一五三七）の北条氏綱による第一回目の河東攻撃の際と、氏康による天文十四年（一五四八）の第二回目の河東戦だけではなかったか。玄広恵探との闘い所謂花倉の乱は、北条氏

綱が恵探派を討ち破ったもので、その後程なく恵探は自害しているから、義元自身の出番はなかったと見て良い。

氏康の第二回目の河東攻撃の際は、三河方面に出向いており、取ってかえして戦場へ赴いたものの、武田晴信の仲介により程なく和解していることから、合戦には至らなかったようである。

太原崇孚亡き後（一五五五）の西三河諸城攻略も配下の将等に任せ、義元は駿府から感状を送るのみであった。結局一度も実戦の経験はなかったのではあるまいか。そして義元は京から山科言継卿や正親町三条公兄・中御門宣綱等を呼び寄せ、政務の傍ら度々歌会や宴席を設けて歓待していたようである。（以上静岡県史・資料編）

義元発給文書には、よく云われている蹴鞠の催しについては見受けられないが、義元は武より文に長けた人で、合戦の要諦即ち兵法等も良く知らなかったのではないかとさえ思われる。学んでいたとしても、実戦そのものの経験がなかったから、応用の仕方も又敵がどのような戦法で来るかも読めなかったと思われる。即ち今川義元は、駿河にあって領国経営や駿・遠・三の諸将に命じて領土拡張の計を巡らしてはいたが、自ら大軍を指揮して実戦を行う程に優れた武人ではなかったと観て良い。

そうした義元は、二つの失態を演じた。その一つは、時期を誤ったことである。義元が西上を決意したのは、永禄二年三月中旬であった。この時点で尾張は信長によってほぼ統一されたかに見えたが、上四郡の守護代織田信賢は完全には服従していなかった。そしてこの時期、凡そ三ヶ月に渡って再度信長と争っていた。このことは笠寺の浅井小四朗や鳴海の岡部五郎兵衛から義元の許に報告されていたと考えられる。

義元は七ヶ条の軍法の中に、出陣の日や先陣後陣は奉行から下知がある。兵粮・馬飼料を準備し令があれば相違なく出立せよ、と駿・遠・三の三ヶ国の諸城主に対して令していた。即ち今川軍は何時でも義元の命令一下出陣でき得る体勢が整っていたのである。

にも拘らず義元はこの時期を逃し、更に一年以上も過ぎてから西上した。もしこの時期を逃さず、織田信賢を籠絡して味方に付けていたとしたらどうであったろうか。仮に味方に付かずとも、この時期義元が来尾して攻撃に打って出ていたなら、漁夫の利を得て、信長としては窮地に立たされ、桶狭間を予定戦場として機略を以て義元を迎え撃つことはできなかったであろう。

ではなぜこの時期を見過ごしたか。令は下したものの、隣国北条領を襲った旱魃の影響が駿河にも及んでおり、兵糧・馬飼料の確保が思うようにできなかった事も考えられる。が、駿河資料・静岡県史の永禄元・二年の数多の発給文書を見る限り、北条氏が行ったような民生的措置（年貢銭の半分を現物納付とするなどの徳政令の発給）に係る文書は見当たらない。然るに仮にあったとしてもそれ程甚大ではなかったようである。

そうするとこの事からも義元西上の目的が、単に尾張併呑化に留まるものではなかったと考えられる。何故なら、単に尾張を攻略するだけであったなら、二万五千の大軍を以てすれば、そう長い期間は掛らなかったであろうし、仮に兵糧の問題があったとすれば、永禄二年、即ちこの合戦の前年秋には解消していたと見て良い。何故ならその翌夏には事実軍を起こしたのだから。にも拘らず義元は、収穫の時期から更に半年出馬の時期を遅らせた。

それは義元の意図する西上の目的を遂行するには、もう一つ用意せねばならぬ問題があったと思われるのである。その問題とは、義元西上の狙いが単に尾張併呑化に止まらず、上洛して足利幕府を救援するか実質その権威を掌中する事にあり、その為の大義名分の確立であった。

そうした問題と共に義元には、成り上がりにして新参大名の織田家等は何時でも倒せるという過信と、名家にして海道一の弓取りと云われていた義元にとっては、王道（正々堂々と尾張を攻略する）を歩まねばとの自負心が強く働いていたと思われる。

義元にもそうした遠大な計画があったにせよ、又仮に兵糧等の問題があったにせよ、まずは早い時期に、信長が砦群で以て大高・鳴海二城を囲む前に発駕し、尾張を征圧して置くべきであったと考えられる。尾張を征圧した後、政都入洛の大義名分を画策すれば良かったのである。

もう一つは、合戦の陣容である。五月十八日義元等は沓掛城で長軍議をして翌十九日は大高城への移動日とし、翌々二十日に義元指揮の下総攻撃を行おうとした。そして十九日義元一行は、孫子の教えに反し沢地の道を外れ、なお且つ敵陣内で（一年以前から地制権は織田方に握られていた。織田方砦群から三キロ強のこの桶狭間周辺は戦場地内と考えて良いだろう）酒食をしつつ長休息を取った事であろう。田楽狭間で休息を取り続けた事が、信長の攻撃をより容易にした事は否めない。先にも記したように孫子は云っている。「斥沢《せきたく》ヲ絶《こ》ユレバ、タダ亟《すみや》カニ去リテ留《とど》マルコトナカレ」と。即ち、湿地帯や沢地を通る時は、速やかに通過し、決して留まってはいけない、と。湿地帯や沢地でなかったにせよ、狭隘な狭間地、しかも敵陣営から然程に遠くない戦場地に長く留まり、しかも酒食に耽った事が信長の奇襲攻撃をより容易なものとしてしまった。

義元の敗因は、余りに信長を過小評価し、又大軍を擁していく自分を過大評価し、増長しきっていた事であろう。だが何と言ってもそれ以上に、信長の敵を見透かしていたかのような、用意周到にして頭脳的な戦略・戦術に載せられてしまった事である、と考えられる。

## 主な参考文献


太田牛一　桑田忠親校注『信長公記』
史籍集覧「信長公記」「三河物語」「勢州軍記」
豊明市史　資料編補二　桶狭間の戦い（今川義元書状・同感状・同判物・今川氏真感状・同判物・松平記・天沢寺記・総見記・織田真記・太閤記・絵本太閤記・家忠日記増補追加・徳川盛衰記・武徳大成記・武徳編年集成・改正後三河風土記・桶狭間合戦記（山澄英竜）・厳助大僧正記・足利李世記・甲陽軍鑑・定光寺年代記・武功夜話等）同付図
豊明市史　資料編三　天保村絵図集
愛知県史　付図　三河国正保国絵図・三河国元禄国絵図
静岡県史　今川家記・今川記・今川義元・氏真判物
藤本正行　信長の戦争『信長公記』に見る戦国軍事学　講談社
藤本正行・鈴木慎也「偽書武功夜話の研究」洋泉社
鈴木慎也「戦国時代の大誤解」ＰＨＰ新書
新人物往来社　別冊歴史読本５　織田信長　天下布武への道（一九八九・五・一五）
旧陸軍参謀本部編「日本戦史・桶狭間の役」
防衛研究所編纂　戦史叢書
新人物往来社　早雲と北条一族　北条五代百年の興亡の軌跡

守屋洋　孫子の兵法　産業能率大学
黒田基樹　戦国大名の危機管理　吉川弘文館
ＰＨＰ研究所「歴史街道・二〇一〇六月号　桶狭間の謎・信長はなぜ、義元を打てたのか」
塩野七生「ローマ人の物語・ハンニバル戦記」新潮社
Ｔ・Ｅロレンス「智慧の七柱」東洋文庫
学習研究社　歴史群像シリーズ（50）戦国合戦大全上巻　下克上の奔流と群雄の戦い
二本松市史　二本松市史編纂室
国史大辞典　吉川弘文館
古文書用字・用語大事典　柏書房株式会社
角川日本史事典　角川書店
日本史総合年表　吉川弘文館
姓氏家系大事典　角川書店
日本大百科辞典　小学館
桶狭間合戦に係る古地図
（アトラスデラックス道路地図　東海）

# あとがき

桶狭間合戦の真相の検証に当たり、多くの皆様に御協力を頂きました。特に各種資料の提供並びに現地状況の現状等につきご意見をお寄せ下さいました豊明市市史編纂室の皆様には大変お世話になりました。豊明市史に集録された『山澄英竜桶狭間合戦記』他多くの史料なくしては、『信長公記』が物語る正しい解釈は為し得ず、この合戦の真相を究明することはできなかったと思われます。

又、各種資料の収集にあたり、御尽力を頂きました二本松市立図書館・福島県立図書館の職員の皆様に厚く御礼申し上げます。

又、専門的分野につきご照会をお願いしたところ、快く個人的な立場で種々ご回答・御意見をお寄せ頂きました元名古屋気象台職員のO氏、岐阜県立農業センターの酒井氏・並びにPHP研究所「歴史街道」二〇一〇・六月号をお送り下さった元同僚加藤氏にも厚く御礼申し上げます。これらの御配慮もまた真相を究明する上でなくてはならないご意見、資料等でありました。

さて、私が藤本氏の正面衝突戦論を初めて知ったのは、七年程前ひょんな事からであった。時間潰しに立ち寄ったある古書店で「奇襲戦ではなかった桶狭間の戦い」（H一四・四・三〇講談社）という小冊子を見かけ、激しい衝撃を受けた。それ以前の私も小説や映画での桶狭間合戦で、織田軍が善照寺砦から北方を迂回しての奇襲戦であると信じ込んでいたから、それが中島砦発の正面衝突戦であったとする内容に大変驚かされた。

早速買い求め読んでみた。だが、織田信長という人物像のとらえ方と、今川義元が僅か三百騎の旗本衆に囲まれて逃げる様を「金持ち喧嘩せず」や「三百騎の旗本に囲まれて組織的退却を図った」と言われる藤本氏の説には強い違和感を覚えた。そこで氏の「信長の戦争『信長公記』に見る戦国軍事学」を求めて詳しく読んでみた。謎は深まるばかりであった。特に後世の太平洋戦争を事例にとって、その奇襲戦が悉く失敗に終わったから、その模範となっている桶狭間の合戦の奇襲戦は有り得なかったとする氏の論理に強い違和感を覚えた。そこで氏の論拠とする太平洋戦争の実態や、『信長公記』を如何に解釈すべきか、徹底調査に取り組む事とした。太平洋戦争における奇襲戦は、決して深く立案されたものではなく、止むをえず行ったものであり、決して桶狭間合戦の奇襲戦を否定する根拠とすべきではないと確信を持った。

しかし、近年の桶狭間合戦に係る論評物や特集刊行物、果てはテレビ番組等は、藤本氏の影響を受けてか、その殆どが正面衝突戦や側面強襲戦等を説くものであった。

自分の中島砦発直迂奇襲戦は全くの素人判断に過ぎないものかと自問自答する事もあった。特にPHP研究所発行の歴史街道二〇一〇・六月号を知人から送られてきた時は、もう一つの合戦場地や義元布陣地説を知り、再度一から出直しの調査を余儀なくされた。それ以前の私の説は、義元布陣の地や討死の地は従来の定説に基づくものであり、その検証までは行っていなかった。然し、それら比定桶狭間山を義元布陣地とする四氏の説にも多々疑問を覚え、到底納得の行くものではなかった。

豊明市史史料編纂を再度読み返している内、程なく一つの氏真判物と定光寺年代記が目に止まった。以前目を通していたものの「鳴海原一戦」や「鳴海庄」の意味する所まで特に注意を払う事はなかった。それにはそれなりの事由があるのではないかと、そこで合戦当時の庄名や村落の呼称について再度豊明市史史料編に基づき調査を行ったところ、その意味する事が理解できた。又四氏の合戦状景を現実的なものとして考えて、やはり合戦場地は通説の所謂「田楽狭間」付近に相違ないとの確信を得た。と同時に私の『中島砦を最終起点とする信長の用意周到にして機略に満ちた直迂奇襲戦」に決して相違はないと、再度確信を持つに至った。

郁朋社他一社から出版を勧められていたが、この間、三・一一東日本大震災を受けて自宅に半壊の被害が生じ、出版には再考を余儀なくされた。が、同じ東北人である郁朋社の代表取締役佐藤氏のご理解により、この度出版へと進むことができた。当初に御礼を述べさせて頂いた皆様方と同じ東北人として深いご理解を示して頂いた郁朋社の皆様との絆により生まれた「真説」である。

本書中でも述べたが、研究ばかりでなく何事に付け、小さな疑問であれ難問でも決して諦めてはいけないと深く知らされた次第である。同じ被災者の皆様も決して諦めず、一日も早く震災以前の状況に立ち戻られます事を願って筆を納めたい。

平成二十四年四月

**【著者略歴】**

昭和 23 年　福島県二本松市生まれ
昭和 42 年　福島県立福島商業高等学校卒
　　　同年　福島県職員に採用される
平成 22 年　福島県職員退職
　　　現在　文筆業・奥羽戊辰戦争における二本松藩動向の真相について、
　　　　　　併せて信長に関する合戦の真相について調査研究中。


## 桶《おけ》狭《はざ》間《ま》合《かつ》戦《せん》の真《しん》相《そう》

—中島砦発《なかじまとりではつ》にして用意周到《よういしゆうとう》・機略《きりやく》に満《み》ちた奇襲戦《きしゆうせん》だった—

2012 年 10 月 7 日　第 1 刷発行

著　者 —— 渡辺《わたなべ》　文雄《ふみお》

発行者 —— 佐藤　聡

発行所 —— 株式会社 郁朋社《いくほうしや》

〒 101-0061　東京都千代田区三崎町 2-20-4
電　話　03（3234）8923（代表）
FAX　03（3234）3948
振　替　00160-5-100328

印刷・製本 —— 壮光舎印刷株式会社

装　丁 —— 根本 比奈子

落丁、乱丁本はお取り替え致します。

郁朋社ホームページアドレス　http://www.ikuhousha.com
この本に関するご意見・ご感想をメールでお寄せいただく際は、
comment@ikuhousha.com までお願い致します。




ISBN 978-4-87302-528-5 C0095

現代地図と当時の街道（グレー線）の概図

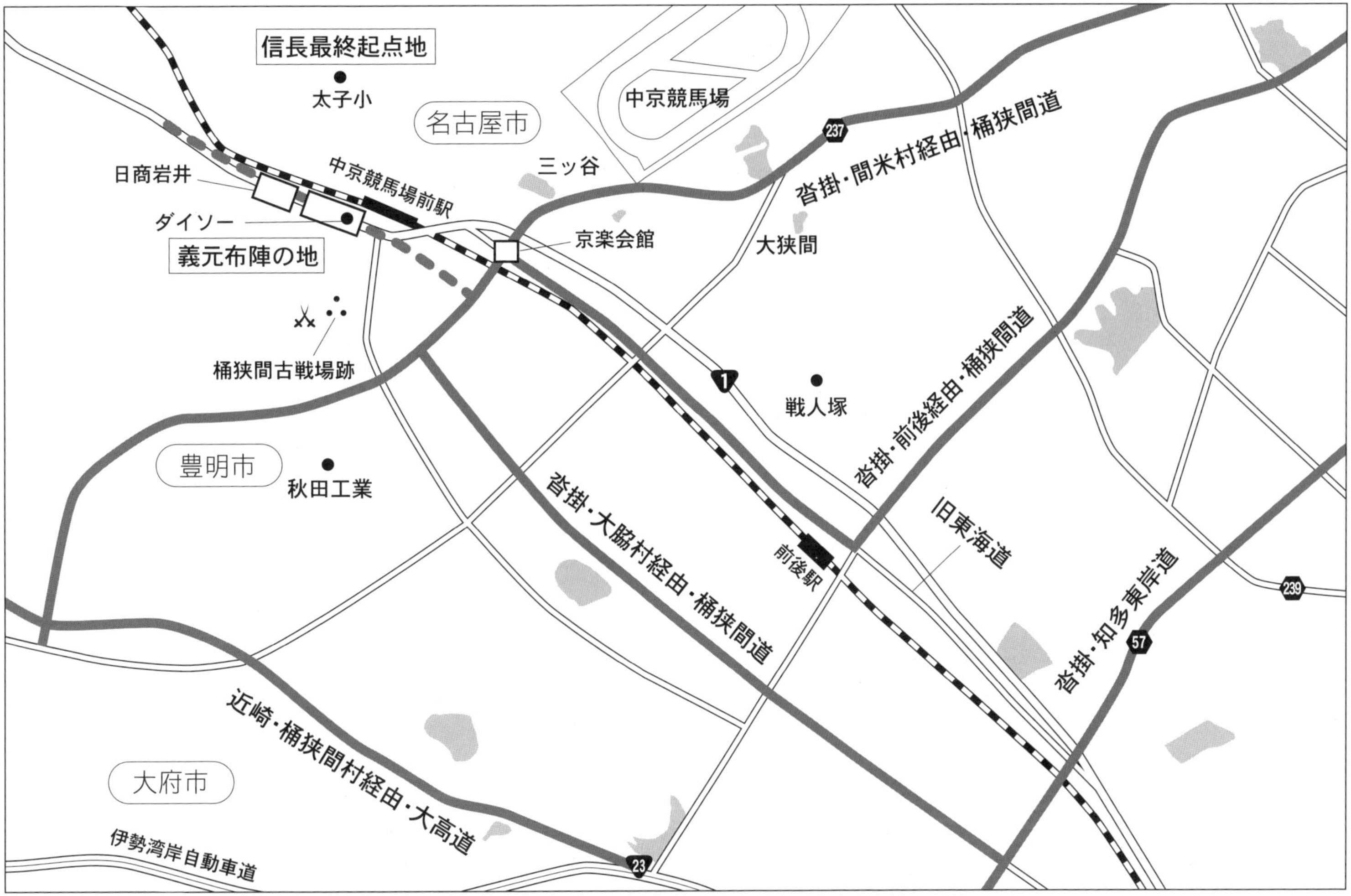


当時の街道に付いては、延享二年（1745）大脇村絵図・合戦名残絵図（年次不明）・天保十二年間米村絵図・別添陸軍参謀本部地形図・山澄桶狭間合戦記等を参酌して概図とした。

## 桶狭間合戦場地形図（旧陸軍参謀本部作成図）

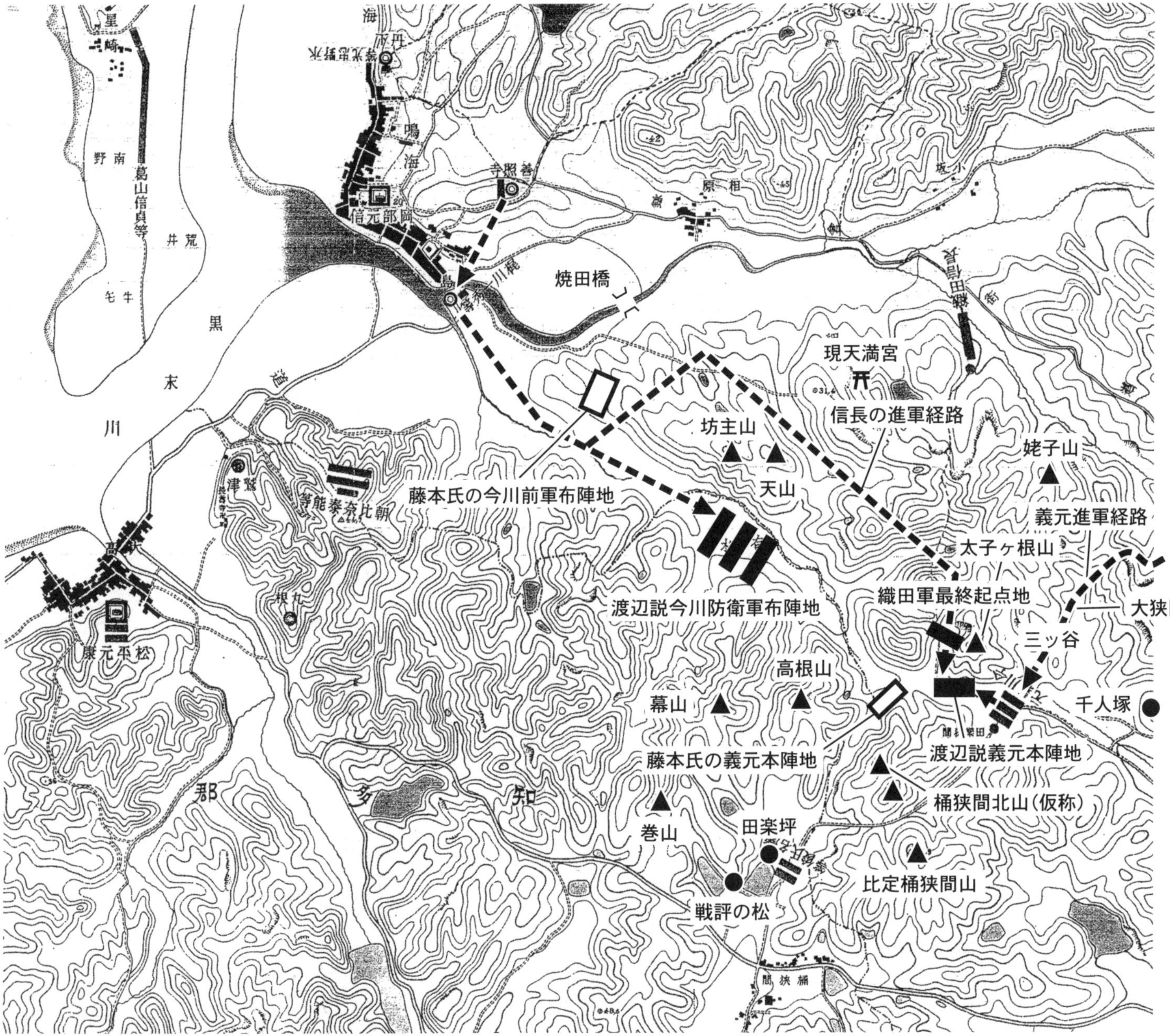

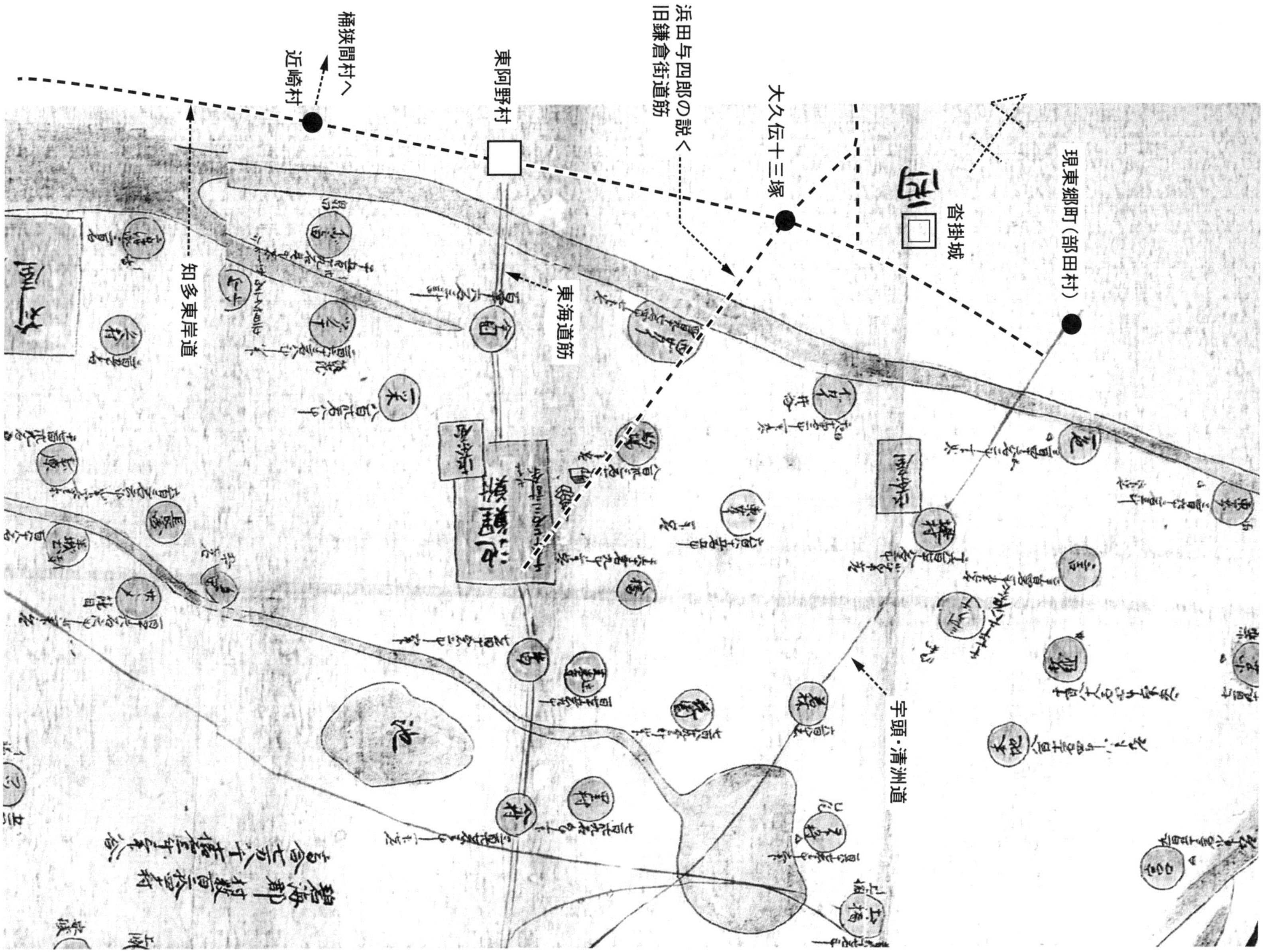


三河国正保国絵図（岡崎市美術博物館所蔵）

（実線原図の通り、点線・丸・四角等渡辺作図）